# 中国社会养老服务体系建设研究

林 宝◎著

中国社会科学出版社

## 图书在版编目（CIP）数据

中国社会养老服务体系建设研究／林宝著．—北京：中国社会科学出版社，2022.4

ISBN 978-7-5227-0068-7

Ⅰ.①中… Ⅱ.①林… Ⅲ.①养老—社会服务—研究—中国 Ⅳ.①D669.6

中国版本图书馆 CIP 数据核字（2022）第 061252 号

| | |
|---|---|
| 出 版 人 | 赵剑英 |
| 责任编辑 | 王　衡 |
| 责任校对 | 朱妍洁 |
| 责任印制 | 王　超 |

| | |
|---|---|
| 出　　版 | 中国社会科学出版社 |
| 社　　址 | 北京鼓楼西大街甲 158 号 |
| 邮　　编 | 100720 |
| 网　　址 | http://www.csspw.cn |
| 发 行 部 | 010-84083685 |
| 门 市 部 | 010-84029450 |
| 经　　销 | 新华书店及其他书店 |
| 印　　刷 | 北京明恒达印务有限公司 |
| 装　　订 | 廊坊市广阳区广增装订厂 |
| 版　　次 | 2022 年 4 月第 1 版 |
| 印　　次 | 2022 年 4 月第 1 次印刷 |
| 开　　本 | 710×1000　1/16 |
| 印　　张 | 15.5 |
| 字　　数 | 209 千字 |
| 定　　价 | 79.00 元 |

凡购买中国社会科学出版社图书，如有质量问题请与本社营销中心联系调换

电话：010-84083683

**版权所有　侵权必究**

# 前　言

党的十九届五中全会通过的《中共中央关于制定国民经济和社会发展第十四个五年规划和二〇三五年远景目标的建议》明确提出实施积极应对人口老龄化国家战略，深刻凸显了应对人口老龄化的重要性和急迫性。建设与人口老龄化及社会经济形势相适应的社会养老服务体系是积极应对人口老龄化的基本要求。中国社会养老服务体系建设正在推进之中，关于建设一个怎样的养老服务体系和怎样建设社会养老服务体系的问题始终是这一进程中的关键问题。

笔者长期关注中国人口老龄化和养老保障问题，多年来围绕建设怎样的社会养老服务体系和怎样建设社会养老服务体系问题持续开展研究，发表了一系列学术成果，从不同角度探讨了建设具有中国特色社会养老服务体系的理论和实践问题。同时，还撰写了大量政策研究报告，就解决养老服务发展中面临的实际问题和如何建设社会养老服务体系提出了一系列政策建议。当前，社会养老服务体系建设正处于关键时刻，一些基本理念仍然有待厘清，一些政策仍然有待改进。特将前期研究进行系统整理，纳入统一研究框架之中，并对部分内容进行了更深入的研究和拓展，形成本书。

本书坚持理论与实践相结合，从关于养老模式转变和养老社会化的理论思考出发，基于中国养老服务需求增长的客观现实，总结分析了社会养老服务体系目标演进和建设进展情况，深刻揭示了中国社会养老服务体系建设中存在养老服务需求巨大与供给不足的矛盾现象，创新性地引入"低水平均衡陷阱"解释这一矛盾现象产生的深层原因，并提出了走出这一陷阱的政策框架。在此基础上，从处理养老重大关系、构建合理养老格局、优化养老环境、增强养老需求满足能力、保障基本养老服务、推动养老服务业发展等角度系统提出了一系列政策建议。

社会养老服务体系建设是一个长期过程，相关研究更是永无止境，由于学识所限，缺憾在所难免，欢迎各位同仁批评指正。

# 目 录

绪 论 …………………………………………………………… (1)
  一 研究背景 ………………………………………………… (1)
  二 研究意义 ………………………………………………… (5)
  三 研究内容 ………………………………………………… (7)

## 上篇 理论思考与建设进展

**第一章 养老模式转变与养老社会化** ……………………… (13)
  一 养老模式转变 …………………………………………… (13)
  二 养老社会化 ……………………………………………… (21)
  三 中国养老模式转变与选择 ……………………………… (23)

**第二章 社会变迁与养老服务需求增长** …………………… (28)
  一 人口老龄化与养老服务需求增长 ……………………… (28)
  二 人口城镇化与养老服务需求增长 ……………………… (32)
  三 家庭变迁与养老服务需求增长 ………………………… (39)
  四 居民收入变化与养老服务需求增长 …………………… (45)
  五 长期护理需求变化趋势 ………………………………… (51)

## 第三章 社会养老服务体系建设目标演变 ……………………（65）
  一 社会养老服务体系建设目标的形成与发展 ……………（65）
  二 理解社会养老服务体系建设目标的三个视角 …………（70）
  三 康养结合：养老服务体系建设的新阶段 ………………（76）

## 第四章 社会养老服务体系建设的新进展 …………………（85）
  一 近年来促进养老服务体系建设的主要措施 ……………（85）
  二 近年来养老服务政策变化的主要特点 …………………（102）
  三 社会养老服务体系建设的主要成效和问题 ……………（105）

## 第五章 养老服务发展"低水平均衡陷阱" ………………（111）
  一 养老服务发展"低水平均衡陷阱" ……………………（111）
  二 政策支持与"低水平均衡陷阱" ………………………（117）
  三 走出"低水平均衡陷阱"的政策启示 …………………（121）

# 下篇 改革思路与政策建议

## 第六章 以辩证思维处理好养老中的"六大关系" …………（129）
  一 经济建设和社会建设的关系 ……………………………（129）
  二 政府主导和社会参与的关系 ……………………………（131）
  三 老龄事业和老龄产业的关系 ……………………………（133）
  四 老人自助与社会帮助的关系 ……………………………（135）
  五 城镇养老服务与农村养老服务的关系 …………………（137）
  六 服务重点人群与服务一般人群的关系 …………………（139）

## 第七章 以老年人为中心形成合理养老格局 ………………（142）
  一 构筑养老服务三道防线，画好养老同心圆 ……………（143）

二 大力发展相关产业，确保产品和服务可及性……………（147）
三 以需求管理为基础，提高服务精准度…………………（149）

**第八章 以社会适老化为导向优化养老环境**……………………（154）
一 推动社会适老化转型的重要意义………………………（154）
二 社会适老化转型的本质…………………………………（156）
三 推动社会适老化转型要处理好几个关系………………（157）
四 建设不分年龄人人共享的智慧老龄社会………………（160）

**第九章 以养老金改革为核心增强养老需求满足能力**…………（164）
一 养老金改革的主要进展…………………………………（164）
二 养老金制度存在的主要问题……………………………（168）
三 进一步完善养老金制度的建议…………………………（169）

**第十章 以长期护理保险为基础保障基本养老服务**……………（176）
一 基本养老服务体系建设的进展及意义…………………（177）
二 以长期护理保险为基础保障基本养老服务……………（179）
三 对长期护理保险制度模式的建议………………………（182）
四 长期护理保险制度筹资水平估计………………………（191）

**第十一章 以供给侧结构性改革为动力推动养老服务业发展**…………………………………………………………（196）
一 养老服务供给侧存在的主要问题………………………（196）
二 养老服务供给侧结构性改革的重点任务………………（201）
三 养老服务供给侧结构性改革的政策思路………………（204）

**第十二章 以养老产业带为龙头带动养老服务业发展** …………（209）
 一 养老服务供需跨区域匹配的基础 ………………………（209）
 二 建设大城市周边养老产业带的意义 ………………………（212）
 三 建设大城市周边养老产业发展带的基本条件 ……………（215）
 四 建设大城市周边养老产业发展带的政策建议 ……………（218）

**结论及建议总结** ………………………………………………（221）
 一 主要结论 ……………………………………………………（221）
 二 主要建议 ……………………………………………………（226）

**参考文献** ………………………………………………………（236）

# 绪　　论

快速人口老龄化是中国社会当前及未来一个时期的重要特征，积极应对人口老龄化是中国面临的一项长期重大任务。党的十九届五中全会明确提出实施积极应对人口老龄化国家战略，深刻凸显了应对人口老龄化的重要性和急迫性。建设与人口老龄化及社会经济形势相适应的社会养老服务体系是积极应对人口老龄化的基本要求。中国社会养老服务体系建设已经持续数十年，但仍然处于不断探索之中，如何继续推进这一体系建设，为满足老年人美好生活需要、全面建成社会主义现代化强国和实现中华民族伟大复兴创造有利条件，仍然是当前面临的重大课题。

## 一　研究背景

### (一) 不断增长的养老服务需求对养老服务体系建设提出了急迫要求

中国自2000年前后进入老龄化社会以来，人口老龄化一直呈快速发展态势。根据第七次全国人口普查结果，2020年中国60岁及以上人口为26402万人，占总人口的18.70%，其中，65岁及以上人口为19064万人，占比为13.50%。2010—2020年，60岁及以上人口比重上升了5.44个百分点，65岁及以上人口上升了4.63个百分点。与上个十年相比，上升幅度分别提高了2.51和2.72个百分点。80岁及以上人口有 3580 万人，占总人口的比重为 2.54%，比 2010 年增加了 1485 万人，比重提高了 0.98 个百分点；占 60 岁及以上老年人口的比重为 13.56%，比 2010 年上升了 1.74 个百分点，高龄化趋势明显。人口老龄化的快速发展带来了养老服务需求的急剧增加。首先是老年人口快速增长使存在养老服务潜在需求的人群快速扩大，仅仅考虑 2010—2020 年老年人口规模的扩大，60 岁及以上老年人口的养老服务需求就会提升 48.6%，65 岁及以上老年人口的养老服务需求就会增长 60.4%；其次是由于家庭小型化、少子化、人口流动导致的代际分离等因素，使寻求社会养老服务的老年人日益增多；最后则是经济发展水平提高和老年人养老观念转变等引起的养老服务需求升级，对养老服务的量和质都提出了更高的要求，必然要求社会养老服务体系建设跟上养老服务需求增长的步伐。人口老龄化及其引起的养老服务问题日渐引起党中央、国务院乃至全社会的重视，党的十八大报告明确提出要"积极应对人口老龄化，大力发展老龄服务事业和产业"。2013 年国务院发布了《关于加快发展养老服务业的若干意见》（国发〔2013〕35 号）。此后，为落实这一文件精神，国务院各部门和地方政府密集出台了一系列相关文件，使养老服务制度建设进入高潮期，大大推动了社会养老服务体系建设[①]。

### （二）满足人民美好生活需要为养老服务体系建设提供了内在动力

党的十九大报告指出，社会主要矛盾已经转化为人民日益增长的美好生活需要和不平衡不充分的发展之间的矛盾。这就要求养老服务政策要着力解决养老服务供给中的不平衡不充分问题，努力满足老年人日益增长的美好生活需要，这也成为推动养老服务政策变化的内在

---

① 林宝：《党的十八大以来我国养老服务政策新进展》，《中共中央党校（国家行政学院）学报》2021 年第 1 期。

动力。长期以来,中国养老服务发展不平衡不充分问题比较突出,与满足老年人美好生活需要存在较大差距。这主要表现在两个方面:一是养老服务总体供给能力不足。总体供给能力不足是指供小于需,具体表现为众多的老年人有养老服务需求,却无法获得相应的养老服务。结果是,尽管中国老年人口众多,潜在需求巨大,但由于部分需求无法得到满足,养老服务市场规模仍然相对较小。二是养老服务供给结构失衡。供给结构失衡主要表现在供给错位,具体表现为供给结构与需求结构脱节,存在大量无效供给,养老服务的实际使用率较低。养老服务供给的结构性问题导致有限的资源被大量闲置,未能很好发挥效用[①]。在此背景下,为满足老年人美好生活需要,必须推动养老服务供给侧结构性改革,开放养老服务市场,增加养老服务供给总量,优化供给结构,改善供给质量,切实解决养老服务不平衡不充分问题,使养老服务体系建设不断迈上新台阶。在社会主要矛盾的分析框架下,建设社会养老服务体系已经不仅仅是满足老年人美好生活需要的问题,而且也是缓和社会矛盾、促进社会和谐、推动社会进步、实现长治久安的重要制度安排,重要性进一步凸显[②]。

### (三)国家治理体系和治理能力现代化为养老服务体系建设明确了基本方向

党的十九大报告在中国改革开放之后提出的"三步走"战略目标基础上,进一步明确提出到本世纪中叶,把中国建成富强民主文明和谐美丽的社会主义现代化强国的目标。实现国家治理体系和治理能力现代化是建成社会主义现代化强国的根本要求和重要标志。党的十九

---

① 林宝:《养老服务供给侧改革:重点任务与改革思路》,《北京工业大学学报》(社会科学版)2017年第6期。
② 林宝:《党的十八大以来我国养老服务政策新进展》,《中共中央党校(国家行政学院)学报》2021年第1期。

届四中全会专门就推进国家治理体系和治理能力现代化进行了系统设计，其中关于老龄治理也提出了明确要求，即"积极应对人口老龄化，加快建设居家社区机构相协调、医养康养相结合的养老服务体系"。实际上，就是要求实现老龄治理现代化，为中国养老服务体系建设提出了明确的目标和方向。党的十九届五中全会进一步提出"实施积极应对人口老龄化国家战略"，进一步凸显了老龄治理现代化的紧迫性和重要性。改革开放以来，中国老龄治理虽然有较大改善，但仍然存在诸多问题[①]：一是老龄化认知的科学性有待提高；二是各治理主体职责不清晰；三是老龄政策体系定位模糊，政策执行效力低；四是体制机制的壁垒问题严重；五是重投入轻绩效的治理倾向明显。考虑到中国目前快速的人口老龄化形势，已经进入中度老龄化社会（65岁及以上人口占比超过14%），并有可能在2045年之前进入极度老龄化社会（65岁及以上老年人口比重超过28%）[②]，老龄治理现代化对国家治理体系和治理能力现代化将产生重大影响。因此，抓住当前人口老龄化程度还相对较低的战略机遇期，着力推进老龄治理能力提升是时代的要求。近年来养老服务政策重点着力于理顺政府和市场之间的关系，大力弥补体系短板，强化创新驱动，目的均在于推进养老服务体系建设，推动老龄治理体系完善和治理能力现代化[③]。

### （四）实施积极应对人口老龄化国家战略为养老服务体系建设提供了战略机遇

党的十九届五中全会通过的《中共中央关于制定国民经济和社会

---

① 杜鹏、王永梅：《改革开放40年我国老龄化的社会治理——成就、问题与现代化路径》，《北京行政学院学报》2018年第6期。
② 林宝：《从七普数据看中国人口发展趋势》，《人民论坛》2021年第15期。
③ 林宝：《党的十八大以来我国养老服务政策新进展》，《中共中央党校（国家行政学院）学报》2021年第1期。

发展第十四个五年规划和二〇三五年远景目标的建议》中提出"实施积极应对人口老龄化国家战略",这是基于中国人口形势和社会经济形势变化做出的重大战略决策,是未来相当长的一个时期内积极应对人口老龄化的行动指南,是践行党的初心使命、坚持以人民为中心的发展思想的重要体现,是维护国家人口安全和社会和谐稳定、实现第二个百年奋斗目标的重要考量,是推动高质量发展、加快构建新发展格局的重要举措①,将对中国应对人口老龄化的具体政策和行动及未来经济社会发展产生直接影响。社会养老服务体系建设是积极应对人口老龄化的重要内容,在"实施积极应对人口老龄化国家战略"之下的具体内容中为养老服务体系建设安排了最长的篇幅,明确指出:推动养老事业和养老产业协同发展,健全基本养老服务体系,发展普惠型养老服务和互助性养老,支持家庭承担养老功能,培育养老新业态,构建居家社区机构相协调、医养康养相结合的养老服务体系,健全养老服务综合监管制度。由此可见,社会养老服务体系建设已经作为积极应对人口老龄化国家战略的一部分具有十分重要的战略地位,迎来了大好的战略机遇。为实施积极应对人口老龄化国家战略,《中共中央国务院关于加强新时代老龄工作的意见》于2021年11月正式发布,这是指导新时代我国老龄工作的纲领性文件,其中进一步明确了养老服务体系建设的方向,明晰了养老服务多元主体的职责,统筹考虑了养老服务供需两侧的问题,明确了养老服务的具体任务,对推动养老服务体系建设意义重大②。

## 二 研究意义

在理论上,本书回答了为什么要建设社会养老服务体系、如何理

---

① 李纪恒:《实施积极应对人口老龄化国家战略》,《中国民政》2020年第24期。
② 林宝:《推动养老服务体系建设再上新台阶》,《中国社会报》2021年12月2日第4版。

解社会养老服务体系建设目标的变化、如何解释养老服务市场的供需矛盾现象等理论问题，具有重要的理论和学术价值。首先，本书系统阐述了"养老模式转变"的深刻含义、影响因素、转变趋势等，构建了养老模式转变的理论分析框架，系统论述了养老模式由以家庭为主走向以社会为主的历史必然性，明确了养老社会化的基本方向，为建设社会养老服务体系提供了重要的理论基础。在笔者对养老模式转变进行理论分析之前[①]，尽管有学者在使用养老模式转变一词，但一般是作为一种现象来描述，而未对模式转变的影响因素和基本趋势进行更深入的理论探讨，因此这一理论的提出具有较强的创新意义。其次，中国社会养老服务体系建设目标的表述经历多次变化，如何理解这一变化？其内在逻辑何在？时常令人们感到困扰，本书提出了理解社会养老服务体系建设目标变化的系统、发展、矛盾等多个视角，解释了其变化的内在逻辑，有助于更好地理解社会养老服务体系建设目标的变化，从而更深刻地认识中国社会养老服务体系建设的理论和现实问题。最后，中国养老服务市场上存在需求巨大和供给严重滞后的矛盾现象，为解释这一现象，本书引入"低水平均衡陷阱"概念，论述了养老服务业"低水平均衡陷阱"的形成及其跨越问题，从理论上解释了养老服务供需矛盾现象产生的深层原因，为实施相关产业政策提供了理论支持。笔者前期关于养老服务业"低水平均衡陷阱"的论文[②]是学术界首次采用"低水平均衡陷阱"来论述养老服务业发展的矛盾现象，在纳入本书的框架中时，又对此进行了更深入的研究和论述，可以帮助读者更好地从理论上认清当前中国养老服务业的发展问题所在，加深对社会养老服务体系建设的理论认识。

---

① 林宝：《养老模式转变的基本趋势及我国养老模式的选择》，《广西社会科学》2010年第5期。

② 林宝：《养老服务业"低水平均衡陷阱"与政策支持》，《新疆师范大学学报》（哲学社会科学版）2017年第1期。

绪 论

在应用上，本书坚持问题导向，基于中国实施积极应对人口老龄化国家战略的重大决策，聚焦社会养老服务体系建设这一核心问题，具有很强的现实意义。本书重点对养老服务体系建设的相关政策进行较为深入的研究，系统提出了一系列推进养老服务体系建设的政策建议，涉及养老服务体系建设的方方面面，从综合层面的重大关系处理、养老格局、养老环境到更为具体的养老金改革、养老服务供给侧结构性改革、长期护理保险制度设计、养老产业带发展等。这些政策建议是近年来陆续提出的，一些建议已经对有关政策产生了积极的影响，其他政策建议也仍然对当前社会养老服务体系建设具有较强的针对性，可以为下一步推进相关工作提供参考。

## 三 研究内容

本书旨在基于中国社会发展进程探讨社会养老服务体系建设的基本方向，分析其建设目标的演进逻辑，总结其建设进展和问题，进而提出推进社会养老服务体系建设的政策建议，为实现积极应对人口老龄化国家战略提供政策思路。为实现这一目标，除开篇的绪论和最后的总结之外，本书主要内容分为上、下两篇，共12章。

上篇包括第1—5章，是对社会养老服务体系建设的理论思考以及主要进展、问题及原因分析。重点是试图回答与建设社会养老服务体系相关的一系列问题：为什么要建设社会养老服务体系？社会养老服务体系建设的主要目标是什么？为实现目标采取了哪些措施？还存在哪些问题？产生这些问题的根本原因是什么？

第一章为养老模式转变与养老社会化，主要是从理论上分析为什么要建设社会养老服务体系的问题。重点阐述了养老模式转变的基本内涵，系统分析了养老模式转变的影响因素及其基本趋势。同时，明确指出养老模式转变过程实质上是养老社会化的过程，分析了养老社会化的具体表现。并以此为基础对中国的养老模式转变进行了探讨，指出建设社会养老服务体系是养老社会化的必然要求。

第二章为社会变迁和养老服务需求增长，主要是从现实需求上分析为什么要建设社会养老服务体系的问题。重点分析了中国人口老龄化、城镇化、家庭变迁和收入水平提高等给养老服务需求带来的规模效应、结构效应和乘数效应。最后，以中国长期护理需求的变化趋势为例来说明养老服务需求变化的中长期趋势。利用这些分析说明，建设社会养老服务体系是社会变迁的必然结果。

第三章为社会养老服务体系建设目标的演进，主要是说明中国社会养老服务体系建设目标是什么的问题。重点分析了中国社会养老服务体系建设目标演进的阶段性，并且提出了分析和观察这一目标演进的几个视角，进而着重探讨了康养结合作为养老服务体系建设新目标的基本内涵。对于中国社会养老服务体系建设目标的把握是分析相关政策和现实问题的基础。

第四章为社会养老服务体系的新进展，主要是说明中国近年来为实现社会养老服务体系建设目标采取了哪些措施，取得了哪些成效，以及还存在哪些问题。重点对近年来推进养老服务体系建设的政策进行了梳理和总结，概括了政策变化的特点，并分析了当前社会养老服务体系建设的主要成效和问题。这些分析的目的是为进一步提出政策建议奠定基础，使政策建议更具针对性。

第五章为养老服务发展"低水平均衡陷阱"，主要是分析为什么采取了众多措施而养老服务业仍然难以发展的问题。重点通过引入"低水平均衡陷阱"来分析养老服务市场上的矛盾现象，阐述了养老服务业"低水平均衡陷阱"的基本内涵、形成原因，以及跨越"低水平均衡陷阱"的政策框架和主要政策启示，从而为提出相应的政策建议提供理论依据。

下篇包括6—12章，主要是试图回答建设怎样的社会养老服务体系和怎样建设社会养老服务体系的问题。主要从七个方面系统提出了一系列推动社会养老服务体系建设的政策建议，涵盖从观念到行动的方方面面。

第六章为以辩证思维处理好养老中"六大关系"。主要是厘清养老关系中的一些根本性和方向性的问题，为建设社会养老服务体系提供明确的思路。重点以辩证思维论述了养老中经济建设与社会建设、政府主导与社会参与、老龄事业与老龄产业、老人自助与社会帮助、城镇养老服务与农村养老服务、服务一般人群与服务重点人群六大关系，明确养老服务体系建设的基本方向。

第七章为以老年人为中心形成合理养老格局。主要是说明养老服务体系建设应该达到的理想状态。重点阐述了形成以老年人为中心的合理养老格局，必须筑牢家庭、社区和机构三道防线，实现老龄用品和养老服务充分供给，并以需求管理为基础提高服务精准度，指出了形成合理养老格局的具体路径。

第八章为以社会适老化为导向优化养老环境。主要是说明养老服务体系建设需要形成的社会环境。重点强调社会适老化转型的必要性，深刻揭示了社会适老化转型的本质，分析老年人在信息社会所面临的挑战，并提出了推动适老化转型和建设人人共享智慧老龄社会的建议。

第九章为以养老金改革为核心增强养老需求满足能力。主要是从养老金改革的角度强调加强老年收入保障对养老服务体系建设的重要性。重点分析了中国养老金制度改革的进展及存在的公平性、可持续性、充足性和便携性等问题，从制度整合、改善收支平衡、加强基金统筹和退休年龄改革等方面提出系列建议。

第十章为以长期护理保险制度为基础保障基本养老服务。主要是强调建设长期护理保险制度对保障基本养老服务的重要性。重点阐述了中国建立长期护理保险制度的必要性，并对制度模式和缴费水平进行了探讨,提出了相应的制度设计和实施的建议。

第十一章是以供给侧结构性改革为动力推动养老服务业发展。主要是强调养老服务供给侧结构性改革对养老服务业发展的重要性。重点分析养老服务供给侧存在的主要问题,以及养老服务供给侧结构性改革的重点任务和政策思路。

第十二章是以养老产业发展带为龙头带动养老服务业发展。主要是强调通过建设大城市周边的养老产业发展带,实现养老服务供需的跨空间匹配。重点分析建设养老产业发展带的必要性、条件和支持措施等。

最后是对全书研究结论和政策建议的简单总结,集中阐述本书的主要结论和重点政策建议。

# 上 篇
## 理论思考与建设进展

# 第一章

# 养老模式转变与养老社会化

人类社会发展表现出明显的阶段性,随着社会发展的现代化转型,养老责任和义务逐渐从家庭范畴扩展到社会范畴,存在明显的养老社会化趋势。在此过程中,将发生养老模式从以家庭为主向以社会为主的转变,即从家庭养老向社会养老的转变。这一转变是社会发展的必然趋势,是一个国家和地区走向现代化的必然选择,为建立社会养老服务体系指出了明确的方向,提出了明确的要求。

## 一 养老模式转变[①]

### (一) 养老模式

养老模式实际上就是养老的组织形式,表示如何为老年人提供养老支持的问题。关于养老模式的基本类型,比较有代表性的看法有两种:一种把人类的养老模式区分为家庭养老和社会养老,如姚远认为"在实践上,家庭养老模式是相对社会养老模式而言的"[②];另一种则将老年人本人从家庭中突出出来,在家庭养老、社会养老之外,还加上了自我养老,如穆光宗从养老支持力(体现在经济支持、生活照料

---

[①] 本部分主要内容曾以《养老模式转变的基本趋势及我国养老模式的选择》为题发表在《广西社会科学》2010年第5期。本书增加了部分论述内容。

[②] 姚远:《中国家庭养老研究》,中国人口出版社2001年版。

和情感慰藉三个方面）的来源出发，认为"人类社会只能有三种基本的养老模式：自我支持为主的养老模式，即自我养老模式；家庭支持为主的养老模式，即家庭养老模式；社会支持为主的养老模式，即社会养老模式"①。实际上，就这两种划分而言，只是对养老支持的主体划分不同，分歧并不是原则性的。

实际上，个人作为家庭的一员，可以将自我养老作为家庭养老的一种特殊形式，这样两种代表性的观点实际上是可以统一起来的，即划分为家庭养老模式和社会养老模式。一般认为，养老应包括三方面的内容：经济（或物质）的供养、生活照料、精神慰藉。根据这三方面内容的来源，我们可以将养老模式区分为以家庭支持（包括自我支持）为主的家庭养老和以社会支持为主的社会养老两种基本类型。当上述三方面支持全部来自家庭，即由家庭成员（包括自己）提供时，可以看作完全家庭养老；当上述三方面支持均来自社会，即由政府或其他社会组织提供时，可以看作完全社会养老。这两个状况是养老模式的两种极端状态，在现实生活中很难有这种绝对的状态出现。在现实中，两种支持力量通常是互相结合在一起的，二者同时存在，只不过有主有次而已，当家庭支持力量居主导地位时，即养老的主要内容由家庭提供时，就是以家庭养老为主，反之则是以社会养老为主。从人类社会的发展历史看，存在从家庭养老模式向社会养老模式过渡的趋势（这一点将在后文分析），这里把这种过渡称为养老模式转变。

### （二）养老模式转变的影响因素

养老模式转变是社会发展的直接结果。在社会发展过程中，与养

---

① 穆光宗：《家庭养老制度的传统与变革——基于东亚和东南亚地区的一项比较研究》，华龄出版社2002年版。

老功能承担相关的各种因素的变化决定了养老模式变化的社会化方向。概括来讲，养老模式转变主要受社会养老能力、家庭养老能力、养老中的人际关系、养老观念等方面的影响。社会养老能力和家庭养老能力的相对强弱变化将直接影响养老更多地依靠社会还是家庭。养老中人际关系的影响是指老年人与家庭成员之间的关系越亲密，与社会上他人、社会组织或政府的关系越疏远，家庭养老的可能性越大；反之，社会养老的可能性越大。养老观念的影响在于，观念不同会使人们在行为上产生差异，从而对养老做出不同的选择。

社会养老能力从根本上说是由社会的经济发展水平所决定的，经济发展水平越高，社会养老能力就越强。此外，制度亦是一个重要的因素，因为同样的资源进行不同的组合会有不同的功效，而制度决定着一个社会组织能力的强弱，在同等的经济发展水平下，不同的制度安排会使社会养老能力产生差异。

家庭养老能力受家庭的收支状况及家庭规模的影响。收支状况决定了家庭用于养老的经济或物质的多寡，而家庭规模则影响到家庭的抚养比，如果仅从经济方面来衡量家庭养老能力，那么收支状况决定了家庭的绝对养老能力，即家庭能养多少老年人，而家庭规模则反映了其相对养老能力，即家庭中的每个成年人平均需要承担多大的养老责任。收支状况与社会经济发展水平和家庭规模有关，社会经济发展水平越高，收入与支出一般也随之增加；家庭规模在其他条件不变的情况下对收支的影响是：家庭规模越大，收入与支出一般也越高。家庭规模则受到社会经济发展水平、制度、文化传统的共同影响：随着社会经济的发展，家庭规模有缩小的趋势；制度对家庭规模的影响则主要体现在生育制度上，住房政策、户籍制度等对此也会产生重要的影响；文化中崇尚大家庭还是小家庭亦会对家庭规模产生影响。

养老中的人际关系主要受社会信任结构的影响。信任是一种态度，相信某人的行为或周围的秩序符合自己的愿望①。所谓信任结构则是指人与人之间的信任关系所构成的一种状态。在养老中，老年人与家庭成员之间信任感强，则他们之间的人际关系比较容易相处；老年人与社会上他人、社会组织、政府之间的信任感强，则他们之间的关系也较易相处。而信任结构变化的动因也必须到经济发展水平、制度以及文化传统中去寻找，经济发展水平的提高，经济交往的扩大使信任的范围不断延伸；制度则往往为信任提供某种保障或依据；文化传统则是信任结构的一块重要基石，任何信任结构都是以某种文化为依托的。

养老观念往往是在长期的社会发展中成为文化中的一个组成部分，但同时也会随着社会经济的发展而发生变化。因此，养老观念会随着文化的不同、社会发展的变化表现出差异性。

总之，经济发展水平、制度、文化传统是影响养老模式转变的根本原因，决定养老模式影响因素变化的关键动因都可以在这几个层面去寻找（具体影响因素分析框架见图1-1）。

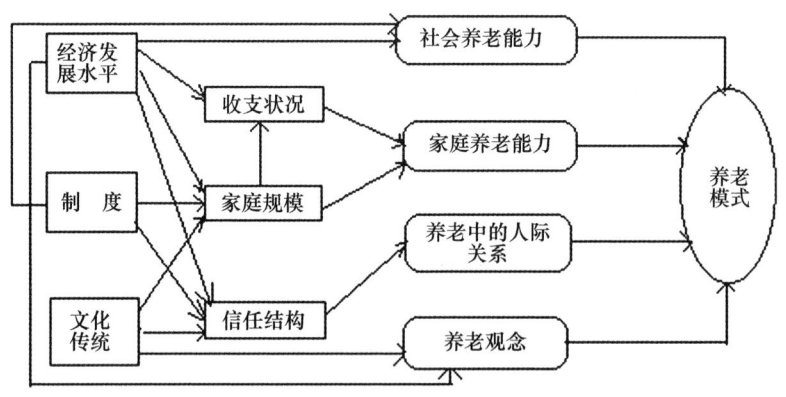

图1-1 养老模式转变的影响因素

资料来源：笔者自制。

---

① 郑也夫：《信任论》，中国广播电视出版社2001年版。

### （三）养老模式转变的基本趋势

#### 1. 传统社会：以家庭养老为主

传统社会一般指工业化以前的社会。传统社会最明显的特征之一是自然经济或半自然经济，在这种经济条件下，社会生产力水平较低，由国家或政府支配的财富相对较少，政府之外的社会组织还未充分地发展起来，整个社会的整合性较差，组织能力较弱，因而无力组织起一个制度化的养老保障体系，社会养老能力弱。

从家庭养老能力上看，传统社会家庭规模一般较大，人口的预期寿命较短，老年人口较少，因而一般家庭内部的老年抚养比相对较低；从收支上看，传统社会中家庭是一个基本的生产单位和消费单位，基本上过着自给自足的生活，预期寿命短使得老年人多为低龄老年人，他们同时作为生产者和消费者而存在，他们的经验对生产发挥着重要的作用。因此，养老并不会给家庭带来多大的经济压力，加之家庭规模比较大，在生活照料和精神慰藉上一般也不会存在太大的问题，在这种情况下，家庭具有相对较强的养老能力。

从人际关系上看，由于传统社会的信任结构建立在血缘关系的基础之上，对有血缘关系的人信任程度一般较高，而对没有血缘关系的人信任程度一般较低，这种信任结构使得养老只能局限于基于血缘关系的家庭（或家族）内部，养老关系只在这个范围内发生。

从观念上来看，由于传统社会中知识更新慢，文化传承和知识传播往往是从上一代传递到下一代，老年人承担着传递文化和经验的重任，一般具有较高的家庭地位。因此，大多数文化中都存在"尊老"观念，并由"尊老"而"养老"，而"尊老"首先是从家庭内部开始，从尊敬自己家庭（家族）的老人开始。

所以，在传统社会中，家庭成了养老的最好归宿，以家庭为主的养老模式成为社会发展的必然。但是，在传统社会中，随着生产力的发展，家庭养老能力、社会养老能力、养老中的人际关系、养老观念也会发生缓慢的变化，养老的社会化程度也会有缓慢的提高。

2. 现代社会：以社会养老为主

现代社会是指工业化完成以后的社会。在现代社会，社会日益成为一个有机系统，社会的组织能力得到了极大的发展，生产力水平迅速提高，社会财富空前增长，有能力建立一套覆盖面广、保障水平较高的社会保障体系，为老年人提供积极支持，同时社会服务业快速发展，社会养老服务体系的建立使老年人可以较为便捷地获得养老服务，社会养老能力显著增强。

从家庭养老能力来看，则存在相对降低的趋势。主要是因为现代社会家庭规模显著缩小，首先会导致家庭内部养老资源特别是照料资源急剧下降；其次，预期寿命延长使得老年人特别是高龄老年人相对增多，而少子化倾向则导致下一代人数下降，家庭内部老年抚养比显著提高，老年人对应的平均养老资源将明显下降；最后，随着社会分工细化，家庭自身对社会产品和服务的依赖增强，家庭独立养老能力也实质上出现了弱化。

从人际关系上看，由于社会分工的发展和现代法律制度的产生，信任结构变成以业缘关系为基础，建立在对社会规范的认同之上，社会成员之间的信任关系有较强的法律保障，信任基础更为坚实；同时家庭内部由于社会成员的社会关系日益复杂，基于血缘的亲情关系受到了外界的冲击，信任相对削弱。信任关系的这种变化为养老走出家庭、走向社会提供了基础，从而使得养老关系不仅在家庭中存在，而且在整个社会范围内广泛展开。

从观念上看，随着知识更新日益加快，各种现代化观念对养老观念产生了深刻影响。例如，平等观念要求把老年人作为社会平等的一员，必须平等参与社会生活、共享社会发展成果；人道观念要求基于人道主义原则保障老年人的基本生活和尊严；等等。这就要求建立相应的社会化制度安排，确保老年人的平等权利和对老年人的人文关怀，也必然导致养老模式向以社会养老为主转变。

总体而言，在现代社会中，家庭养老的空间相对狭小，而社会养老的空间则相对较大，这种状况必然使社会养老逐渐占据主导地位，形成以社会养老为主的养老模式。

3. 社会转型期：养老从家庭走向社会的契机

社会转型期是指从传统社会向现代社会过渡的时期。社会转型期具备几个特点，有利于推动养老从家庭走向社会。一是社会财富快速积累，为建立社会保障体系提供了良好的物质条件。这个时期也就是工业化时期，通常是经济迅速发展的时期，社会财富以较快的速度增长，整个社会具备了建立社会保障体系，为老年人提供制度保障的物质基础。二是社会文化不断交融和碰撞，使养老观念得以更新。在社会转型期，传统文化受到现代文明的极大冲击，支撑家庭养老的"尊老"文化逐渐为现代的平等、人道主义等观念所代替，有利于实现养老责任从家庭向社会的转移，逐渐形成家庭与社会共担的局面。三是制度建设和制度变革较为频繁，为建立和改进相关制度安排创造了有利条件。社会转型期由于社会变化迅速，各方利益冲突加剧，社会政策调整也十分频繁，可以及时根据养老情况变化建立相应制度或是进行制度改革，推进养老社会化。四是信任结构发生巨大转变，为养老模式转变提供了必要基础。社会转型期社会成员的信任关系逐渐从血缘拓展到业缘，社会成员之间基于规则和制度的关系逐渐建立，使养老关系也逐渐向社会拓展。从人类社会的发展过程来看，这也是现代社会保障制度产生和逐渐成熟的时期，也是养老服务业快速发展的时期，是养老的社会化水平显著提高的时期。

4. 养老模式转变的基本趋势

综合传统社会、现代社会、社会转型期的特点，可以把养老模式转变的基本趋势描绘成一条近似的逻辑斯蒂（Logistic）曲线（见图1-2）。

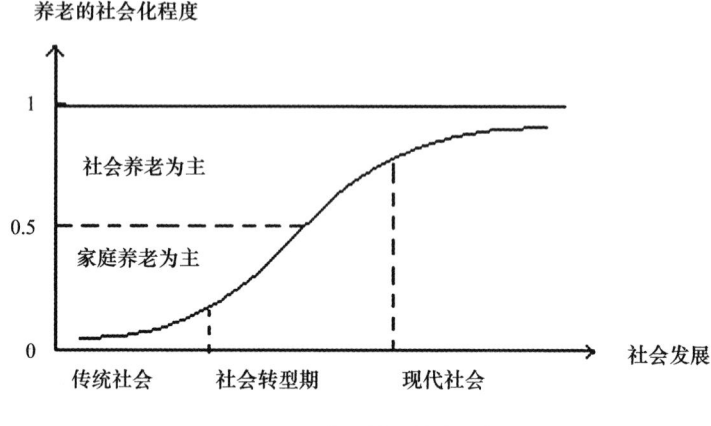

图1-2 养老模式转变趋势

资料来源：笔者自制。

图1-2中横轴表示社会发展，纵轴表示养老的社会化程度。完全家庭养老的社会化程度为0，完全社会养老的社会化程度为1，当养老的社会化程度为0—0.5时，则以家庭养老为主，当社会化程度为0.5—1，则以社会养老为主。在度量养老的社会化程度时，可以对养老的三个方面内容同时进行度量，也可以对其中的某一个方面内容进行度量，相对而言对经济供养社会化程度的度量相对更为直观。

需要说明的是，上述曲线描述的只是一种趋势，各国（地区）的养老模式转变只是大体上与此类似，但在拐点和斜率上会有所差异，甚至就单个国家（地区）而言，拐点也并不一定就是其传统社会或现代社会与社会转型期的截然分界点，由于影响因素的复杂性，往往会存在时滞，但这种时滞不会影响养老模式转变的大体趋势。

姜向群曾利用世界银行的老年人收入来源构成数据分析发现，处于不同发展阶段的国家和地区，养老模式存在明显的差异：高收入地区老年人收入来源中来自社会福利和退休金的比例明显高于中等收入地区，远远高于低收入地区①。不同国家和地区养老模式的这种差别反映出养老的社会化程度随社会发展水平而提高的现实。

## 二　养老社会化

养老模式转变实际上就是一个养老社会化的过程。在此过程中，养老功能逐渐从家庭扩展到社会范围，养老所需的经济支持、生活照料和精神慰藉等各项支持对社会依赖程度不断提高。根据养老的三项主要内容，养老社会化可以理解为经济供养社会化、生活照料社会化和精神慰藉社会化。经济供养主要表现为物质财富的供给，而生活照料和精神慰藉则表现为服务的提供。具体来说，养老模式转变所表现的养老社会化过程，重点要实现以下四个方面的转变②。

一是养老责任社会化。一方面由于家庭养老能力的衰退，迫切需要逐渐由社会来弥补家庭养老能力的不足，逐渐承担起养老的责任；另一方面也因为生产和生活的社会化，使人们成为社会人，作为社会成员，在年轻时有参与社会生产积累社会财富的义务，到老年后也有从社会索取社会养老资源的权利，社会对养老负有不可推卸的责任。养老责任社会化反映了家庭养老能力和社会养老能力此消彼长的发展趋势，代表着社会养老支持将发挥越来越重要的作用。养老责任社会化并非是要将养老义务完全抛给社会，而是随着社会进步，从社会层面对养老进行更多更完备的制度化安排，使养老保障成为社会保障制度的一项重要内容。家庭将继续成为养老的重要支持力量，但与传统社会相比，家庭在养老中的重要性有所下降。对社会政策的制定者而

---

① 姜向群：《养老转变论：建立以个人为责任主体的政府帮助的社会化养老方式》，《人口研究》2007年第4期。
② 林宝：《中国家庭变迁与养老社会化》，《人民论坛》2021年第36期。

言,要切实认识到养老责任社会化是家庭变迁和社会发展的必然趋势,要顺势而为,根据家庭养老面临的实际困难和社会养老能力发展状况不断优化社会养老支持体系。

二是经济支持社会化。经济支持是养老生活质量的重要保障。在传统社会,养老经济支持主要来自家庭内部。随着家庭养老能力的削弱,经济支持社会化显得尤为重要。养老经济支持社会化代表着来自社会保障制度的经济收入在养老经济支持中的作用越来越大。经济支持社会化是现代社会的一个重要特征,社会保障制度正是随着现代社会发展而产生和发展的。养老经济支持社会化是通过建立收入保障制度来实现的,经济支持社会化的关键是要建立一个以养老金制度为核心的多层次收入保障制度,在此制度中,老年人收入可以获得基本的、稳定的保障。但是,经济支持社会化也是一个动态的发展过程,收入保障制度也要随着经济发展水平进行持续的改革和完善。家庭成员之间的转移支付仍然是养老经济支持的重要来源,但在优先序上,收入保障制度应该成为老年人最常规的收入来源,家庭内部转移支付只是为老年收入增加一道安全阀。具体说来,老年人应该人人享有基本收入保障,而考虑到家庭类型的多样性和家庭经济状况的差异性,每个老年人未必可以得到家庭内部的转移支付。

三是养老服务社会化。社会转型对家庭养老能力影响最大的就是照料资源,必须以养老服务社会化来应对。养老服务社会化包含两层含义:一是养老服务保障的社会化;二是养老服务供给的社会化。前者是指应该以社会化的安排确保老年人享有基本养老服务;后者是指应该建立社会养老服务体系确保老年人在需要养老服务时有相应的养老服务供给。在养老服务社会化的条件下,家庭不再是养老服务保障和供给的唯一主体,而只是养老服务保障的责任方之一,是养老服务供给体系的一部分。建立养老社会服务体系是养老服务社会化的重要保障。社会养老服务体系主要是解决养老中生活照料和精神慰藉的社会化问题，其重点是提高养老社会化服务的可获得性，主要是保证服务的充足性、适用性和便利性。此外，医疗保险制度和长期护理保险制度通过分担医疗和护理负担，降低服务利用门槛，本质上也是一种养老服务社会化的机制。

四是社会环境适老化。社会转型导致老年人对社会环境的依赖更为严重，这就要求社会环境要更加适老化。社会环境适老化既包括硬环境适老化，又包括软环境适老化。前者是指与老年人生活密切相关的各类设施要适老化，为老年人参与社会生活提供必要的、合适的条件。后者是指整个社会要形成一种有利于老年人继续发挥作用的环境和条件，要形成孝老、敬老、养老的社会氛围和文化。通过社会环境适老化，使老年人获得尊严、平等和积极的老年生活，在信息技术日新月异的条件下，应致力于建设一个不分年龄、人人共享的智慧老龄社会[①]。

## 三　中国养老模式转变与选择[②]

### （一）中国养老模式转变

中国传统社会的养老模式是以家庭养老为主的，这主要表现在，老年人与家庭成员同吃同住，有福同享，有难同当，养老的三方面内容基本上取自家庭，家庭成为养老的当然场所。

但是，进入社会转型期特别是改革开放以后，家庭养老面临巨大的压力。改革开放以来，中国的平均家庭规模在不断缩小。根据历次全国人口普查数据，1982年"三普"时为4.43人，1990年"四普"时下降为4.08人，2000年"五普"时进一步下降到3.44人，2010年"六普"

---

① 林宝：《建设不分年龄人人共享的智慧老龄社会》，《金融博览》2021年第2期。
② 林宝：《养老模式转变的基本趋势及我国养老模式的选择》，《广西社会科学》2010年第5期。

时再次下降至3.10人，2020年"七普"已经下降至2.62人。这意味着，在家庭中能承担养老责任的人在减少，而且这是以老年人口比重上升为背景的。这种情况将使家庭尤其是城市双职工家庭不得不更多地求助于社会服务，而这无疑将加重家庭的经济负担。更为严重的是，由于计划生育政策的施行，中国的独生子女正在逐渐增多，根据"六普"数据推算，2010年的独生子女规模约为1.64亿人①。"七普"的详细数据尚未公布，但独生子女数量预计还将继续增长。当独生子女的父母进入老年之后，家庭养老必将面临更大的冲击。

家庭养老的巨大压力必然要求社会在养老方面承担更大的责任，妥善处理养老问题，减轻作为社会细胞的家庭的重担，减少家庭内部的摩擦和由此引发的社会矛盾。从中国目前的情况来看，社会虽然还不能完全从家庭接过养老的责任，但已经具备了建立养老保障体系、提高养老社会化水平的能力。经过新中国成立70余年特别是改革开放40余年来的建设，中国经济总量已经跃居世界第二位，综合国力得到了极大的增强，为建立公平可持续的养老保障体系提供了极有利的条件。当前关键是要看清养老从家庭走向社会的必然趋势，因势利导，抓住机遇，及时完善相关政策。可喜的是，近年来中国的养老保障体系正在逐渐完善，城镇职工基本养老保险的覆盖面不断扩大，将更多城市职工纳入社会保障体系之中，城乡居民基本养老保险制度也实现了并轨，实现基本养老保险制度的全覆盖。同时社会救助和最低生活保障制度等更为健全，社会养老服务体系建设也在大力推进，这些都将明显提升养老的社会化程度。

中国的信任结构亦在发生重大变化。中国传统社会是一种差序格局，它是以"自我"为中心形成一圈圈由近及远的圆圈，并由此构成

---

① 辜子寅：《我国独生子女及失独家庭规模估计——基于第六次人口普查数据的分析》，《常熟理工学院学报》2016年第1期。

了中国所谓的"人伦"①。与此相适应,中国传统的信任结构是基于血缘关系和熟悉系统的。但是,现在这种信任结构已经受到了很大的破坏,这种原本重"情"而轻"利"的信任结构在市场经济下已显得甚为脆弱,前些年传销的发展,实质上的"杀熟"行为更是给这种信任结构以沉重的打击。目前,中国正处在重建信任结构的过程之中,众多法律制度的出台力图使人们有一个新的信任基础,但法律的不完善及执行中的偏差与漏洞延缓了新信任结构的重建过程,基于业缘的、社会规范的信任结构的建立将是逐步实现的。信任结构的这种变化为养老从家庭走向社会提供了必要性和可能性。

从文化上看,中国传统家庭养老的文化模式表现为崇老文化,它由老年人的"老则贵"观念、子女们的"唯父是从"观念和社会上的"以老为尊"观念组成。从中国目前的情况来看,这种崇老文化出现了全面衰退,老年人的"老则贵"观念已大为淡化,子女们"唯父是从"观念转变为追求个人发展,社会上的"以老为尊"并不绝对化。崇老文化的衰退使家庭养老逐渐失去其文化依托②。

也就是说,中国传统的以家庭养老为主的养老模式正在逐渐失去其存在的根基,当前及今后一个时期是完善社会保障体系,推进社会养老服务体系建设,提高养老的社会化水平,逐步过渡到以社会养老为主的养老模式的关键时期。以社会养老为主的养老模式是社会发展的一个必然结果,也是中国未来的一个必然选择。

## (二) 立足国情积极探索中国特色的养老模式③

尽管在社会转型过程中,养老社会化是必然趋势,但由于国情不同,不同国家和地区可以在养老模式选择上表现出自己的特点。2021

---

① 费孝通:《乡土中国》,生活·读书·新知三联书店1985年版。
② 姚远:《对中国家庭养老弱化的文化诠释》,《人口研究》1998年第5期。
③ 林宝:《积极探索适合中国国情的养老模式》,《金融博览》2020年第6期。

年11月,《中共中央国务院关于加强新时代老龄工作的意见》中强调"走出一条中国特色积极应对人口老龄化道路"。解决中国的养老难题,必须立足中国基本国情走一条有中国特色的养老之路,实现"中国式养老"。具体地说,就是中国养老模式选择必须考虑中国人口老龄化的特点、传统文化的影响、社会主义国家的性质和当前的时代特征,这些都将给养老模式选择烙上深深的印迹。

中国人口老龄化的特点是养老模式选择的现实依据。首先,中国人口老龄化是在经济不发达的情况下起步的,如果将世界各地区的经济发展水平和老龄化水平从高到低进行排序,可以发现中国人口老龄化水平的排名明显高于经济发展水平的排名,表现出明显的未富先老特征。未富先老会导致整个社会还未积累起足够的财富来应对人口老龄化的挑战,对解决养老问题形成现实的制约和影响。其次,中国人口老龄化速度也是世界上最快的国家之一。中国65岁及以上人口的比例从7%上升到14%仅用了约20年,远低于欧美发达国家所经历的时间(多在40年以上)。快速的人口老龄化留给社会的反应时间有限,必须抓住时机进行制度建设和财富积累。再次,中国有着世界上规模最大的老年人口。在"十四五"时期60岁及以上老年人口有望达到3亿人,到本世纪中叶甚至将达到5亿人左右。养老中的任何问题可能都涉及亿万人的福利,必须审慎应对。最后,区域和城乡差异巨大,导致养老问题更加复杂多变,必须处理好不同地区和城乡之间的统筹与平衡。

中国传统的孝老、敬老文化是养老模式选择的历史根基。中国人讲究孝道,敬老文化源远流长。一般认为,孝文化自先秦已经形成。孔子强调子女对父母的赡养建立在尊敬的基础上,要"以色事亲",和颜悦色地侍奉父母,从而使父母精神愉悦[①]。以孝老、敬老文化为

---

① 吕红平、李振纲:《孔子孝道观与家庭养老方式》,《人口研究》2008年第2期。

基础形成了中国传统的家庭养老模式，家庭成为老年人物质和精神供养的当然来源和养老的当然居所。当然，传统家庭养老模式仍然有来自国家的支持，有研究认为这实际上是一种国家支持下的家庭养老[①]。深厚的孝老、敬老文化和悠久的家庭养老传统将为构建新的养老模式提供丰富的养分，这也是我国在养老服务体系建设中，一直强调要"以居家为基础"的原因所在，也是党的十九大报告中强调"构建养老、孝老、敬老政策体系和社会环境"的原因所在。

中国的社会主义国家性质和长期实行计划生育政策是养老模式选择的制度背景。公平正义是社会主义的本质要求，是社会主义的题中之义[②]。中国作为社会主义国家，养老模式选择也必须坚守公平正义，政府要坚持执政为民，为人民服务的根本宗旨，履行保障基本养老服务的责任，确保"人人享有基本养老服务"。同时，由于中国长期实行计划生育政策，特别是在部分地区还实施了严格的独生子女政策，大多数家庭生育子女数明显下降，出现了少子化趋势，传统家庭养老力量（特别是照料资源）大为削弱，使政府有更重的责任组织好社会养老服务。

中国当前正处于从传统社会向现代社会转型的社会转型期，中国特色社会主义建设进入新时代，这是养老模式选择的时代特征。在社会转型期，正是养老社会化的快速发展阶段，是养老模式从传统向现代转型的阶段，也是各项养老制度建设的关键时期，必须加快各项制度建设，形成完备的养老政策体系和良好的养老社会环境。中国特色社会主义建设进入新时代，我国社会主要矛盾已经转化为人民日益增长的美好生活需要和不平衡不充分的发展之间的矛盾，必须着力解决养老领域存在的不平衡不充分问题，满足老年人日益增长的美好生活需要。

---

① 姚远：《养老：一种特定的传统文化》，《人口研究》1996年第6期。
② 何建华：《公平正义：社会主义的核心价值观》，《中央社会主义学院学报》2007年第3期。

# 第二章

# 社会变迁与养老服务需求增长

中国社会正在发生深刻的变化,对养老服务需求产生了重要影响。特别是人口老龄化、城镇化、家庭变迁和收入水平提高等对养老服务需求增长带来了明显的规模效应、结构效应和乘数效应,使养老服务需求增长明显快于老年人口增长。

## 一 人口老龄化与养老服务需求增长

### (一)人口老龄化基本形势及特征

中国在2000年左右进入老龄社会。从全国人口普查数据可以看出,中国人口老龄化始于"二普"之后,1953年中国65岁及以上老年人占总人口的比例为4.41%,1964年"二普"为3.56%,人口年龄结构出现了年轻化,但是到1982年"三普"时老年人口比例已经达到4.91%,1990年"四普"为5.57%,2000年"五普"为6.96%,2010年"六普"为8.87%。2021年5月,国家统计局公布了最新的"七普"数据[1],从中可以看出中国人口老龄化表现出以下几个特点[2]。

---

[1] 国家统计局官网,http://www.stats.gov.cn/。
[2] 林宝:《积极应对人口老龄化:内涵、目标和任务》,《中国人口科学》2021年第3期。

一是人口老龄化程度继续提高，高龄化趋势明显。根据"七普"结果，2020年中国60岁及以上人口为26402万人，占总人口的比重为18.70%，其中，65岁及以上人口为19064万人，占总人口的比重为13.50%。80岁及以上人口占总人口的比重为2.54%，较2010年提高了0.98个百分点；占60岁及以上老年人口的比重为13.56%，较2010年上升了1.74个百分点，高龄化趋势明显。老龄化的同时伴随高龄化，表明中国老年人口内部结构也在快速变化，养老服务和健康服务等需求将因高龄化而以快于老年人口的增速增长。

二是人口老龄化速度明显加快。2010—2020年，60岁及以上人口比重上升了5.44个百分点，65岁及以上人口比重上升了4.63个百分点。与上个十年相比，上升幅度分别提高了2.51和2.72个百分点。人口老龄化速度加快意味着应对人口老龄化的战略机遇期将快速逝去，政策准备期将大为缩短，"未备先老"问题将更加突出。

表2-1　　中国近三次全国人口普查的人口老龄化与高龄化趋势

| 年份 | 总人口（万人） | 60+人口比重（%） | 65+人口比重（%） | 80+人口比重（%） |
| --- | --- | --- | --- | --- |
| 2000 | 126583 | 10.33 | 6.96 | 0.95 |
| 2010 | 133972 | 13.26 | 8.87 | 1.56 |
| 2020 | 141178 | 18.70 | 13.50 | 2.54 |

资料来源：2012年《中国统计年鉴》；第七次全国人口普查数据公报；第五次全国人口普查资料。

三是人口老龄化城乡差异快速扩大。"七普"结果显示，从全国看，乡村60岁、65岁及以上老人的比重分别为23.81%、17.72%，比城镇分别高出7.99和6.61个百分点。与2010年相比，60岁、65岁及以上老年人口比重的城乡差异分别扩大了4.99个、4.35个百分点。城乡差异扩大将进一步凸显应对农村人口老龄化的紧迫性。当前农村经济发展水平、社会服务水平等都严重滞后,农村人口老龄化必将带来更为严峻的挑战,将严重影响脱贫攻坚成果的巩固和乡村振兴战略的实施。

四是人口老龄化地区差异加大。"七普"数据显示,65岁及以上老年人口比重最高的地区和最低的地区之间相差接近12个百分点,与2010年相比,扩大了5.28个百分点。从整体差异看,人口老龄化地区差异指数[①]从2010年的0.14上升至2020年的0.17。人口老龄化地区差异的扩大反映了中国应对人口老龄化的复杂性。

五是人口老龄化程度与经济发展水平出现一定程度的背离。理论上经济发展水平高的地区因为人口转变发生更早一般会拥有更高的人口老龄化程度。但由于发达地区吸引大量劳动年龄人口流入,延缓了人口老龄化的发展速度,造成中国各地区人口老龄化程度与经济发展水平出现了很大程度的背离。2020年各地区65岁及以上人口比例排名与人均地区生产总值(GDP)排名之间的相关系数仅为0.310,而65岁及以上人口比例和人均地区生产总值之间的相关系数则仅为0.250。率先进入中度老龄化阶段(65岁及以上人口占比超过14%)的12个地区中,只有上海、江苏、天津人均GDP排名在前五之列;黑龙江65岁及以上人口比例高居全国第7,但人均GDP排名全国倒数第二,吉林、辽宁和四川的两项排名之差也均在10名以上。在未进入中度老龄化阶段的地区中,也不乏像广东、福建这样两项排名相差20名开外的情况出现。人口老龄化程度与经济发展水平的背离表明中国"未富先老"的特征不仅在总体上有所表现,而且在一些局部地区更为严重。

---

① 该指数首先用各地区人口老龄化程度与全国人口老龄化程度之差的绝对值之和除以地区数,得到各地区与全国人口老龄化程度的平均绝对偏离值,然后再除以全国人口老龄化程度,得到相对偏离值。指数越高,差异程度越大。

表2-2 各地区65岁及以上人口比例及人均地区生产总值排名情况

| 地区 | 65+人口比例排名 | 人均GDP排名 | 地区 | 65+人口比例排名 | 人均GDP排名 | 地区 | 65+人口比例排名 | 人均GDP排名 |
| --- | --- | --- | --- | --- | --- | --- | --- | --- |
| 辽宁 | 1 | 15 | 湖北 | 12 | 9 | 贵州 | 23 | 28 |
| 重庆 | 2 | 8 | 河北 | 13 | 27 | 福建 | 24 | 4 |
| 四川 | 3 | 16 | 河南 | 14 | 18 | 云南 | 25 | 23 |
| 上海 | 4 | 2 | 陕西 | 15 | 12 | 海南 | 26 | 19 |
| 江苏 | 5 | 3 | 北京 | 16 | 1 | 宁夏 | 27 | 20 |
| 吉林 | 6 | 24 | 浙江 | 17 | 6 | 青海 | 28 | 25 |
| 黑龙江 | 7 | 30 | 内蒙古 | 18 | 10 | 广东 | 29 | 7 |
| 山东 | 8 | 11 | 山西 | 19 | 26 | 新疆 | 30 | 21 |
| 安徽 | 9 | 13 | 甘肃 | 20 | 31 | 西藏 | 31 | 22 |
| 湖南 | 10 | 14 | 广西 | 21 | 29 | | | |
| 天津 | 11 | 5 | 江西 | 22 | 17 | | | |

资料来源：根据各地区2020年国内生产总值（GDP）和常住人口数据计算。各地区2020年国内生产总值（GDP）数据来自Wind经济数据库，常住人口数据来自第七次全国人口普查公报。

## （二）人口老龄化与养老服务需求增长

人口老龄化对养老服务需求增长的影响主要表现为规模效应和结构效应。规模效应是指由于老年人口规模增长带来的养老服务需求增长；结构效应是指由于老年人口结构变化带来的养老服务需求增长。

人口老龄化带来的养老服务需求增长规模效应主要与老年人口规模扩大有关。在中国人口老龄化快速发展的过程中，由于总人口继续保持膨胀，所以老年人口规模增速快于人口老龄化程度的提高速度，表现出明显的规模效应。根据历次全国人口普查资料，随着人口老龄化，中国老年人口规模越来越大，以65岁及以上老年人口为例，1964年"二普"时为2472.70万人，1982年"三普"时为4950.16万人，而1990年"四普"时为6314.60万人，2000年"五普"时达到8810.18万人，2010年"六普"时为1.19亿人，到2020年"七普"已经达到了1.91

亿人。2010—2020年，60岁及以上老年人口增长了48.6%，65岁及以上老年人口增长了60.4%。即便不考虑结构变化和需求升级等因素，仅仅考虑老年人口规模的扩大，10年期间养老服务需求就会提升近50%（按照60岁及以上老年人口规模计算）。

人口老龄化过程中，高龄老年人口增长速度明显快于老年人口整体，呈现出高龄化，由此会带来养老服务需求增长的结构效应。这是因为，高龄老人随着年龄增长自理能力明显下降，养老服务需求显著增加。中国老年人口中不能自理的比例随年龄增长而逐步提高，无论是男性老年人口，还是女性老年人口，都呈现出随年龄增长不能自理比例逐渐提高的趋势，特别是80—90岁，这是老年人口不能自理比例提高最快的时期①。"七普"结果显示，80岁及以上人口占总人口的比重比2010年提高了0.98个百分点，占60岁及以上老年人口的比重比2010年上升了1.74个百分点。显然，随着高龄老年人口占比增加，养老服务需求也将增长。将老年人口简单分为60—79岁和80岁及以上两个年龄段，利用"六普"两个年龄段不能自理老年人口占比估计可得，80岁及以上老年人口占比增加带来的结构效应将使护理需求增长4.63%。与规模效应相比，结构效应相对较小，反映出老年人口结构变化速度慢于老年人口规模增速。当然，在60—79岁和80岁及以上老年人口两个年龄段内部也存在结构问题，如果按照单岁组进行分析，结构效应将更为明显，这里只是一个简化的估计值。

## 二 人口城镇化与养老服务需求增长

### （一）人口城镇化基本形势及特点

中国正在经历快速的人口城镇化，城镇化率正处于快速提升阶

---

① 林宝：《中国不能自理老年人口的现状及趋势分析》，《人口与经济》2015年第4期。

段。中国人口城镇化大体上以改革开放为标志分为前后两个时期。改革开放以前，人口城镇化速度相对较慢。自20世纪中叶以来，中国人口城镇化的发展并非一帆风顺，其中几经波折，改革开放以前，城镇化水平提高很慢，到1978年城镇人口比重（城镇化率）也不足20%。改革开放之后，由于市场机制的逐渐引入，对人口流动的管制日渐放松，城镇化水平才进入了一个稳定的快速上升过程，到1996年，城镇化率突破了30%，2003年突破了40%，2011年突破了50%。2020年第七次全国人口普查数据显示，城镇化率为63.89%。快速人口城镇化的背后是大量的人口流动，这不但从宏观上改变了人口的区域和城乡结构，在微观上也造成了部分家庭成员的分离，对养老服务需求也会产生不可低估的影响。

中国人口城镇化过程中出现了户籍人口城镇化与常住人口城镇化的明显差距。由于户籍制度改革滞后，中国户籍人口城镇化率长期与常住人口城镇化率相差在15个百分点以上。2014年《国家新型城镇化规划（2014—2020年）》的数据显示，当时中国常住人口城镇化率为53.7%，户籍人口城镇化率只有36%左右。根据《第七次全国人口普查公报》，城镇常住人口城镇化率为63.89%，2020年中国户籍人口城镇化率为45.4%[1]，二者之间的差距仍然没有缩小。户籍人口城镇化严重滞后于常住人口城镇化说明还有大批农村户籍人口没有实现永久性的迁移，其背后可能意味着大量家庭存在家庭成员的分离，给家庭养老服务供给带来冲击。

中国人口城镇化过程中出现了大量流动人口。第七次全国人口普查数据显示，全国人口中人户分离人口为4.93亿人，其中，市辖区内人户分离人口为1.17亿人，流动人口为3.76亿人。流动人口中，

---

[1] 国家统计局：《第七次全国人口普查公报》（第七号），http://www.stats.gov.cn/tjsj/zxfb/202105/t20210510_1817183.html。

跨省流动人口为1.25亿人，省内流动人口为2.51亿人。与2010年第六次全国人口普查相比，人户分离人口增长88.52%；市辖区内人户分离人口增长192.66%；流动人口增长69.73%。由于老年人口跟随家庭流动的比例极低，因此大量流动人口的存在意味着大量家庭代际空间距离的扩大，使家庭养老服务供给面临难题。

**（二）老年人口城镇化滞后现象[①]**

在世界各国和地区，老年人口城镇化滞后是一种普遍现象，但与世界平均水平相比，中国老年人口城镇化滞后现象更为严重。分析表明，2015年中国老年人口城镇化滞后程度高于相同城镇化阶段所有国家和地区滞后的平均水平[②]。2015年中国人口城镇化水平处于50%—60%，2015年处于这个阶段的国家和地区有25个，其中有19个国家和地区老年人口城镇化滞后于总人口城镇化，平均滞后程度为3.50个百分点。与中国2015年的情况相比，显然中国老年人口城镇化滞后更多，中国多滞后2.8个百分点。利用模型估计也发现，中国2015年实际的老年人口城镇化水平滞后程度超过估计值2.56—2.87个百分点。因此，无论是从相同城镇化阶段的平均滞后水平，还是从1980—2015年老年人口城镇化与总人口城镇化的一般关系判断，中国老年人口城镇化滞后都更为严重。

中国老年人口城镇化为什么会滞后更为严重呢？理解这一问题，我们要从三个层面来进行。首先是将城市和农村看作两个相对独立封闭的体系，分析在此条件下老年人口城镇化与总人口城镇化的关系如何；其次是在考虑城乡人口流动的情况下，分析为何世界各国和地区普遍存在老年人口城镇化滞后问题；最后是在考虑中国社会特殊性的

---

① 林宝：《中国老年人口城镇化滞后问题研究——基于国际比较的视角》，《中国人口科学》2018年第3期。

② 采用2015年数据进行比较，主要是考虑其他国家和地区数据的可获得性。

基础上分析为何中国老年人口城镇化滞后现象更为严重。第一个层面是我们分析问题的起点;第二个层面构成了中国老年人口城镇化的一般性原因,这也是老年人口城镇化滞后之所以普遍存在的原因;第三个层面是中国老年人口城镇化滞后之所以更为严重的特殊性原因。

1. 城乡封闭体系下的老年人口城镇化与总人口城镇化

当城乡是独立封闭体系时,城镇和农村人口增长和结构变化只受自然增长影响。假设城乡在人口转变之前都处于"高高低"人口再生产模式,出生率、死亡率、自然增长率没有本质区别。根据人口转变理论,在人口转变过程中,随着社会经济条件的改善,死亡率和生育率先后下降,从"高高低"的人口再生产模式逐渐过渡到"低低低"的人口再生产模式。由于城镇社会经济发展水平较高,率先开始人口转变,在人口转变的早期阶段,由于死亡率先下降并且是低年龄组死亡率下降速度更快,城市人口会出现年轻化,在这个阶段可能会出现老年人口城镇化低于总人口城镇化,但因为这个阶段很短,所以这种状况也将是十分短暂的,随后随着生育率下降,城镇人口将逐渐开始老龄化,老年人口城镇化滞后现象会迅速消失。由于城镇作为一个国家或地区社会经济发展水平较高的部分,人口转变一般先于农村到来和完成,而且即便是完成人口转变之后,城镇还将先开始"第二次人口转变",所以城镇的生育率和死亡率在相当长的时间内都会相对较低。因此从理论上讲,如果城乡各自是一个封闭的体系,城镇的人口老龄化也会先于农村到来,最终的结果会是老年人口城镇化率高于总人口城镇化率,不会长期出现老年人口城镇化滞后现象。

2. 中国老年人口城镇化滞后的一般原因

但现实情况是,城乡并非封闭体系,二者之间存在大量人口流动,且主要是从乡村向城镇流动,这种流动改变了城乡的人口老龄化格局,同时也改变了老年人口城镇化与总人口城镇化之间的关系。现代社会以来,由于城镇拥有更好的受教育机会和就业机会,年轻人口大量从农村向城镇流动是一个必然趋势。最终，会出现以年轻人口为主体的大规模乡城人口流动，这种人口流动同时改变了城乡人口结构，导致年轻人城镇化速度快于老年人城镇化速度，当这种人口流动达到一定规模，总人口城镇化水平必然会赶上并最终超越老年人口城镇化，出现老年人口城镇化滞后现象。

就中国而言，改革开放以来，特别是20世纪90年代中期以来，大规模人口流动不仅是中国经济发展的重要推动力之一，也是中国最深刻的社会变革之一。这一以年轻劳动力为主要人群、以乡城流动为主要方向的大规模人口流动正是中国老年人口城镇化滞后的原因所在。而如此巨大的流动人口中，老年人口占比极低，2015年国家卫生计生委流动老人健康服务专题调查显示，流动老人占流动人口的7.2%[①]。如果流动人口中老年人口的比例达到全国老年人口比例的平均水平，那么老年人口城镇化率与总人口城镇化率也将基本持平，滞后现象消失。可见，流动人口年龄结构相对年轻是人口流动之所以会造成老年人口城镇化滞后的主要原因。

实际上，除了人口流动之外，还有大量的实现了户籍转移的人口迁移，这部分人口并没有包含在官方和学者们估计的流动人口之中。其中，一个非常典型的人群是通过中考和高考走出农门的青年学生。根据初帅的研究，与扩招前的1992—1998年相比，1999—2013年高校扩招政策对人口城镇化增长率的贡献为2.7%[②]。在实施了高校扩招政策以后，农村学子接受高等教育的机会迅速增加，同时伴随着经济发展带来的城乡差异逐渐缩小，从而提高了人口城镇化水平。高校扩招带来的高等教育发展有利于人才的培养与沉淀，有助于城镇化水

---

① 国家卫生和计划生育委员会流动人口司：《中国流动人口发展报告2016》，中国人口出版社2016年版。
② 初帅：《高等教育发展与人口城镇化——来自中国高校扩招的证据》，《中国人口科学》2016年第4期。

平的提高。显然，这样拉动的城镇化主要是劳动年龄人口的城镇化，而非老年人口城镇化，总体上必然导致老年人口城镇化滞后于总人口城镇化。

3. 中国老年人口城镇化滞后的特殊原因

值得注意的是，中国老年人口城镇化不仅仅是滞后于总人口城镇化，而且与世界平均水平相比，滞后现象更为严重。也就是说，中国除了存在老年人口城镇化滞后这种普遍性，还存在滞后程度更为严重这种特殊性。由此推断，在中国人口城镇化过程中，必然存在一些阻碍老年人口从农村向城镇流动的特殊因素。

推力—拉力理论是分析人口迁移流动的经典理论，该理论认为迁移流动是迁出地推力和迁入地拉力共同作用的结果①。分析中国老年人口城镇化滞后问题，实际上也就是要分析中国老年人口迁移流动为何低于预期的问题。我们这里采用与推力—拉力理论反向的分析方法，即分析流入地（城镇）的推力和流出地（农村）的拉力作用来解释老年人口城镇化滞后问题。

在老年人向城镇流动的过程中，既存在推力—拉力理论所揭示的促使其流动的推力和拉力作用，同时也存在阻碍其流动的反向推力和反向拉力。反向推力是指城镇存在一些阻碍农村老年人流入的因素。其中，城镇相对较高的生活成本是阻碍老年人流入的基础力量，户籍制度则是阻碍中国老年人流入城镇的重要力量。尽管近年来户籍制度改革取得了一些进展，但是农村人口取得城镇户籍特别是县域外的城镇户籍仍然存在较高门槛，流动人口在城镇始终被当作外来人口看待，处于一种不稳定状态。特别是一些大城市落户门槛更高，甚至在一些城市人口调控中，农村流动人口成了直接的、首要的调控对象。这种不稳定的生活状态，使得农村流动人口很少举家流动，即便是少

---

① 李竞能：《现代西方人口理论》，复旦大学出版社2004年版。

数举家流动,也大多局限于小家庭,而将老年人留在农村,成为留守老人。同时,也由于在年轻时没有完成在城镇的落户和社会融入,绝大部分第一代农民工在进入老年后只能返乡。与劳动年龄人口相比,老年人口城镇化受户籍制度的冲击更大,因为当前就业领域的户籍障碍相对较弱,户籍对年轻人在城镇就业影响很小,在以常住人口计算城镇化的口径下,劳动年龄人口城镇化受户籍制度的影响也相对较小。老年人口则不同,如果不是投靠子女,除少量仍在就业外,农村老年人几乎不会长时间在城镇居留,自然也不会成为城镇常住人口。

反向拉力是指在中国农村仍然存在让老年人留下来或是返乡的重要因素。中国传统上是一个乡土社会,自古有"故土难离""落叶归根"的乡土情结,土地一直是农民的重要生活保障。尽管近年来的一系列改革,基本实现了城乡居民养老和医疗等社会保障制度的统一,但中国城乡二元经济体系造就的二元社会保障体系[①]并未根本改观,保障水平仍然很低,农村老年人养老对土地的依赖性依然很大,离开土地很多老年人将失去物质保障和精神上的安全感。

从制度层面说,户籍制度和社会保障制度是导致中国老年人口城镇化滞后更加严重的两个制度性原因。户籍制度导致老年人口很难在生命更早的阶段融入城镇,在老年阶段留在城镇,从而形成一种实质上的反向推力;而社会保障水平低则将老年人牢牢地捆绑在土地之上,对土地产生严重的依赖,形成一种实质上的反向拉力。二者共同加剧了中国老年人口城镇化的滞后状况。

### (三) 人口城镇化与养老服务需求增长

人口城镇化对养老服务需求的影响主要表现在结构效应和乘数效

---

① 林宝:《中国农民工养老保险:历史路径与前景展望》,《劳动经济研究》2015年第3期。

应两个方面。从结构效应角度分析，人口城镇化将改变城乡老年人口结构，由于城乡老年人口养老服务需求存在差异，从而对养老服务需求产生影响。2010年城乡老年人口之间的比值为0.79，到2020年上升为1.18，老年人口的城乡结构出现了显著变化，城镇老年人口已经超过农村老年人口。从乘数效应角度分析，由于人口流动造成大量家庭成员的分离，使得老年人口整体上对社会养老服务的需求增加。在城镇地区，由于城市扩张和住房条件的改善，代际分居十分普遍，老年人获得子女直接养老服务的可能性正在降低；在农村地区，由于人口城镇化的一个重要趋势就是农村的年轻人在成年后离家进入城镇寻找学习和工作机会甚至是成立新家庭，造成明显的老年人口城镇化滞后现象，因此快速城镇化的过程往往意味着农村传统家庭的解体和两代人之间的分离过程，这必然会削弱农村地区传统的养老体系，增加农村老年人的社会养老服务需求。

## 三 家庭变迁与养老服务需求增长

### （一）家庭变迁的主要特征[①]

第七次全国人口普查数据显示，中国家庭平均规模进一步缩小，表明中国家庭变迁出现了一些新变化，这意味着中国家庭养老能力继续减退，需要进一步推动养老社会化进程，以社会养老能力弥补家庭养老能力的不足，满足广大老年群体的养老需要。

家庭变迁主要是指随着社会发展，家庭不断发生变化，表现出一些新的趋势和特征。关于家庭变迁已经有较为丰富的研究，这些研究基于前几次全国人口普查数据或是相关调查数据概括了中国家庭变迁的一些基本特征，反映了家庭变迁的一些基本趋势。由于第

---

[①] 林宝：《中国家庭变迁与养老社会化》，《人民论坛》2021年第36期。

七次全国人口普查尚未公布关于家庭的详细数据,我们主要基于现有研究来分析中国家庭变迁的基本特点和趋势。概括来看,主要表现出以下五个趋势性特征。

一是小型化,主要表现为平均家庭户规模持续缩小。从全国人口普查数据来看,近几十年来平均家庭规模小型化趋势比较明显。从1964年"二普"开始,历次全国人口普查平均家庭户规模呈下降趋势,特别是改革开放以来下降趋势更为明显。1964年"二普"时平均家庭户规模为4.43人,1982年"三普"时略降至4.41人,到2000年"五普"时已经下降至3.44人,2020年"七普"时更是下降至2.62人。家庭户规模的快速下降一方面反映了家庭在不断分化之中,另一方面也受人口流动、住房状况改善等多方面因素的影响。

二是多样化,主要表现为家庭户类型更加多样。一些研究认为家庭户类型变化的趋势是核心化,但近年来的一些研究并不支持这一结论。例如,张翼的研究认为存在家庭结构核心化的趋势[1];而王跃生的研究发现第五、第六次全国人口普查数据反映出核心家庭比例下降[2];汪建华的研究也发现,家庭结构并没有呈现与小型化相应的核心化趋势,其变化具有阶段性,改革开放前,家庭类型结构变化主要体现为核心家庭比例提高,改革开放后核心家庭(尤其是标准核心家庭)比例却没有增长,且在2000年后大幅下降[3]。与此同时,一些研究观察到家庭类型呈多样化的变化,杨菊华和何炤华观察到居住方式呈现多样化,因婚姻解体或不婚所致的单亲家庭在全部家庭中的比例稳步上升,重组家庭在全部家庭中的比例稳步上升,不完整的流动家

---

[1] 张翼:《中国家庭的小型化、核心化与老年空巢化》,《中国特色社会主义研究》2012年第6期。
[2] 王跃生:《中国城乡家庭结构变动分析——基于2010年人口普查数据》,《中国社会科学》2013年第12期。
[3] 汪建华:《小型化还是核心化?——新中国70年家庭结构变迁》,《中国社会科学评价》2019年第2期。

庭与留守家庭在全部家庭中的比例持续高位等①；林晓珊观察到家庭类型的多样性和核心家庭本身的多样化形态②。

三是空巢化，主要表现为空巢家庭增长较快。子女数量下降、预期寿命延长增加了家庭的空巢期，使空巢家庭比例明显上升。胡湛和彭希哲利用1982—2010年的普查资料分析发现，随着中国人口老龄化程度不断加深，纯老年户和空巢家庭的比例出现了明显上升③。根据张翼的计算，2010年"六普"时，在至少有一位65岁及以上老年人家庭中，老年空巢家庭的比重为31.77%，较2000年上升了8.94个百分点④。"七普"数据尚未公布详细数据，还无法进行类似的计算，但是从人口老龄化快速上升、人口流动和人户分离加剧等数据判断，老年空巢家庭比重将进一步上升。特别是，一些独生子女家庭将因为子女外出求学出现"中年空巢"现象，诞生大量空巢家庭。

四是流动化，主要表现为以家庭为单位的人口流动明显上升。"七普"数据显示，2020年流动人口为3.76亿人，较2010年增长约70%。其中，跨省流动人口为1.25亿人，省内流动人口为2.51亿人，表明中国人口流动更为频繁。此前的一些研究显示，中国人口流动过程中，以家庭为单位的流动表现出上升趋势。周皓对"五普"资料的分析已经发现，家庭迁移是中国20世纪90年代人口迁移中的一个重要特征，且以核心家庭迁移为家庭迁移的主要形式⑤。吴帆对2013年流动人口监测数据的分析发现，已婚流动人口中完整家庭式流动比例

---

① 杨菊华、何炤华：《社会转型过程中家庭的变迁与延续》，《人口研究》2014年第2期。
② 林晓珊：《改革开放四十年来的中国家庭变迁：轨迹、逻辑和趋势》，《妇女研究论丛》2018年第5期。
③ 胡湛、彭希哲：《中国当代家庭户变动的趋势分析——基于人口普查数据的考察》，《社会学研究》2014年第3期。
④ 张翼：《中国家庭的小型化、核心化与老年空巢化》，《中国特色社会主义研究》2012年第6期。
⑤ 周皓：《中国人口迁移的家庭化趋势及影响因素分析》，《人口研究》2004年第6期。

达到65.5%，呈现明显的家庭化趋势①。史毅在分析新中国成立以来的人口流迁时认为，在流动方式上逐渐以家庭迁移为主流，呈现出家庭化的趋势②。学者们所谈论的人口流动的家庭化趋势如果从家庭的角度来解读，可以看作家庭的流动化，表明部分家庭已经离开了家庭的组成地，发生了家庭的迁移和流动。

五是分离化，主要表现为家庭人口分离现象严重。这种分离现象不是家庭成员之间出现了真正的分家，而是由于人口流动导致家庭人口的分离。人户分离现象可以在一定程度上说明家庭人口分离的严重性。"七普"数据显示，2020年全国人口中人户分离人口为4.93亿人，比2010年增长了88.52%。流动人口中的非家庭流动实际上都意味着背后有家庭成员的分离，由于人口流动规模在扩大，家庭的流动化趋势和分离化趋势并不矛盾，前者表明有更多的家庭整体发生了流动，后者表明有更多的家庭出现了成员的分离。

在家庭变迁过程中，也存在一些不变的特征。李树茁和王欢认为在家庭变迁的过程中，虽然不同时代和阶层占主流地位的家庭结构会不同，但主干家庭（直系家庭）贯穿始终并存在于各个阶层，保持一定的比例并稳定发展，"家本位"价值观占主导地位③。杨菊华和何炤华认为，中国家庭结构、家庭功能的延续大于变迁：家庭仍基于婚姻；核心家庭和主干家庭依然是最主要的家庭模式；情爱性爱、子女生养、社会教化和老人赡养依旧主要由家庭承担；家庭功能的再生产特征依旧被续写和传承下来④。

因此，总体上中国的家庭变迁过程是"变"与"不变"的结合，

---

① 吴帆：《中国流动人口家庭的迁移序列及其政策涵义》，《南开学报》（哲学社会科学版）2016年第4期。
② 史毅：《新中国成立以来人口流迁的变化特点》，《人口与健康》2020年第2期。
③ 李树茁、王欢：《家庭变迁、家庭政策演进与中国家庭政策构建》，《人口与经济》2016年第6期。
④ 杨菊华、何炤华：《社会转型过程中家庭的变迁与延续》，《人口研究》2014年第2期。

在快速的社会转型中，中国家庭虽然发生了巨大的变化，但是在变的同时也保留了中国传统家庭的某些特征。

**（二）家庭变迁与养老服务需求增长**

在传统社会，家庭养老是中国社会的主要养老模式，主要表现在老年人与子代同吃同住或是就近居住，老年人的经济支持、日常照料和精神慰藉主要来自家庭内部。在向现代社会转型的过程中，家庭变迁对传统家庭养老产生了明显的冲击[①]。

首先，家庭小型化对家庭内部养老能力产生了明显的削弱作用。子女数量减少是家庭小型化的主要原因，这从一定程度上削弱了家庭的养老能力。在中国传统社会，崇尚大家庭和多子多福，儿子具有重要的养老保障功能，在向现代社会转型的过程中，由于人口转变，生育率下降，儿子数量较之传统社会明显下降，特别是随着计划生育政策的实施，在部分人群中实施了独生子女政策，大量家庭只有一个子女。家庭小型化导致家庭内部分担老年人经济和照料负担的人数下降，分担养老压力的能力减弱，家庭内部面临的养老压力显著加大。一些研究也证实，存活子女数量对高龄老人经济供养和生活照料有显著影响[②]，子女数量对老年人养老资本有显著提升作用[③]。

其次，家庭多样化也表明存在一些养老能力相对较弱的家庭类型。有研究显示，家庭类型对农村老年人养老服务需求有显著影响，

---

[①] 林宝：《中国家庭变迁与养老社会化》，《人民论坛》2021年第36期。
[②] 陈卫、杜夏：《中国高龄老人养老与生活状况的影响因素——对子女数量和性别作用的检验》，《中国人口科学》2002年第6期。
[③] 张若恬、张丹、李树茁：《子女数量、性别和序次对养老资本的影响及城乡差异——基于CLASS 2014数据的分析》，《人口与经济》2020年第4期。

家庭类型越复杂，老年人从家庭内部可能获得的照顾越多①。随着社会转型，一些夫妇核心家庭、单人户家庭、单亲家庭、隔代家庭等也出现了增长的趋势，这些家庭与标准核心家庭、主干家庭和联合家庭相比，在家庭内部养老资源供给上存在明显的劣势，特别是照料资源严重不足，严重影响了家庭的养老能力。

再次，家庭空巢化表明越来越多的老年人处于空巢阶段，身边没有子女的照料。空巢老人尽管在经济上依然可以得到子代的支持，但是由于与子女没有居住在一起，在生活照料和精神慰藉方面会受到较大的影响，特别是一些老年人与子女身处两地的空巢家庭受到的影响更大。有研究显示，空巢老人的自尊明显低于非空巢老人，空巢老人生活满意度低于非空巢老人②，也有对城乡空巢老人生活的质量研究发现，空巢老人的生活质量整体低于非空巢老人③。

最后，家庭流动化和分离化意味着家庭养老支持力量与老年人之间的分离。由于人口流动以劳动年龄人口为主，家庭流动化意味着子代将以家庭为单位远离老年人，对家庭养老中的照料和精神慰藉资源相当于釜底抽薪，是一个严重的削弱。而家庭的分离化也大多意味着子代与父代的分离，同样对家庭养老资源造成一定的损害。正是因为人口流动，导致农村人口老龄化严重高于城镇，农村养老问题日益突出。

因此，家庭变迁会给养老服务需求带来明显的乘数效应，将增加家庭对社会养老服务的依赖，导致社会化的养老服务需求明显增加。

---

① 姚兆余、陈日胜、蒋浩君：《家庭类型、代际关系与农村老年人居家养老服务需求》，《南京大学学报》（哲学·人文科学·社会科学）2018年第6期。
② 黄文静等：《城市空巢老人自尊和生活满意度及其影响因素》，《中国老年学杂志》2021年第6期。
③ 李建新、李嘉羽：《城市空巢老人生活质量研究》，《人口学刊》2012年第3期；李建新、冯莹莹、杨鹏：《农村空巢老人生活质量研究》，《老龄科学研究》2014年第5期。

## 四 居民收入变化与养老服务需求增长

### (一) 居民收入变化趋势

随着中国经济的快速发展,居民人均收入也持续提高。改革开放40多年,中国经济始终保持较快的发展速度,1979—2020年国内生产总值年均增长9.2%,远高于同期世界经济增长2.7%左右的水平,经济增速之快、持续时间之长为世所罕见[①]。人均国内生产总值从1978年的385元,增长到2019年的70892元(当年价),按照不变价计算,增长了28.6倍[②]。在经济快速增长的同时,城乡居民人均收入显著增长。按照当年价计算,城镇居民人均可支配收入从1978年的343.4元增长至2020年的43834元;农村居民人均可支配收入从1978年的133.6元增长至2020年的17131元。按照可比价计算,二者分别增长了16.1倍和19.7倍[③]。

表2-3　　　　　　1978—2020年中国经济增长与收入增长

| 年份 | GDP增速<br>(%,不变价) | 人均GDP<br>(元,当年价) | 人均可支配收入(元,当年价) | |
|---|---|---|---|---|
| | | | 城镇居民 | 农村居民 |
| 1978 | 11.7 | 385 | 343.4 | 133.6 |
| 1980 | 7.8 | 468 | 477.6 | 191.3 |
| 1985 | 13.4 | 866 | 739.1 | 397.6 |
| 1990 | 3.9 | 1663 | 1510.2 | 686.3 |
| 1995 | 11.0 | 5091 | 4283.0 | 1577.7 |
| 2000 | 8.5 | 7942 | 6280.0 | 2253.4 |

---

① 马建堂:《党领导经济建设的伟大成就和经验启示》,《理论导报》2021年第7期。
② 根据《中国统计年鉴2020》"表3-4　国内生产总值指数"中的指数计算。
③ 根据《中国统计年鉴2020》"表6-16　居民人均可支配收入和指数"中的指数计算。

续表

| 年份 | GDP增速<br>（%，不变价） | 人均GDP<br>（元，当年价） | 人均可支配收入（元，当年价） | |
|---|---|---|---|---|
| | | | 城镇居民 | 农村居民 |
| 2001 | 8.3 | 8717 | 6859.6 | 2366.4 |
| 2002 | 9.1 | 9506 | 7702.8 | 2475.6 |
| 2003 | 10.0 | 10666 | 8472.2 | 2622.2 |
| 2004 | 10.1 | 12487 | 9421.6 | 2936.4 |
| 2005 | 11.4 | 14368 | 10493.0 | 3254.9 |
| 2006 | 12.7 | 16738 | 11759.5 | 3587.0 |
| 2007 | 14.2 | 20494 | 13785.8 | 4140.4 |
| 2008 | 9.7 | 24100 | 15780.8 | 4760.6 |
| 2009 | 9.4 | 26180 | 17174.7 | 5153.2 |
| 2010 | 10.6 | 30808 | 19109.4 | 5919.0 |
| 2011 | 9.6 | 36302 | 21809.8 | 6977.3 |
| 2012 | 7.9 | 39874 | 24564.7 | 7916.6 |
| 2013 | 7.8 | 43684 | 26467.0 | 9429.6 |
| 2014 | 7.4 | 47173 | 28843.9 | 10488.9 |
| 2015 | 7.0 | 50237 | 31194.8 | 11421.7 |
| 2016 | 6.8 | 54139 | 33616.2 | 12363.4 |
| 2017 | 6.9 | 60014 | 36396.2 | 13432.4 |
| 2018 | 6.7 | 66006 | 39250.8 | 14617.0 |
| 2019 | 6.1 | 70892 | 42358.8 | 16020.7 |

资料来源：2012年以前来自《中国统计年鉴2013》；2013—2019年来自《中国统计年鉴2020》。

改革开放以来，中国居民收入增长表现出两个明显的特点：一是居民收入增长具有全面性。这种全面性表现在多个方面。首先，实现了城乡居民收入的同时增长。改革开放以来，尽管城乡居民收入的增长速度在不同时期有所差异，但二者均实现了较大幅度的增长，这表明中国经济增长的成果惠及了城乡居民，极大地提升了城乡居民收入水平。其次，实现了不同收入阶层居民收入的同时增长。按照收入五等份分组，2000—2019年，城镇居民最低收入户的人均可支配收入从3132元增长到15549.4元；中等收入户的人均可支配收入从5897.92元增长到37875.8元；最高收入户的人均可支配收入从11299元增长到91682.6元，名义增长倍数分别为4倍、5.4倍和7.1倍。同期，农村居民人均可支配收入从802元增长到4262.6元；中等收入户的人均可支配收入从2004元增长到13984.2元；高收入户的人均可支配收入从5190元增长到36049.4元，名义增长倍数分别为4.3倍、6.0倍和5.9倍。最后，实现了不同地区居民收入的同时增长。按照东、中、西及东北地区分组，2005—2019年，四个地区城镇居民人均可支配收入名义增长分别为2.75倍、3.16倍、3.10倍和3.02倍；农村居民人均可支配收入名义增长分别为3.23倍、4.17倍、4.48倍和3.54倍。

二是居民收入增长具有不平衡性。这种不平衡性主要反映在收入差距的变化上。首先，从城乡收入比来看，呈现出波浪式变化，先后经历了几次起伏，在2002—2012年超过了3，最高年份达到3.3左右，近年来有所下降，到2019年下降至2.64。城乡收入比的这种变化反映了城乡居民收入在不同时期收入增长的不平衡性，在改革开放初期，由于农村承包制的施行，农村居民收入增长较快，城乡收入比出现了下降趋势，但从20世纪80年代中期开始，由于城镇地区改革开放力度加大，城乡居民收入比在波动中上行，直到党的十八大以后，由于脱贫攻坚和乡村振兴战略等的实施，农村居民人均可支配收入增长明显快于城镇居民人均可支配收入增长，城乡收入比出现了下降趋势。其次，从基尼系数的变化上看，2003年以来，中国基尼系数总体上处于高位，最低年份也保留在0.46以上，但也经历了一个先升后降的过程，2003年基尼系数为0.479，到2008年上升至0.491，到达最高点，随后下降至2015年的0.462，近年来又略有回升，2019年为0.465。基尼系数的变化，反映了不同收入群体之间的收入增长不平衡状况,但收入差距缩小幅度有限,特别是近年来下降遇阻需要引起重视。最后,各地区城乡居民收入增长速度不一致,也反映了收入增长的不平衡性,总体上由于中、西部和东北地区城乡居民收入增速快于东部地区城乡居民收入增速,反映出地区之间的收入差异有所缩小。

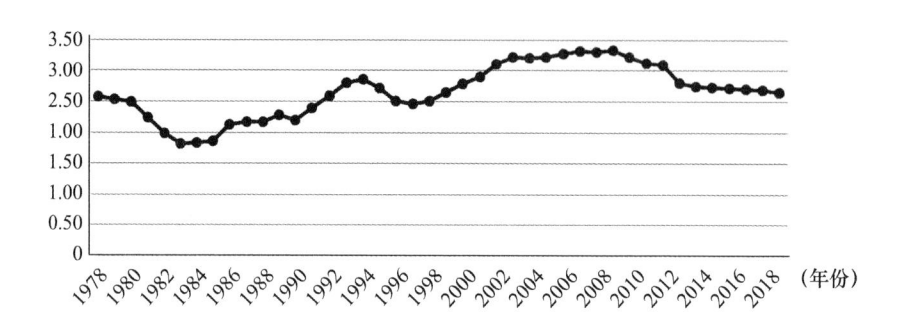

图 2-1 1978—2019 年中国城乡收入比的变化情况

资料来源:2012 年以前来自《中国统计年鉴 2013》;2013—2019 年来自《中国统计年鉴 2020》。

## (二) 收入水平提高与养老服务需求

城乡收入水平的提高会带来消费水平和消费结构的变化。随着中国城乡居民收入水平的快速提升,居民消费水平也不断提高。全体居民的人均消费支出从 1978 年的 183 元上升到 2019 年的 27563 元,绝大多数年份的增速在 5% 以上,2005—2016 年始终保持了 7.5% 以上的增速,个别年份甚至超过了 10%,反映出消费水平的快速增长。城乡居民消费水平均出现了快速提升,城镇居民人均消费支出从 1978 年的 387 元增长到 2019 年的 35625 元,农村居民人均消费支出从 1978 年的 138 元增长到 2019 年的 15163 元。二者增速表现出一定的阶段性:2012 年以前,城乡居民人均消费支出增长增速表现出较大波动性,有时城镇居民人均消费支出增速较快,有时则是农村居民人均消费支出增速较快，各领风骚三两年；但从 2013 年开始，由于农村居民收入增长速度加快，农村居民人均消费支出增速明显快于城镇居民人均消费支出。由此导致城乡人均消费支出比也明显呈现出阶段性变化，1995—2012 年基本保持在 3 以上，2013 年以后持续下降，到 2019 年下降至 2.3。

表 2-4　　　　　　　　居民消费水平的变化

| 年份 | 绝对数（元，当年价） | | | 指数（上年 = 100，不变价） | | |
|---|---|---|---|---|---|---|
| | 全体居民 | 城镇居民 | 农村居民 | 全体居民 | 城镇居民 | 农村居民 |
| 1978 | 183 | 387 | 138 | 104.1 | 102.2 | 104.5 |
| 1980 | 237 | 482 | 178 | 109.2 | 109.2 | 108.2 |
| 1985 | 437 | 734 | 345 | 112.6 | 109.0 | 113.8 |
| 1990 | 825 | 1389 | 623 | 102.8 | 101.8 | 103.3 |
| 1995 | 2317 | 4699 | 1342 | 108.3 | 109.5 | 105.1 |
| 2000 | 3698 | 6808 | 1931 | 110.5 | 109.7 | 106.7 |
| 2001 | 3954 | 7109 | 2048 | 105.9 | 103.6 | 104.7 |
| 2002 | 4256 | 7498 | 2175 | 108.2 | 106.0 | 106.6 |
| 2003 | 4542 | 7812 | 2313 | 105.4 | 103.1 | 104.7 |
| 2004 | 5056 | 8565 | 2540 | 106.6 | 105.6 | 103.8 |
| 2005 | 5671 | 9472 | 2805 | 109.5 | 108.3 | 106.8 |
| 2006 | 6302 | 10329 | 3095 | 108.0 | 105.9 | 107.5 |
| 2007 | 7434 | 11981 | 3579 | 112.5 | 111.0 | 109.0 |
| 2008 | 8483 | 13527 | 4012 | 107.5 | 106.7 | 104.4 |
| 2009 | 9226 | 14447 | 4341 | 110.5 | 108.4 | 110.5 |
| 2010 | 10550 | 16260 | 4851 | 107.5 | 105.6 | 105.7 |
| 2011 | 12646 | 18968 | 5996 | 109.8 | 107.4 | 111.3 |
| 2012 | 14075 | 20759 | 6667 | 109.3 | 107.9 | 107.6 |
| 2013 | 15615 | 22583 | 7524 | 108.1 | 106.1 | 109.8 |
| 2014 | 17271 | 24508 | 8508 | 108.5 | 106.4 | 110.9 |

续表

| 年份 | 绝对数（元，当年价） | | | 指数（上年=100，不变价） | | |
|---|---|---|---|---|---|---|
| | 全体居民 | 城镇居民 | 农村居民 | 全体居民 | 城镇居民 | 农村居民 |
| 2015 | 18929 | 26413 | 9365 | 109.6 | 107.7 | 110.1 |
| 2016 | 20877 | 28600 | 10493 | 108.2 | 105.7 | 111.6 |
| 2017 | 23070 | 30959 | 11940 | 106.7 | 104.5 | 110.2 |
| 2018 | 25378 | 33308 | 13689 | 107.5 | 105.1 | 112.1 |
| 2019 | 27563 | 35625 | 15163 | 106.0 | 104.3 | 108.2 |

资料来源：《中国统计年鉴2020》。

城乡居民收入水平提高还会带来居民消费结构的升级。以恩格尔系数的变化为例，1978年中国城镇居民恩格尔系数高达57.5%，农村居民恩格尔系数高达67.7%，到2000年城镇居民恩格尔系数降至40%以下，农村居民恩格尔系数降至50%以下，2012年农村居民恩格尔系数也降至40%以下，到2019年城镇居民恩格尔系数为27.6%，农村为30.0%，显示出城乡居民消费结构升级明显。从每百户家庭耐用消费品拥有量来看，2000年计算机拥有量不足10台、移动电话不足20部、家用汽车不足1辆，到2019年分别增长为72.2台、247.4部和43.2辆，尽管拥有量是一个存量，不是当年的实际消费量，但其快速的增长过程也能反映出消费结构的变化，表明更多家庭在这些耐用消费品上增加了投入。因为消费支出实际上是消费需求的实现，消费水平和消费结构的变化反映了消费需求的变化和升级。

在城乡居民收入增长和消费水平提高的过程中，老年人作为社会成员，毫无疑问其消费需求也会随着收入水平提升而发生变化。当前还缺乏比较权威的能够反映老年人收入和消费变化的历史数据，但在有限的数据中，也能够反映出老年人收入和消费变化的基本趋势。根据中国城乡老年人生活状况抽样调查数据，2006年调查时城乡老年人平均收入分别为11973元和2790元，2015年第四次调查时分别为

22450元和5578元①。一些研究显示，收入是老年人消费支出的重要影响因素，如杨成钢和石贝贝的研究显示，个体特征中的收入、年龄、教育等因素对老年人口基本需求型消费影响十分显著②；石贝贝研究认为，收入是老年人"能消费"的必要前提，收入与消费呈明显的正向关系，当收入增加，老年人会相应增加消费③；王振振等的研究认为，在老年消费需求各影响因素中，国民总收入对其影响最密切④。因此，收入水平提高会带来消费需求升级，进而带动养老服务需求增长，表现出明显的乘数效应。

## 五 长期护理需求变化趋势⑤

对可能产生长期护理需求的老年人口数量进行预测、把握其发展大势是分析老年护理需求增长变化的关键，也是制定养老服务业发展规划、建立长期护理保险制度等必不可少的基础。本节以第六次全国人口普查资料为基础，先对中国不能自理老年人口的基本情况进行分析，并对未来不能自理老年人口数量变化趋势进行预测，从而反映未来长期护理需求的变化趋势。

### （一）不能自理老年人口的现状分析

第六次全国人口普查调查了中国60岁及以上老年人口的自理能

---

① 数据来自中国城乡老年人生活状况抽样调查数据集。
② 杨成钢、石贝贝：《中国老年人口消费的影响因素分析》，《西南民族大学学报》（人文社科版）2017年第7期。
③ 石贝贝：《我国城乡老年人口消费的实证研究——兼论"退休—消费之谜"》，《人口研究》2017年第3期。
④ 王振振、胡晗、李敏：《老年消费需求规模预测及影响因素分析》，《数学的实践与认识》2016年第21期。
⑤ 林宝：《中国不能自理老年人口的现状及趋势分析》，《人口与经济》2015年第4期。

力状况，揭示了中国老年长期护理需求的基本情况。在第六次全国人口普查中，身体健康状况是指被登记人根据自身健康状况对过去一个月能否保证正常生活做出的自我判断，属于健康自评。其调查有四个选项：（1）健康。指过去一个月健康状况良好，完全可以保证日常的生活。（2）基本健康。指过去一个月健康状况一般，可以保证日常的生活。（3）不健康，但生活能自理。指过去一个月健康状况不是太好，但可以基本保证正常的生活。（4）生活不能自理。指过去一个月健康状况较差，不能照顾自己日常的生活起居，如吃饭、穿衣、自行走动等。普查结果显示，中国60岁老年人口中，生活不能自理的比例约为2.95%，不健康，但生活能自理的比例约为13.9%，其他为健康或基本健康，以此结合普查时中国60岁及以上老年人口数量，可以推算出2010年不能自理老年人口约为523.4万人。根据世界卫生组织的定义，长期护理的对象主要是不具备完全自我照料能力的人群，因此，可以把生活不能自理的老年人看作存在长期护理需求的潜在人群。下文从年龄性别状况、城乡差异和地区差异三个方面分析中国生活不能自理老年人口的基本状况。

1. 年龄性别状况

一是老年人口中生活不能自理者主要集中在72—86岁。从年龄分布看，72—86岁年龄段不能自理人口占全部不能自理老年人口的57.44%，该年龄段各性别各年龄不能自理老年人口占全部不能自理老年人口的比例均在1%以上，女性74—86岁年龄段占全部不能自理老年人口的比例甚至均超过了2%。不能自理老年人口集中在中间年龄段的主要原因在于，一方面在这一年龄段老年人口还保持着较大的基数，另一方面这一年龄段老年人口不能自理的比例较低龄阶段有较大的升高，两方面的因素互相交织，造成这一年龄段不能自理的老年人口规模较大。

二是从性别分布上看，不能自理老年人口中女性明显高于男性。

在全部不能自理老年人口中，女性占比高达 58.36%，男性占比为 41.64%。不能自理老年人口女性多于男性的情况不仅在总体上存在，而且在 60 岁及以上各年龄均是如此，各年龄不能自理人口性别比（以女性为 100）均低于 100，且表现出随年龄增加，性别比不断下降的趋势。在 60—68 岁年龄段，性别比为 95—100，到 76 岁开始下降至 80 以下，到 87 岁低于 50，到 95 岁约为 30，到 100 岁及以上年龄组则仅为 22。

借鉴人口年龄性别金字塔的思路，可以画出中国不能自理老年人口的性别年龄金字塔（见图 2-2）。可以看出，金字塔近似不对称的宝瓶型，整体上表现出"上尖中凸下收缩"①的特点，以 72—86 岁为塔身最宽，瓶身左侧略窄、右侧略宽。从 72 岁年龄组开始，塔身明显向右凸起，表明以上年龄组的女性不能自理人数急剧增加，占全部不能自理老年人口的比例明显高于同年龄组的男性。

三是老年人口中不能自理的比例随年龄增长而逐步提高（见图 2-3）。无论是男性老年人口，还是女性老年人口，都呈现出随年龄增长不能自理比例逐渐提高的趋势，特别是 80—90 岁，这是老年人口不能自理比例提高最快的时期。在 80 岁以后，女性不能自理比例明显高于男性，到 95 岁以上各年龄，女性不能自理比例达到 30% 左右。正是由于女性高龄人口较多，以及高龄阶段女性老年人口不能自理比例较男性更高，导致女性老年人口不能自理的比例明显高于男性，普查数据显示，女性老年人口中不能自理的比例约为 3.35%，高于男性老年人口约 0.84 个百分点。

---

① 看图 2-2 时可忽略 95 岁及以上组（即最高年龄组），因为该年龄组包含多个年龄，破坏了塔尖向上的连续性，如果将最高年龄组设定为 100 岁及以上，可以看出明显的塔尖。本图之所以将最高组设定为 95 岁及以上组，是为了和图 2-3 在年龄组划分上保持一致。而图 2-3 之所以将最高组设定为 95 岁及以上组是因为 95 岁及以上各年龄个案数较少，稳定性较差，合并为一个年龄组计算出的不能自理比例相对稳定。

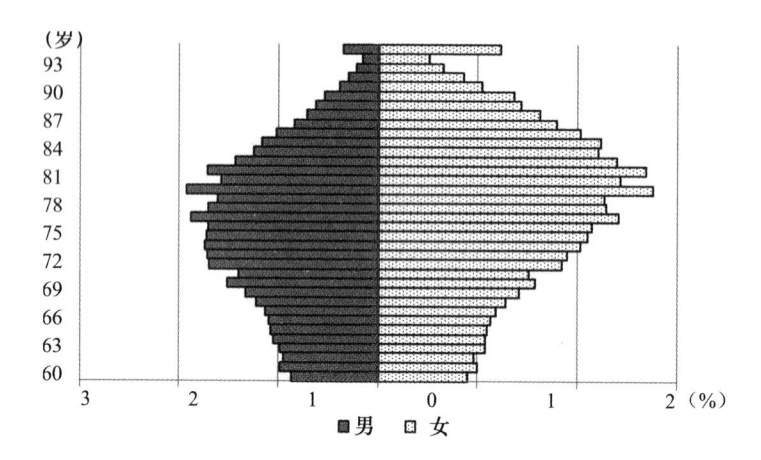

图 2-2 不能自理老年人口性别年龄金字塔

注：分母为全部不能自理老年人口。

资料来源：根据第六次全国人口普查资料计算。

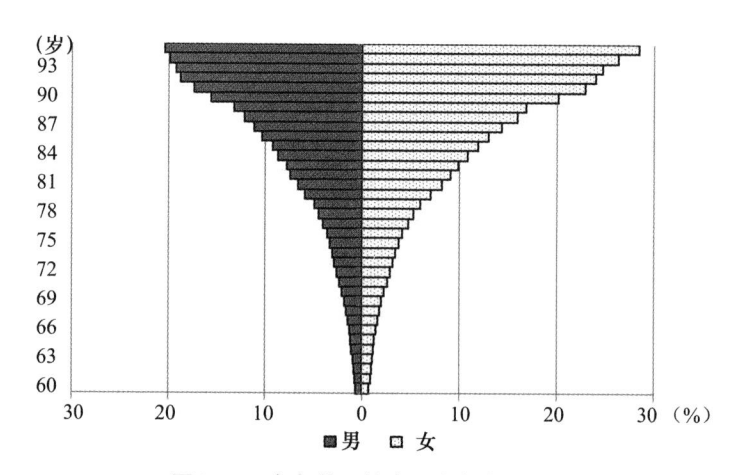

图 2-3 各年龄不能自理老年人口比例

注：分母为分年龄性别老年人口。

资料来源：根据第六次全国人口普查资料计算。

2. 城乡差异

城乡差异是中国社会经济发展的典型特征，也是中国人口老龄化的典型特征，同样也是中国不能自理老年人口分布的典型特征。

不能自理老年人口的城乡差异主要表现在，乡村老年人口明显比城镇老年人口自理状况更差。普查数据显示，城镇老年人口中生活不能自理的比例为2.45%，而乡村老年人口不能自理比例则高达3.32%。其中，男性不能自理比例的城乡差异略小，乡村较城镇高约0.55个百分点；女性不能自理比例的城乡差异更大，乡村较城镇高1.17个百分点。观察不同年龄的情况，城镇各年龄组不能自理的比例均低于农村相应年龄组的比例，男性和女性老年人口均是如此：在60—69岁组中，农村不能自理比例较城镇高约0.42个百分点，其中男性高约0.29个百分点，女性高约0.55个百分点；在70—79岁组中，农村较城镇高约1.07个百分点，其中男性高约0.82个百分点，女性高约1.31个百分点；在80—89岁组中，农村较城镇高约1.99个百分点，其中男性高约1.58个百分点，女性高约2.19个百分点；在90岁及以上组中，农村较城镇高约2.81个百分点，其中男性高约1.93个百分点，女性高约3.02个百分点（见表2-5）。

表2-5　　　　　　分城乡老年人口生活不能自理比例　　　　　　单位：%

| | | 合计 | 男 | 女 |
|---|---|---|---|---|
| 城镇 | 合计 | 2.45 | 2.20 | 2.69 |
| | 60—69岁 | 0.90 | 0.94 | 0.86 |
| | 70—79岁 | 2.76 | 2.69 | 2.83 |
| | 80—89岁 | 8.19 | 7.13 | 9.02 |
| | 90岁及以上 | 20.28 | 16.78 | 22.03 |
| 农村 | 合计 | 3.32 | 2.75 | 3.86 |
| | 60—69岁 | 1.32 | 1.23 | 1.41 |
| | 70—79岁 | 3.83 | 3.51 | 4.14 |
| | 80—89岁 | 10.18 | 8.71 | 11.21 |
| | 90岁及以上 | 23.09 | 18.71 | 25.05 |

资料来源：根据第六次全国人口普查资料计算。

即便是以单岁组来分析,同样可以发现,城镇男性和女性各年龄的不能自理比例均低于农村相应年龄的不能自理比例。城乡男性老年人口不能自理比例从60岁时相差0.14个百分点逐渐增加至90岁时相差3.1个百分点,此后有所下降;城乡女性老年人口不能自理比例从60岁时相差0.31个百分点逐渐上升,至93岁达到3.87个百分点。也就是说,农村老年人口自理状况比城镇老年人口自理状况更差并不是某一个或几个年龄段的现象,而是贯穿于整个老年阶段,是发生在男性和女性老年人口各年龄段的普遍现象。

3. 地区差异

地区差异大是中国人口老龄化的特征之一,也是不同地区之间老年人口不能自理情况的特征之一。

从东、中、西三大区域来看,西部是老年人口不能自理比例最高的区域,大多数省(区、市)的老年人口不能自理比例超过了全国平均水平;中部地区处于不高不低的情况,大多数省(区、市)老年人口不能自理比例在全国平均水平左右;东部地区则两极分化比较明显,既有不能自理比例处于全国前列的省(区、市)(如北京、上海),也有不能自理比例处于全国最低水平的省(区、市)(如广东、福建)。从六个大区的情况来看,华北、西北和西南地区是老年人口不能自理比例较高的地区。

从各省(区、市)具体的情况看,老年人口中不能自理比例最高的是西藏,达到5.45%,最低的是广东,约为1.80%,前者是后者的3倍。除西藏外,其他比例较高的地区还有北京(4.43%)、云南(3.90%)、上海(3.71%)和山西(3.71%)。男性老年人口不能自理比例仍然以西藏为最高,达到4.54%,北京次之,为3.94%,其他各地区除天津达到了3.33%,均低于3.2%,最低的广东不足1.5%。西藏女性老年人口不能自理的比例高达6.19%,北京、山西、上海、安徽、云南、甘肃、青海等也均超过4%(见表2-6)。

表2-6　　　　　　分地区老年人口生活不能自理比例　　　　　单位：%

| 地区 | 合计 | 男 | 女 | 地区 | 合计 | 男 | 女 |
| --- | --- | --- | --- | --- | --- | --- | --- |
| 北京 | 4.43 | 3.94 | 4.86 | 湖北 | 3.03 | 2.51 | 3.52 |
| 天津 | 3.63 | 3.33 | 3.90 | 湖南 | 2.97 | 2.48 | 3.46 |
| 河北 | 3.46 | 3.02 | 3.88 | 广东 | 1.80 | 1.48 | 2.10 |
| 山西 | 3.71 | 3.19 | 4.23 | 广西 | 2.31 | 1.96 | 2.64 |
| 内蒙古 | 3.53 | 3.15 | 3.91 | 海南 | 3.08 | 2.44 | 3.66 |
| 辽宁 | 2.74 | 2.56 | 2.92 | 重庆 | 3.12 | 2.66 | 3.59 |
| 吉林 | 2.62 | 2.54 | 2.71 | 四川 | 3.31 | 2.77 | 3.85 |
| 黑龙江 | 2.51 | 2.45 | 2.57 | 贵州 | 3.40 | 3.10 | 3.68 |
| 上海 | 3.71 | 3.14 | 4.22 | 云南 | 3.90 | 3.29 | 4.48 |
| 江苏 | 2.39 | 2.02 | 2.72 | 西藏 | 5.45 | 4.54 | 6.19 |
| 浙江 | 2.37 | 2.06 | 2.68 | 陕西 | 3.24 | 2.85 | 3.62 |
| 安徽 | 3.39 | 2.71 | 4.05 | 甘肃 | 3.53 | 3.00 | 4.05 |
| 福建 | 2.00 | 1.65 | 2.33 | 青海 | 3.68 | 3.02 | 4.30 |
| 江西 | 2.16 | 1.84 | 2.46 | 宁夏 | 3.30 | 2.90 | 3.69 |
| 山东 | 2.68 | 2.26 | 3.06 | 新疆 | 3.18 | 2.77 | 3.60 |
| 河南 | 3.19 | 2.57 | 3.75 | | | | |

资料来源：根据第六次全国人口普查资料计算。

### （二）不能自理老年人口的变化趋势分析

不能自理老年人口数量与老年人口总量及其不能自理比例有关。而老年人口不能自理比例一方面受各年龄老年人口占老年人口总量的比例的影响，另一方面受各年龄老年人口不能自理比例的影响。前者是老年人口年龄结构，后者则可称为不能自理比例的年龄分布模式。也就是说，不能自理老年人口数量与老年人口规模、结构及不能自理的年龄分布模式有关。这样，不能自理老年人口未来的总量变化取决于以下三个效应：一是规模效应，即由于老年人口规模扩大而引起的不能自理老年人口的增加；二是结构效应，即由于老年人口结构变化而引起的不能自理老年人口的增加；三是分布效应，即由于各年龄老年人口不能自理比例变化而引起的不能自理老年人口的增加。

老年人口数量和结构变化可以通过人口预测得到，这里采用国家应对人口老龄化战略研究课题的中方案人口预测结果。在没有大的社会经济变革、医疗技术革命等条件下，各年龄老年人口不能自理比例应该比较稳定，这里假定老年人口不能自理比例的年龄分布维持目前的模式不变。在此基础上，可对未来不能自理老年人口的发展趋势进行判断。具体做法是：将老年人口分为城镇男性、城镇女性、农村男性、农村女性四个基本群体，每个群体根据第六次全国人口普查数据可计算出相应各年龄不能自理比例，以此与通过人口预测得到的各群体2011—2050年的分年龄老年人口分别相乘，可得到每年各群体分年龄不能自理人口数，以此为基础，可计算总量、结构、速度等不同指标，主要结果介绍如下。

1. 总量及占比变化趋势

中国不能自理老年人口在2011—2050年将保持单调增长态势，前期增长速度较快，后期增长速度将放缓。根据预测，由于老龄化和高龄化的影响，不能自理老年人口将在2023年前后突破800万人，2029年前后突破1000万人，2041年突破1500万人，2050年达到1876万人左右。2037年以前，不能自理老年人口的增速大多保持在3%以上，2029—2030年甚至可能达到或超过4%，从2038年开始，速度下降至3%以下，此后增速将逐步放缓，到2049年前后下降至2%以下。

中国不能自理老年人口比例在2032年以前基本会在目前的水平以下小幅波动，但此后很快会超过3%且一路攀升。尽管假定各年龄不能自理比例不变，但是由于老年人口内部结构的变化，不能自理老年人口占全部60岁及以上老年人口的比例（以下简称不能自理老年人口占比）将处于不断变化之中。总体上，2025年之前不能自理老年人口占比会经历一次"降—升—降"的波动，2025年之后将呈单调上扬之势。由于前期大量低龄老年人口进入，在2017年以前，不能自理老年人口占比持续小幅下降，2017年到达2.81%的阶段性低点。此后，不能自理老年人口占比将逐渐上升，到2021年将回升至2.94%，约相当于2010年的水平。然后再次下降，2025年回落至2.87%，但从此以后将一直保持升势，到2034年超过3%，2042年超过3.5%，2050年达到了3.88%（见表2-7）。

表2-7　　　　不能自理老年人口及其占比的变化趋势

| 年份 | 不能自理老年人口（万人） | 不能自理老年人口占比（%） | 不能自理老年人口增速（%） | 年份 | 不能自理老年人口（万人） | 不能自理老年人口占比（%） | 不能自理老年人口增速（%） |
|---|---|---|---|---|---|---|---|
| 2011 | 541.61 | 2.92 | 3.48 | 2031 | 1114.79 | 2.91 | 3.94 |
| 2012 | 561.21 | 2.90 | 3.62 | 2032 | 1158.13 | 2.94 | 3.89 |
| 2013 | 581.72 | 2.88 | 3.65 | 2033 | 1202.79 | 2.98 | 3.86 |
| 2014 | 603.49 | 2.85 | 3.74 | 2034 | 1247.54 | 3.03 | 3.72 |
| 2015 | 625.73 | 2.83 | 3.69 | 2035 | 1291.72 | 3.09 | 3.54 |
| 2016 | 648.29 | 2.82 | 3.61 | 2036 | 1335.37 | 3.16 | 3.38 |
| 2017 | 671.90 | 2.81 | 3.64 | 2037 | 1377.49 | 3.22 | 3.15 |
| 2018 | 694.89 | 2.82 | 3.42 | 2038 | 1418.33 | 3.29 | 2.96 |
| 2019 | 716.88 | 2.85 | 3.16 | 2039 | 1458.36 | 3.36 | 2.82 |
| 2020 | 738.09 | 2.90 | 2.96 | 2040 | 1496.60 | 3.43 | 2.62 |
| 2021 | 760.13 | 2.94 | 2.99 | 2041 | 1534.52 | 3.49 | 2.53 |
| 2022 | 787.26 | 2.93 | 3.57 | 2042 | 1573.90 | 3.55 | 2.57 |
| 2023 | 818.27 | 2.90 | 3.94 | 2043 | 1613.49 | 3.62 | 2.53 |
| 2024 | 849.66 | 2.88 | 3.84 | 2044 | 1653.49 | 3.69 | 2.47 |
| 2025 | 883.39 | 2.87 | 3.97 | 2045 | 1692.42 | 3.75 | 2.35 |
| 2026 | 917.86 | 2.87 | 3.90 | 2046 | 1730.87 | 3.79 | 2.27 |
| 2027 | 953.59 | 2.88 | 3.89 | 2047 | 1769.31 | 3.82 | 2.22 |
| 2028 | 991.55 | 2.88 | 3.98 | 2048 | 1806.30 | 3.84 | 2.09 |
| 2029 | 1031.34 | 2.88 | 4.01 | 2049 | 1842.22 | 3.86 | 1.99 |
| 2030 | 1072.55 | 2.89 | 4.00 | 2050 | 1876.33 | 3.88 | 1.85 |

资料来源：根据人口预测结果及第六次全国人口普查相关数据计算。

## 2. 年龄性别结构变化趋势

与不能自理老年人口不断增加的趋势相一致,不能自理男性和女性老年人口在预测期内也一直保持增长态势。不能自理男性老年人口到2020年超300万人,2034年超过500万人,2050年达到720万人左右;不能自理女性老年人口到2024年超过500万人,2033年超过700万人,2044年超过1000万人,2050年达到1156万人左右。由于2025年以后女性不能自理老年人口的增长速度明显快于男性,因此不能自理老年人口性别比的变化分为两个阶段:2025年以前基本保持稳定在69—70(以女性为100);2025年以后性别比则会持续下降,到2050年将下降至62左右。

随着高龄化的发展,高龄人口比重逐渐增加,高龄不能自理老年人口的占比也逐渐上升。从不能自理老年人口金字塔上可以看出,随着时间的推移,金字塔身的重心逐渐上移。与2010年不能自理老年人口金字塔(见图2-2)相比,2030年不能自理老年人口金字塔底部明显更窄,而顶部则更宽(见图2-4),2050年不能自理老年人口

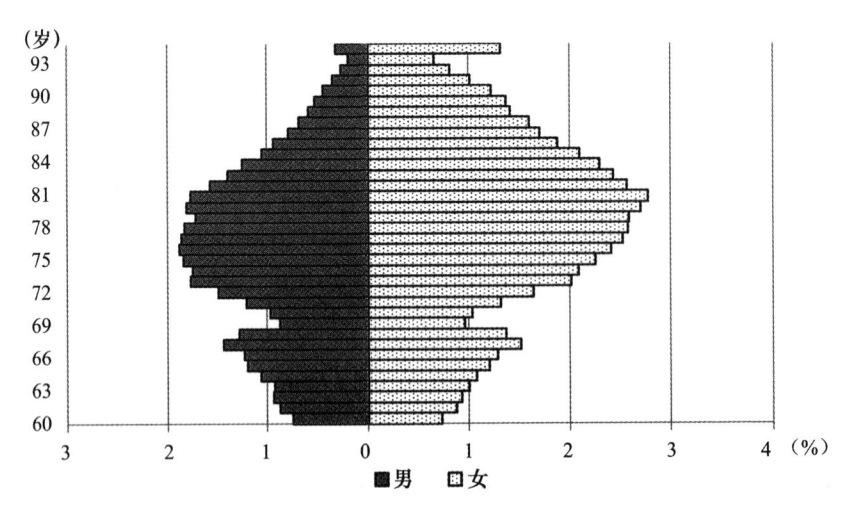

**图 2-4 2030 年不能自理老年人口金字塔**

资料来源:根据人口预测结果及第六次全国人口普查相关数据计算。

金字塔底部进一步收窄，中上部则进一步放宽（见图 2-5），特别是在 80—87 岁年龄段塔身拓宽程度十分明显，在女性一侧，这一年龄段各年龄占全部不能自理老人的比例都超过了 3%。

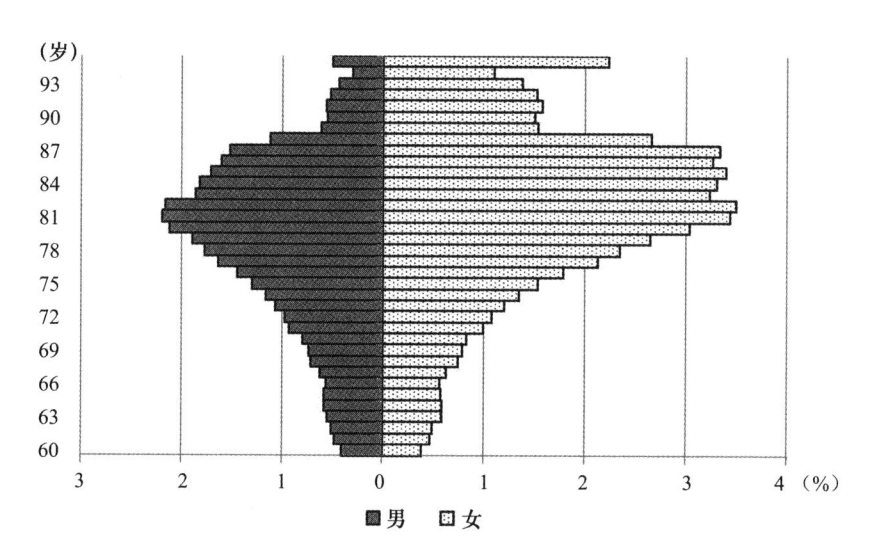

**图 2-5　2050 年不能自理老年人口金字塔**

资料来源：根据人口预测结果及第六次全国人口普查相关数据计算。

3. 城乡结构的变化趋势

城镇和农村不能自理老年人口在预测期内基本上都保持上升趋势，但城镇不能自理老年人口上升速度快于农村。根据预测，城镇不能自理老年人口在 2020 年前后超过 300 万人，2030 年超过 500 万人，2040 年超过 800 万人，2046 年超过 1000 万人，2050 年达到 1158 万人左右。农村不能自理老年人口在 2016 年前后超过 400 万人，2026 年超过 500 万人，2043 年超过 700 万人，到 2050 年约为 718 万人（见图 2-6）。城镇不能自理老年人口的增长速度明显快于农村，在整个预测期内，城镇不能自理老年人口的增速基本为 3%—5%，最高接近 6%，而农村的增速则均在 3% 以下，到期末甚至有可能出现下降。这是由于城镇化率的不断提高，城镇人口不断增加，城镇老年人口规模也持续上升，而农村人口总量和老年人口均会在期内由增转降，城乡老年人口规模将出现巨大的变化，从而由于规模效应的影响导致城镇不能自理老年人口的增速快于农村。

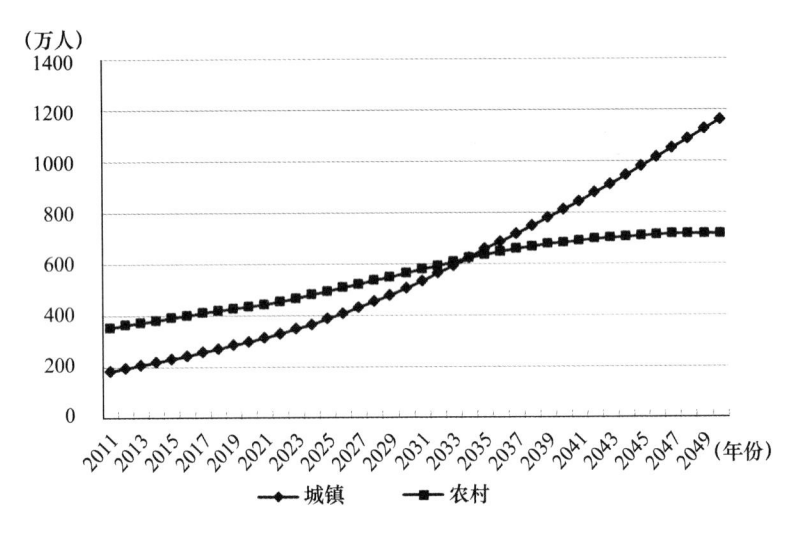

**图 2-6　城乡不能自理老年人口变化趋势**

资料来源：根据人口预测结果及第六次全国人口普查相关数据计算。

由于城镇增速较快，因此预测期内会发生城镇不能自理老年人口赶上并超过农村不能自理老年人口。城乡不能自理老年人口之比（以农村为100）在整个预测期内将快速上升，从2011年的52左右开始，到2034年超过100，即此时城镇不能自理老年人口将超过农村不能自理老年人口，然后继续上升，到2050年达到161左右。

从老年人口不能自理比例看，在整个预测期内，农村将始终高于城镇，且二者相差的幅度呈扩大之势。与不分城乡时类似，分城乡的老年人口不能自理比例在2025年以后持续升高，城镇老年人口不能自理比例将在2041年突破3%，到2050年达到3.38%；农村老年人口不能自理比例则将在2038年突破4%，2050年达到5.12%（见

图2-7)。农村高于城镇的幅度在2023年以前基本维持在0.8—1个百分点，此后逐渐走高，到2050年二者相差约1.75个百分点。

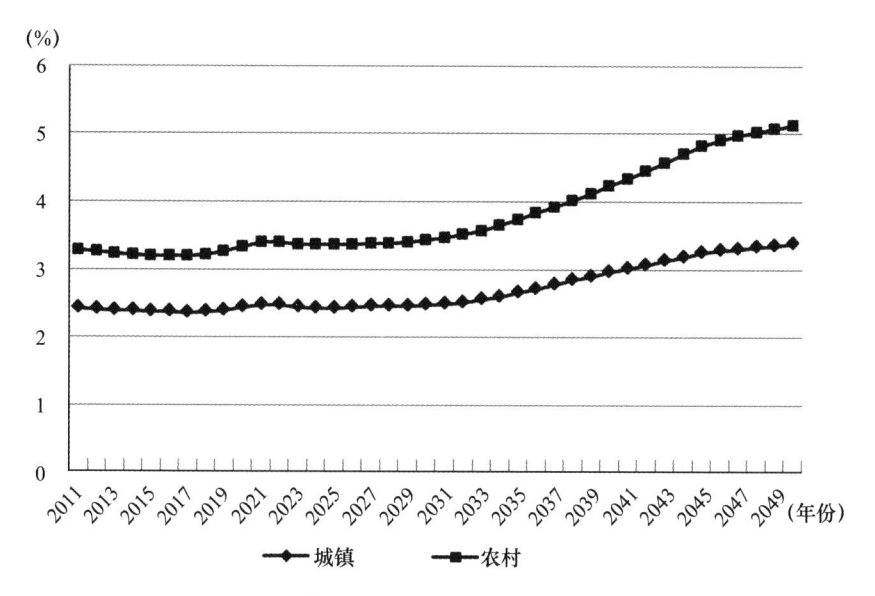

图2-7 城乡不能自理老年人口占比变化趋势

资料来源：根据人口预测结果及第六次全国人口普查相关数据计算。

## （三）政策启示

中国不能自理老年人口的特征和发展趋势深刻地揭示了未来长期护理需求的格局。总体上，中高年龄段、女性、西部、农村等不能自理老年人口在全部不能自理老年人口中占比较大，但是这部分人群恰恰是老年人口中经济支付能力较弱的人群，如何满足他们的长期护理甚至是养老服务需求是中国应对人口老龄化过程中应该重点考虑的问题。传统的依靠家庭提供护理服务的方式，在当前家庭规模小型化、人口流动加剧的情况下，已经难以为继，必须寻找社会化的制度安排。长期护理保险制度作为一种为不能自理者提供社会保险的机制应该纳入中国社会保障制度的整体框架，作为应对人口老龄化和改善人民福祉的重要政策措施。

从时间上看,今后约 10 年时间是中国不能自理老年人口占全部老年人口的比例较低的时期,也是中国应对人口老龄化的机遇期。这一时期,尽管不能自理老年人口增长较快,但在老年人口中的占比都在 3% 以下,应该抓住这一机遇期,利用总体护理负担较为稳定的情况,积极发展各项老龄事业。特别是要不断深化改革,理顺养老服务投融资体制和各项管理和监管机制,充分发挥政府、社会、个人等各方作用,尽快完善社会养老服务体系和促进养老服务业的发展,形成合理的养老服务格局和繁荣的养老服务市场,为随后即将到来的护理负担快速加重时期奠定重要基础。

此外,城镇化将对中国不能自理老年人口的城乡分布产生重要影响,总体上不能自理老年人口也表现出不断城镇化的过程,城镇不能自理老年人口的占比将越来越高,并在 10 余年后超过农村不能自理老年人口的占比。中国未来养老服务资源的布局必须考虑到这一重大转变发生、发展的趋势与特点。具体来说,对农村养老护理资源的布局必须与城镇化规划相结合,护理资源不宜过于深入农村,而是应该布局在一些重要的城乡连接节点上,如在一些中心镇、连接县城与乡镇的主要公路沿线、县城近郊等区域,确保未来城乡皆可及,避免出现由于城乡人口结构变化而出现资源浪费和需要大量重新配置的情况。

总之,中国未来护理需求增长是一个长期趋势,在进行资源配置和制度安排的过程中,都必须充分考虑这一趋势,早作准备。

# 第三章

# 社会养老服务体系建设目标演变[*]

为了积极应对人口老龄化，满足老年人不断增长的养老服务需求和美好生活的需要，近几十年来中国一直在积极推进社会养老服务体系建设，特别是党的十八大以来，中国出台了一系列养老服务政策，有力推动了社会养老服务体系的发展。在此过程中，随着对养老问题认识的不断深入，社会养老服务体系建设的内涵不断丰富，关于建设一个怎样的社会养老服务体系一直处于探索之中，相关表述也随着认识的深化不断变化。根据党的十九届四中全会、五中全会的最新表述，居家社区机构相协调、医养康养相结合成为社会养老服务体系的基本特征和建设目标。与此前表述最大的不同是，"医养相结合"变成"医养康养相结合"。中国社会养老服务体系建设目标可以从系统、发展和矛盾三个视角来理解，表现出明显的阶段性特征。康养结合的引入反映了养老需求的新变化，赋予了养老服务体系建设新内涵，提出了养老服务体系建设新要求，标志着进入一个新阶段。

## 一 社会养老服务体系建设目标的形成与发展

中国社会养老服务体系建设已经持续数十年，但对社会养老服务

---

[*] 林宝：《康养结合：养老服务体系建设新阶段》，《华中科技大学学报》（社会科学版）2021年第5期。

体系建设的认识存在一个逐渐深化的过程，关于社会养老服务体系建设的目标也存在一个逐渐形成和发展的过程。通过对相关政策文件的梳理，可以发现，社会养老服务体系建设目标的形成和发展大体经历了四个阶段。

## （一）第一阶段（2006年以前）：提出建设服务体系

这一时期，随着老龄工作日渐得到重视，开始出台老龄工作发展规划，对养老服务从政策设计上开始系统思考和顶层设计，逐步认识到需要建设服务体系来满足养老服务需要，因此对需要建设怎样的养老服务体系和怎样建设养老服务体系有初步的思考和设计，明确提出了"服务体系""老年照料服务体系"等概念。同时，这一时期已经认识到社区在养老服务体系中的重要位置，先后提出了"以社区为中心""以社区为依托"等认识，并且在相关领域已经有"以居家为基础、以社区为依托、以社会福利机构为补充"这样的表述，为明确提出社会养老服务体系建设目标打下了良好的基础。

早在1994年12月国家计委等10部门就印发了《中国老龄工作七年发展纲要（1994—2000年)》，明确提出了老龄工作总的指导方针，指出要"从实际出发，有计划、有步骤推进老龄事业的发展，实现老有所养、老有所医、老有所为、老有所学、老有所乐的目标"。明确提出要"积极兴办托老所、敬老院、福利院和各种照料老年人的社区服务组织，逐步形成以社区为中心的生活服务、疾病医护、文体活动、老有所为四大服务体系"。作为第一个全面规划老龄工作和老龄事业发展的重要指导性文件，《中国老龄工作七年发展纲要（1994—2000年)》明确地提出了"服务体系"的概念，并且明确了服务体系所涵盖的基本内容及"社区"在养老服务体系中的重要地位，标志着中国社会养老服务体系建设正式启动。

2000年2月在国务院办公厅转发民政部等部门《关于加快实现社

会福利社会化的意见》中已经提出"在供养方式上坚持以居家为基础、以社区为依托、以社会福利机构为补充的发展方向,探索出一条国家倡导资助、社会各方面力量积极兴办社会福利事业的新路子",虽然该文件并非专门针对养老服务而言,但也包含了养老服务在内。这里的表述实际上已经勾勒出了后来在养老服务体系建设目标中强调的"居家—社区—机构"的关系。中共中央、国务院于 2000 年 8 月发出《关于加强老龄工作的决定》,提出"建立以家庭养老为基础、社区服务为依托、社会养老为补充的养老机制",虽然是采用"养老机制"的提法,但实际上进一步明确了养老服务体系建设的目标。

2001 年 8 月印发的《中国老龄事业发展"十五"计划纲要(2001—2005 年)》进一步将五个"老有"扩展为六个"老有",即老有所养、老有所医、老有所教、老有所学、老有所为、老有所乐。同时,将"建立以城市社区为基础的老年人管理与服务体系"作为老龄事业发展的总目标之一;在照料服务方面,提出了"初步建成养老设施网络""初步形成以社区为依托的老年照料服务体系,提供全方位、多层次的服务""建立社区为老服务的有效管理体制和服务队伍"三项具体任务,进一步明确了老年人管理与服务体系、老年照料服务体系等的概念。

**(二)第二阶段(2006—2016 年):明确建设"居家—社区—机构"三位一体的服务体系**

这一时期,逐渐将服务体系逐渐从"为老社会服务体系""老年人社会福利服务体系"等明确为"养老服务体系",并且重点关注了养老服务体系的结构和功能,将养老服务体系建设目标表述为建设"居家—社区—机构"三位一体发挥不同功能的体系,但是对于三者的功能,也存在一个逐渐深化认识的过程,特别是对机构养老功能的认识经历了补充—支撑—补充的变化过程。

"十一五"时期,已经明确了养老服务体系是"以居家养老为基础、社区服务为依托、机构养老为补充"。2006年2月，国务院办公厅转发的《关于加快发展养老服务业意见》中明确提出"发展养老服务业要按照政策引导、政府扶持、社会兴办、市场推动的原则，逐步建立和完善以居家养老为基础、社区服务为依托、机构养老为补充的服务体系。"从公开文件来看，这是较早明确阐述"居家—社区—机构"三位一体养老服务体系建设目标的政策文件。2006年8月印发的《中国老龄事业发展"十一五"规划》强调了"加快建立以居家养老为基础、社区服务为依托、机构养老为补充的老年人社会福利服务体系"，主要从社会福利的角度强调了要建成"居家—社区—机构"三位一体养老服务体系。2006年12月国务院新闻办公室发布的《中国老龄事业的发展》白皮书明确提出"初步形成以居家养老为基础、社区服务为依托、机构养老为补充的为老社会服务体系"。

"十二五"时期，对机构养老的功能表述略有变化，从"以机构为补充"改为了"以机构为支撑"。2011年9月国务院发布的《中国老龄事业发展"十二五"规划》提出"建立以居家为基础、社区为依托、机构为支撑的养老服务体系"。2011年12月，国务院办公厅发布了专门的《社会养老服务体系建设规划（2011—2015年）》，仍然沿用了"十二五"规划的表述，强调"社会养老服务体系建设应以居家为基础、社区为依托、机构为支撑"。2013年9月，国务院发布的《关于加快发展养老服务业的若干意见》指出，"到2020年，全面建成以居家为基础、社区为依托、机构为支撑的，功能完善、规模适度、覆盖城乡的养老服务体系"。总之，"建立居家为基础、社区为依托、机构为支撑的养老服务体系"成为"十二五"时期养老服务体系建设的标准表述。

但在制定"十三五"规划的过程中，社会养老服务体系建设目标改变了"以机构为支撑"的提法，又回归到了以前的"以机构为补充"表述。2015年11月发布的《中共中央关于制定国民经济和社会发展第十三个五年规划的建议》提出"建设以居家为基础、社区为依托、机构为补充的多层次养老服务体系"。其后,根据这一《建议》制定的《中华人民共和国国民经济和社会发展第十三个五年规划纲要》沿用了这一表述。

### (三)第三阶段(2016—2019年):将医养结合纳入养老服务体系建设目标

这一时期,针对养老服务体系建设中的痛点——医养分离的问题,在原有的"居家—社区—机构"三位一体的基础上,增加了医养结合的要求,将医养结合纳入养老服务体系的建设目标之内。

2016年5月中共中央政治局第三十二次集体学习时,习近平总书记在主持学习时强调,"要积极发展养老服务业,推进养老服务业制度、标准、设施、人才队伍建设,构建居家为基础、社区为依托、机构为补充、医养相结合的养老服务体系,更好满足老年人养老服务需求"[①]。这是第一次将养老服务体系建设的目标概括为"构建居家为基础、社区为依托、机构为补充、医养相结合的养老服务体系"。此后,这一时期出台的养老相关文件均按此来表述社会养老服务体系建设目标。2017年国务院印发的《"十三五"国家老龄事业发展和养老体系建设规划》将"居家为基础、社区为依托、机构为补充、医养相结合的养老服务体系更加健全"列为"十三五"时期老龄事业发展和养老体系建设的主要发展目标之一。

### (四)第四阶段(2019年至今):强调居家社区机构协调性和康养结合

这一时期,最显著的变化有两个:一是强调了居家社区机构的协

---

① 《中共中央政治局就我国人口老龄化的形势和对策举行第三十二次集体学习》,中国政府网,http://www.gov.cn/xinwen/2016-05/28/content_5077706.htm。

调性；二是关于养老服务体系建设的表述在保留医养结合的前提下，增加了康养结合，变成了"医养康养相结合"。

2019年10月党的十九届四中全会通过的《中共中央关于坚持和完善中国特色社会主义制度　推进国家治理体系和治理能力现代化若干重大问题的决定》明确提出"积极应对人口老龄化，加快建设居家社区机构相协调、医养康养相结合的养老服务体系"。首次将养老服务体系表述为"医养康养相结合"。2020年10月党的十九届五中全会通过的《中共中央关于制定国民经济和社会发展第十四个五年规划和二〇三五年远景目标的建议》再次强调"构建居家社区机构相协调、医养康养相结合的养老服务体系"。2021年3月《中华人民共和国国民经济和社会发展第十四个五年规划和2035年远景目标纲要》仍然沿用了这一表述。2021年11月发布的《中共中央国务院关于加强新时代老龄工作的意见》中表述为"构建居家社区机构相协调、医养康养相结合的养老服务体系和健康支撑体系"，在养老服务体系之外，增加了一个健康支撑体系，但"居家社区机构相协调、医养康养相结合"的基本表述没有变化。

## 二　理解社会养老服务体系建设目标的三个视角

社会养老服务体系建设目标的变化反映了相关政策制定者对养老服务体系的认识不断深入和建设目标的不断明确。对社会养老服务体系建设目标的发展变化，可以从三个视角来理解。

### （一）从系统的视角来理解，构建养老服务体系的关键是明确内部结构功能关系

从系统的视角，可以将养老服务体系视为若干部分或要素组成的一个大系统，这些部分或要素各具功能、相互联系、彼此协调，最终

组合成一个整体共同实现为老年人提供养老服务的目标。因此，回顾养老服务体系建设目标的发展历程，最核心的内容始终围绕在明确养老服务体系包括哪些基本组成部分及这些部分承担怎样的角色和功能上。

在社会养老服务体系中，家庭、社区和机构是三个核心的角色，因此服务体系建设的目标往往也主要是围绕这三者的关系来论述。在这三者之中，家庭的角色是最为明确的，表述也是变化最小的，概括起来就是"居家（养老）为基础"。在养老服务体系中强调"居家"，主要是要与传统家庭养老相区分。家庭养老既包含了空间上的"居家"状态，也意味着主要养老服务来自家庭成员；而居家养老则只是强调养老的一种空间状态，养老服务可以来自家庭成员，也可能来自社会服务。"居家（养老）为基础"可以从两个层面来理解：一是居家养老是最主要的养老形态，即大多数老年人均是居家养老，从各地提出建设"9073""9064"等养老服务格局即可知，即便是实现建设目标，也至少有90%的老年人是居家养老。二是居家养老也是最基本的养老形态。由于居家是绝大多数人自出生开始就一直存在的状态，人们进入老年时往往也不会刻意改变居家状态，因此，养老一般极其自然地从居家养老开始，只有当发生护理需求或是追求更全面、更高质的社会养老服务时才会逐渐寻求机构养老。

社区是养老服务体系中的一个重要角色，但对于社区角色的认识则存在一些模糊不清的地方。在养老服务体系建设目标中，先后有"社区服务为依托"和"社区为依托"两种表述，前者由于表达比较清晰具体因而争议较少，后者则因为表达较为简略而存在不同的理解：一种是延续原来的具体表述，将"社区"理解为"社区服务"；另一种则是将其理解为与居家养老、机构养老相并列的"社区养老"。实际上，如果仔细分析就会发现，将社区养老与居家养老、机构养老并列作为一种养老形态并不严谨。严格来说，社区养老并不是一种独立的养老方式①，从居住形态上划分，居家养老和机构养老是最基础的两种养老方式，当前被理解为社区养老的社区日间照料和短期托养，可以看作居家养老和机构养老二者的结合（从某一时点上看，或在居家或在机构）。因此，这里将"社区"理解为"社区养老"显然并不合适，理解为"社区服务"更为合理。居家养老的基础作用正是依托社区服务支持而发挥出来的。正是因为社区服务弥补了家庭养老服务能力的不足，才使居家养老成为可能。否则，居家养老将退变为传统的家庭养老，养老质量将大打折扣，社会性也将随之丧失，也就难以成为社会养老服务体系的基础。

对于机构的角色定位，则经历了补充—支撑—补充的变化。显然，补充作用和支撑作用的分量并不相同，如果将整个体系比作一棵树，补充作用的意思类似旁枝侧叶，可有可无，存在与否可能影响体系的优劣，但不影响体系的运转；支撑作用则类似主枝主干，不可或缺，存在与否将影响体系的存废，将影响其功效的发挥。实际上，机构养老的功能有两类：一类属于满足刚性需求，这类人主要需要专业化的护理，居家难以解决，必须借助于专业的养老机构；另一类是满足改善性需求，这类人具备居家养老的条件，但是为了追求更高养老生活质量、获得更好的养老服务而选择机构养老。对于第一类需求而言，机构养老发挥着支撑作用；对于第二类需求而言，机构养老发挥着补充作用。正因为机构养老功能存在这种分化，导致简单概括机构养老的作用并不容易，养老服务体系建设目标表述的变化反映了对此问题的不同认识。

作为一个系统而言，仅仅明确内部结构功能还远远不够，各部分之间各司其职、彼此协调，才是体系得以流畅运转、功能得以充分发

---

① 青连斌、刘天昊：《夯实居家养老在养老服务体系中的基础地位》，《理论视野》2021年第3期。

挥的关键。因此，从党的十九届四中全会开始，养老服务体系建设目标更加强调了居家社区机构相协调，更加强调了三者共同组成一个系统的属性。

**（二）从发展的视角来理解，养老服务体系建设是一个长期渐进的过程**

从发展的视角，可以将养老服务体系建设视为一个不断完善、逐渐实现建设目标的长期过程。在此过程中，目标的设立和调整是指引养老服务体系建设的重要推动因素。回顾中国养老服务体系建设目标的发展历程，可以发现以下四个特点。

一是养老服务体系建设目标具有长期性，即在养老服务体系建设过程中，建设目标长期存在，贯穿始终。这里有两层含义：第一层含义是实现养老服务体系建设目标是个长期过程，不可能一蹴而就，这反映了实现建设目标具有长期艰巨性；第二层含义是养老服务体系建设目标一旦确定，就必须长期坚持，不可朝令夕改、半途而废，这反映了实现目标必须持久努力。从中国社会养老服务体系建设的过程来看，经过数十年努力仍然没有实现建设目标反映了其长期艰巨性，而长期以来不断推动养老服务体系建设向着目标前进则体现了这种持久努力。

二是养老服务体系建设目标具有动态性，即在养老服务体系建设的过程中，建设目标会随着实践的丰富和认识的深化而不断调整和完善。中国社会养老服务体系建设四个阶段的目标变化，正是反映了这样一个动态过程。就养老服务的结构功能而言，四个阶段对家、社区、机构三者的角色及相互关系的认识和表述都出现了不同程度的调整。以发展的观点来看，这种调整和完善并未终结，还会随着实践和认识的发展而继续。

三是养老服务体系建设目标具有连续性，即无论目标如何调整和完善，都具有一以贯之的目标内核。分析中国社会养老服务体系建设目标的发展历程，尽管目标在不断调整和完善，但其核心要旨始终没有变化，那就是要建立一个结构功能合理、能够满足老年人养老服务需求的体系。在建设过程中，随着认识的深入和现实的变化，对结构功能合理的理解、对满足老年人养老服务需求的标准和条件都会有所不同，但建设服务体系实现上述目标的基本追求贯穿始终。

四是养老服务体系建设目标具有阶段性，即在养老服务体系建设的各个阶段，往往会有一些阶段性目标，存在不同的侧重点。显然，在中国社会养老服务体系建设过程中，这一特点十分明显。在第一阶段，重点在于提出建设服务体系的目标，明确这一服务体系大体上应该涵盖哪些内容，但对建设怎样的服务体系还没有形成明确的系统性认识；在第二阶段，重点在于明确养老服务体系的结构功能；在第三阶段，则是在明确结构功能的基础上，重点提出了养老服务体系建设需要医养结合的问题；在第四阶段，则进一步强调不同要素之间相互协调和相互结合的重要性问题。在前后两个阶段，建设目标存在继承和发展的关系，后一个阶段的目标是在前一个阶段目标的基础上总结提升的结果。

## （三）从矛盾的视角来理解，养老服务体系建设必须坚持问题导向，抓住重点难点问题

从矛盾的视角看，养老服务体系建设就是要解决老年人不断增长的养老服务需要与养老服务发展不平衡不充分之间的矛盾。由于老年人的养老服务需要和养老服务发展的不平衡不充分状态都是动态的变化过程，因此二者之间的矛盾也不断发展变化，表现为不同形式、不同程度的问题，这就要求养老服务体系建设必须坚持问题导向，抓住重点难点问题，着力推动问题的解决，以化解二者之间的矛盾。这种问题导向，体现在养老服务体系建设目标中，主要表现在以下三个方面。

一是对机构养老功能的强调，实际上是要解决机构养老功能不足的问题。中国社会养老服务体系是在传统家庭养老和兜底保障（针对"三无"和"五保"老人）的基础上提出和起步的，由于建设初期老年人大多有多个子女，家庭养老服务供给仍然延续传统的功能，首先突显出来的是机构养老能力的不足，政策首要的目标是补足这块短板，因此在党的十八大以前，政策的着力点主要在发展养老机构，出台了降税费、发补贴等各类支持措施，并开展了一系列的改革，推动养老机构的发展。尽管在建设目标上，机构的角色定位经历了补充—支撑—补充的变化，但使其充分发挥功能始终是建设目标的重要内容，在政策上也始终将补上机构养老能力的不足作为养老服务体系建设的重点问题。

二是对社区功能的强调，主要是要解决社区养老服务严重缺乏的问题。如果说机构养老还有少量福利性机构为基础的话，社区养老服务则基本上是从无到有的过程。随着人口老龄化的发展，特别是高龄化和少子化的发展，加之人口流动加剧导致代际分离更为普遍，家庭养老服务能力严重下滑，居家养老也必须依赖大量社会服务才能维持较好的养老质量，社区养老服务能力不足的问题成为制约养老服务体系建设的关键问题。社区养老服务不仅关系到居家养老基础作用的发挥，同时也影响着人们对机构养老的需求和选择。因此，如何发挥社区养老服务的依托作用也成为养老服务体系建设面临的重点问题。在养老服务体系建设目标中，长期强调了"社区为依托"的重要性，特别是近年来随着人民对社区养老服务需求的更为迫切，社区养老服务发展也得到了前所未有的重视。党的十八大以来，不仅提出了社区养老服务发展的具体目标和系列支持政策，还进行了几批试点，有力推动了社区养老服务的发展。

三是对医养结合的强调，主要是解决因医养分离而影响养老质量的问题。在老年阶段，随着生理机能的老化和慢性病的增多，对医疗服务的依赖程度也显著提高,对养老服务和医疗服务的结合有迫切的需求。然而,由于优质医疗资源总体不足和配置失衡,看病难问题在社会上普遍存在,对老年人而言,由于医疗需求更为迫切、使用医疗服务更为频繁,看病难问题更为突出。从现实看,养老服务和医疗服务分属不同的部门管理,各有不同的服务体系,存在严重的部门和条块分割,也没有针对老年人建立特别的合作机制,因而形成实质上的医养分离状态,严重影响了老年人的养老质量。正是认识到存在这样的问题,所以才在养老服务体系建设目标中明确提出医养结合的要求。医养结合的提出,是供需双侧推动的结果,既有需求侧的需要,也有供给侧的"痛点"①。党的十八大以来,相关部门对医养结合进行了系统的制度设计,简化了医养结合机构登记审批程序,开展了医养结合试点以探索相关经验。

## 三 康养结合:养老服务体系建设的新阶段

2019年党的十九届四中全会提出:"积极应对人口老龄化,加快建设居家社区机构相协调、医养康养相结合的养老服务体系。"这是表述建设怎样的养老服务体系时首次将康养结合纳入,这一变化标志着中国社会养老服务体系建设进入新阶段。这里说进入新阶段不仅仅是因为表述的新变化,更重要的是因为"康养结合"纳入养老服务体系建设目标反映了养老需求发展新变化,赋予了养老服务体系建设新内涵,同时也对养老服务体系建设提出了新要求。康养结合新阶段继续强调了养老服务体系各部分功能结构的协调性,聚焦了养老服务发展新问题,是养老服务体系建设目标的新发展。

---

① 李志宏:《医养结合:问题缘起、实践偏差与破解之路》,《老龄科学研究》2018年第12期。

## （一）康养结合反映了养老需求发展新变化

社会养老服务体系建设从根本上来说是由养老需求来推动的。随着人口老龄化的不断发展和社会经济进步，养老服务需求快速增长，不仅表现为量的扩张，而且表现为质的升级，不断对养老服务体系建设提出新要求，推动着养老服务体系建设向高水平发展。近年来，老年人的健康关注度和健康服务需求明显上升，成为养老服务需求升级的重要表现。健康服务需求上升主要有三个方面的原因。

一是人口老龄化不断发展，中国老年人口规模不断扩大，即便不发生结构性的变化，仅仅因为规模扩大就会导致健康服务需求快速增长。2020年第七次全国人口普查数据显示，中国60岁及以上人口为26402万人，占18.70%，其中，65岁及以上人口为19064万人，占13.50%[1]，与2010年"六普"时相比，60岁及以上老年人口增加了近9000万人，65岁及以上老年人口增加了近7000万人，仅仅因为规模效应，60岁及以上老年人口的健康服务需求就会提升48.6%，65岁及以上老年人口的健康服务需求就会增长60.4%。

二是在人口老龄化过程中呈现明显的高龄化，高龄老年人口增速快于全体老年人口增速，会带来明显的结构效应。这是因为健康服务需求在各年龄并非均匀分布，很多疾病和健康状况表现出随年龄而变化的趋势。研究显示，常见慢性病患病率随着年龄的增加而增长[2]。老年人口中不能自理比例随年龄增长而逐步提高，无论是男性，还是女性，都呈现出随年龄增长不能自理比例逐渐提高的趋势，特别是80—90岁是老

---

[1] 《第七次全国人口普查公报》（第五号），http：//www.stats.gov.cn/tjsj/zxfb/202105/t20210510_1817181.html。

[2] 蔡江敏、水克冬：《中国15岁及以上居民慢性病患病情况分析》，《医学信息》2019年第11期。

年人口不能自理比例提高最快的时期①。因此,高龄化的结果就会带来老年健康服务增速加快。2020年"七普"结果显示,80岁及以上人口有3580万人,占总人口的比重为2.54%,比2010年增加了1485万人,比重提高了0.98个百分点;占60岁及以上老年人口的比重为13.56%,比2010年上升了1.74个百分点,高龄化趋势明显。

三是健康意识的提升和收入水平的提高,也会带动老年健康服务需求增长,形成明显的乘数效应。近年来,中国居民健康意识明显提升,特别是新冠肺炎疫情更是对居民健康意识产生了直接的冲击。相关调查显示,新冠肺炎疫情的发生提高了全民大健康意识,93%的人认为身体健康是"人生中最重要的事",74%的人因疫情改变生命观②。而随着社会经济发展,居民收入提高也会对健康服务需求产生直接影响。收入水平提高将有利于健康服务需求的满足,同时也将进一步激发潜在健康服务需求,研究显示,收入增长将明显刺激居民医疗消费支出增长③。近年来,随着居民收入的提升,老年人均收入水平也出现了明显增长④,也必然带动老年健康服务需求的增长。

为了适应健康意识提升和老年健康服务需求增长的要求,必须从政策层面进行回应。从实践来看,首先从政策层面提出了医养结合,着重解决老年人看病难的问题,但医养结合更侧重于老年人生病之后如何得到及时有效治疗,这一问题导向的思路,虽然有利于在短期内抓住关键问题,重点发力,但由于"医"的内涵不如"康"的内涵

---

① 林宝:《中国不能自理老年人口的现状及趋势分析》,《人口与经济》2015年第4期。
② 《〈2021国民健康洞察报告〉出炉:74%的人因疫情改变生命观》,https://baijiahao.baidu.com/s? id=1689931851564072892&wfr=spider&for=pc。
③ 顾卫兵、张东刚:《城乡居民收入与医疗保健支出关系的实证分析》,《消费经济》2008年第1期;徐伟、陈慧美:《我国居民收入对医疗消费支出的影响研究》,《中国卫生政策研究》2013年第6期。
④ 周延、谭凯:《城乡居民基本养老保险制度改革的收入再分配效应研究——基于老年群体收入差距变动视角》,《人口与发展》2021年第1期。

丰富，医养结合显然不足以覆盖老年健康服务需求的全部内容，必须从医养结合走向康养结合。因此，康养结合实际上是适应老年健康服务快速增长而提出，反映了养老需求的新变化。

**（二）康养结合赋予了养老服务体系建设新内涵**

"康养结合"与"医养结合"虽然只有一字之差，但内涵更为丰富。康养结合不仅可以理解为在手段层面的健康服务和养老服务的结合，还可以理解为目的层面的健康和养老的结合，即实现健康和养老双重目标。由此可见，从医养结合到康养结合拓展了养老服务体系建设过程中横向结合的范围和深度，具有更丰富的内涵，更符合养老服务体系建设的客观需要。

由于可以理解为目标层面健康与养老的结合，康养结合纳入养老服务体系建设目标就使养老服务体系建设具有更明确的健康老龄化指向。世界卫生组织将健康老龄化定义为发展和维护老年健康生活所需的功能发挥的过程[1]。其中，功能发挥是指使个体能够按照自身观念和偏好来生活和行动的健康相关因素。康养结合与健康老龄化关系密切，可以说，康养结合是实现健康老龄化的客观要求和现实路径。只有实现了康养结合，改善养老服务和健康服务的协调和配合状况，提高老年人获取健康服务的能力和便利性，才能使处于服务体系之中的老年人能够实现健康老龄化。否则，健康老龄化将会仅仅停留在理念上，流于空谈。

养老服务体系建设有了健康老龄化的目标指向，将有利于进一步指导具体的建设行动。健康老龄化干预措施的共同目标在于改善功能发挥[2]。这对养老服务体系建设的启示是，应把老年人的功能维护和

---

[1] 世界卫生组织：《关于老龄化与健康的全球报告》，2015年，http://apps.who.int/iris/bitstream/handle/10665/186468/WHO_ FWC_ ALC_ 15.01_ chi. pdf.

[2] 世界卫生组织：《关于老龄化与健康的全球报告》，2015年，http://apps.who.int/iris/bitstream/handle/10665/186468/WHO_ FWC_ ALC_ 15.01_ chi. pdf.

发挥作为重点，通过康养结合增强和维护老年人健康状况和自理能力，使老年人的自我养老能力尽可能地得到延续；对于健康状况和自理能力受损的老年人，则需要通过治疗、康复和照护服务等促进其功能恢复，尽可能促进发挥功能，并由针对性地创造有利于功能发挥的社会环境，提高其养老生活质量。

近年来，健康老龄化理念已经开始在老年健康相关文件中得以体现。2017年国家卫生计生委等十三部门专门制定了《"十三五"健康老龄化规划》，明确提出了积极应对人口老龄化，实现健康老龄化的目标，对"十三五"时期老年健康工作进行了具体的部署。2019年10月，国家卫生健康委员会等八部门发布了《关于建立完善老年健康服务体系的指导意见》，也提出要努力提高老年人健康水平，实现健康老龄化，建设健康中国。党的十九届四中全会在养老服务体系建设目标中加入康养结合，实际上也是健康老龄化理念从老年健康服务体系逐渐拓展到养老服务体系的一种体现，是反映养老服务体系建设进入新阶段的一个重要表征。

### （三）康养结合提出了养老服务体系建设新要求

康养结合是在党的十九届四中全会上首次被纳入养老服务体系建设目标，在党的十九届五中全会上得到再次强调。两次全会均是着眼长远，为中国中长期发展谋篇布局的重要会议。前者对推进国家治理体系和治理能力现代化若干重大问题进行了部署，后者规划了"十四五"和2035年的远景目标，对中国未来发展都将产生重大影响。在这样的会议上将康养结合纳入养老服务体系建设目标，具有很强的指导意义，实质上是对养老服务体系建设提出了新要求。

对养老服务体系内部而言，康养结合提出了高质量发展的要求。党的十九届五中全会强调要"以推动高质量发展为主题"，明确了经济社会发展工作要围绕推动高质量发展来展开。推动养老服务体系高质量发展，必须实现两个升级：一是建设方式的升级，要在问题导向基础上引入目标导向，为养老服务体系建设提供明确的目标指引。康养结合通过将健康老龄化内化为养老服务体系建设的目标，强化了目标导向功能，提出了建设方式升级的要求。二是建设内容升级，要从保障基本服务需求逐渐转向满足老年人追求更高健康水平、更高养老生活质量的美好生活需要。康养结合通过养老服务和健康服务两个体系的联动，实际上反映了建设内容升级的具体要求，那就是要让两个体系相互促进、相互协调，尽快弥补发展不足，共同推动养老服务体系高质量发展。针对老年健康服务的严重短板，要根据老年人健康轨迹和需求变化，建设包括健康教育、预防保健、疾病诊治、康复护理、长期照护、安宁疗护等内容的老年健康服务体系，使之成为养老服务体系的一个有机组成部分。最终，通过康养结合要使养老服务内容更加多样、质量更有保障，健康服务供给更加充分、使用更加便利，使养老服务体系成为老年人尊严、权利和生活质量的重要保障。

对养老服务体系外部而言，康养结合提出了与公共卫生服务体系实现更高水平结合的要求。实现健康老龄化需要发展以老年人为中心的综合性"医疗、照护与环境"公共卫生服务体系，为老年人提供生命历程中所需的各项健康支持，最终不仅改善老年人的身体健康，也促进老年人的能力发挥。通过"医疗、照护与环境"相结合的公共卫生服务体系建设，应达到满足老年人的多层次健康需求、保障老年人的长期照护权利和建设老年友好社会三重政策目标[①]。因此，力图实现健康老龄化的康养结合，不仅意味着养老服务体系需要适应老年人的需求变化而大力推进，同时意味着公共卫生服务体系也需要面向健康老龄化的目标做出相应的改革，同时还意味着养老服务体系和公共

---

① 杜鹏、董亭月：《促进健康老龄化：理念变革与政策创新——对世界卫生组织〈关于老龄化与健康的全球报告〉的解读》，《老龄科学研究》2015年第12期。

卫生服务体系更深层次、更高水平的结合。

整体而言，康养结合提出了落实新发展理念的要求。党的十九大报告指出，发展是解决我国一切问题的基础和关键，发展必须是科学发展，必须坚定不移贯彻创新、协调、绿色、开放、共享的发展理念。习近平总书记指出，要从根本宗旨、问题导向和忧患意识三个方面把握新发展理念[①]。康养结合实际上是从人民的养老需求出发，体现了以人民为中心的根本宗旨；康养结合具体指向了老年健康服务发展滞后、与养老服务脱节的问题，体现了问题导向；康养结合在中国进入中度老龄化社会之前提出，面向2035年甚至更远的时期，充分考虑了养老服务体系建设的艰巨任务，具有深深的忧患意识。落实新发展理念，要推动养老服务体系建设创新、协调、绿色、开放和共享发展，以创新发展作为推动养老服务发展的驱动力，以协调发展优化养老服务体系内部功能结构和外部条件，以绿色发展降低养老服务体系建设的资源环境代价，以开放发展整合更多养老服务资源，以共享发展推动养老服务体系建设成果更加公平地惠及全体老年人。

**（四）康养结合是养老服务体系建设目标的新发展**

从系统视角来看，康养结合新阶段继续强调了养老服务体系内部结构功能的协调性。这一阶段的养老服务体系建设目标继续强调"居家社区机构相协调"，基本含义是要在继续巩固居家、社区和机构三者功能的基础上，促进三者之间的协调与配合。从理论上讲，三者需要结合为有机统一的整体，老年人可以从这样一个服务体系之中获取多样化的养老服务。简单来讲，就是居家养老要发挥基础作用，在社区养老服务的有力帮助下，成为绝大多数老年人的首选养老方式；当

---

① 习近平：《全党必须完整、准确、全面贯彻新发展理念》，https://baijiahao.baidu.com/s?id=1689719969907043017&wfr=spider&for=pc。

老年人需求升级需要更为专业化的养老服务特别是护理服务时，专业机构将及时跟进，实现无缝衔接，确保老年人的养老服务需求得到满足。康养结合将渗透到养老服务体系的各个环节、各个部分，确保各部分功能更好发挥，相互之间协调更为通畅、运转更为有序。

从发展视角来看，康养结合新阶段是对前一阶段养老服务体系建设目标的继承和发展。在新阶段的建设目标中，继续强调了居家社区机构相协调和医养结合，这是对前一阶段目标的继承。具体来看，内部结构功能关系的优化是养老服务体系建设的长期任务，医养结合仍然是现阶段面临的重要课题，必须继续坚持。加入了康养结合来反映新需求、赋予新内涵、提出新要求，是对前一阶段目标的新发展。继承是养老服务体系建设长期性和连续性的表现，而发展则是养老服务体系建设动态性和阶段性的表现。

从矛盾视角来看，康养结合新阶段关注了养老服务体系建设的新问题。在近年来大力推动医养结合的大背景下，养老服务体系建设中的医养分离问题得到了一定程度的改善。但是由于"医"更为强调疾病治疗，而忽视前期疾病预防和健康过程管理，医养结合还不足以满足老年人的全部健康服务需求，也无法实现健康老龄化的目标。因此，养老服务体系中需要解决的重点问题也不再仅仅是医养结合问题，而是升级到如何从全生命周期角度、全过程管理角度关注老年人养老过程中的健康维护、健康管理问题。从当前养老服务体系建设的实际情况看，要解决这一问题仍然存在观念、资源、机制等多方面的制约，需要在养老服务体系建设过程中更为重视、大力解决。康养结合正是基于这样的问题导向而提出，反映了社会养老服务体系建设主要问题的变化和发展。

在社会养老服务体系建设新阶段，除了要继续促进各部分的协调配合，优化结构功能关系，重点要根据康养结合的新目标和新要求，赋予养老服务体系建设以新的内容。这就要求后续相关工作必须提高战略定位，从战略高度认识和谋划康养结合问题。康养结合是当前实施的健康中国战略和积极应对人口老龄化国家战略的交汇点，具有十分重要的战略地位。要认识到，康养结合推进的好坏直接关系到两大战略的成败，要将康养结合作为实施两大战略的重要抓手，作为促进两大战略联动的重要纽带。谋划和推进康养结合，不应仅仅停留在养老服务体系建设层面，而是要提高到实施健康中国战略和积极应对人口老龄化国家战略的高度，将康养结合贯穿到两大战略的各项相关政策行动中去。要认识到，康养结合虽然是对养老服务体系建设的新要求，但绝不是可有可无、锦上添花，而是对养老服务体系建设的本质要求，是养老服务体系得以适应养老需求变化的根本原因，是养老服务体系得以实现健康老龄化目标的根本保障，要把康养结合作为养老服务体系建设的重中之重。要认识到，康养结合不仅仅是手段的结合，也是目的的结合，要把康养结合作为养老服务体系建设的重要目的，而不仅仅是促进养老服务体系建设的手段。在相关政策制定过程中，要把康养结合作为重要的政策目标，要以是否有利于康养结合作为判断政策可行性和有效性的重要依据。

# 第四章

# 社会养老服务体系建设的新进展

在推进社会养老服务体系建设的过程中，随着中国人口老龄化的进一步发展，养老服务需求日益增长，如何提高老龄治理能力、更好地满足老年人美好生活需要成为养老服务领域面临的一项艰巨任务，也成为推动养老服务体系建设的根本力量。党的十八大以来，养老服务政策重点着力于理顺政府和市场之间的关系，大力弥补体系短板，强化创新驱动，目的均在于推进养老服务体系建设，推动老龄治理体系完善和治理能力现代化，更好地满足老年人美好生活需要。随着养老服务政策的密集出台，中国社会养老服务体系建设取得了明显进展，但与此同时也仍然存在一些尚待解决的问题。

## 一 近年来促进养老服务体系建设的主要措施①

### （一）理顺政府与市场关系，厘清养老服务供给责任

党的十八届三中全会通过的《中共中央关于全面深化改革若干重大问题的决定》指出，经济体制改革是全面深化改革的重点，核心问题是处理好政府和市场的关系，使市场在资源配置中起决定性作用和

---

① 本节主要内容曾以《党的十八大以来我国养老服务政策新进展》为题发表在《中共中央党校（国家行政学院）学报》2021年第1期，这里更新了部分内容。

更好发挥政府作用。近年来，在养老服务领域，处理好政府与市场的关系也是一个重要的主题，在出台的各类政策文件中逐渐明确了政府和市场的边界，使养老服务供给责任更为清晰。

一是明确了政府有保障基本养老服务的责任。2013年9月，《国务院关于加快发展养老服务业的若干意见》（国发〔2013〕35号，以下简称《意见》）明确提出了"坚持保障基本"的原则，提出"确保人人享有基本养老服务"。2019年4月，《国务院办公厅关于推进养老服务发展的意见》（国办发〔2019〕5号）中提出"确保到2022年在保障人人享有基本养老服务的基础上，有效满足老年人多样化、多层次养老服务需求"，再次明确了政府保障基本养老服务的责任。2021年11月，《中共中央国务院关于加强新时代老龄工作的意见》中强调"在党委领导下，充分发挥政府在推进老龄事业发展中的主导作用，社会参与，全民行动，提供基本公益性产品和服务""建立基本养老服务清单制度"等，实际上是对政府职责进一步的明确。

二是明确了市场在养老服务资源配置中起决定性作用。《意见》提出"充分发挥市场在资源配置中的基础性作用"，这一文件出台在党的十八届三中全会之前，所以沿用了之前的提法，仍然强调的是市场起基础性作用，但实际上在党的十八届三中全会以后，已经明确了在养老服务资源配置中，市场也要起决定性作用。2015年2月，民政部、发展改革委、教育部等十部委联合发布的《关于鼓励民间资本参与养老服务业发展的实施意见》（民发〔2015〕33号）中明确提出该文件的出台就是为了落实《意见》精神，充分发挥市场在资源配置中的决定性作用。该文件提出了鼓励民间资本参与居家和社区养老服务、鼓励民间资本参与机构养老服务、支持民间资本参与养老产业发展等一系列充分发挥市场机制、鼓励社会力量参与养老服务供给的措施。2021年11月，《中共中央国务院关于加强新时代老龄工作的意见》中明确强调"充分发挥市场机制作用，提供多元化产品和服务"。

三是明确了养老服务供给方式多元化。供给方式的多元化是养老服务供给由多主体承担、采用多样化的形式提供。特别是政府尽量减少直接提供养老服务，而是更多依赖各类社会主体。政府购买服务是一个典型例子，政府不参与服务的供给，但可通过购买服务的形式履行基本养老责任。公办养老机构改革是另一个例子，2013年12月《民政部关于开展公办养老机构改革试点工作的通知》（民函〔2013〕369号）中提出"推行公办养老机构公建民营"。2016年12月发布的《国务院办公厅关于全面放开养老服务市场提升养老服务质量的若干意见》（国办发〔2016〕91号）再次要求加快公办养老机构改革，明确要求到2020年政府运营养老床位数占比在当地养老床位总数中不超过50%，鼓励社会力量通过各种形式参与公办养老机构改革。近年来，这项工作一直在推进，这实际上是改变了以往政府通过公办养老机构直接提供养老服务的做法，尝试推动养老服务供给多元化。2020年12月发布的《国务院办公厅关于促进养老托育服务健康发展的意见》（国办发〔2020〕52号）再次强调要扩大多方参与、多种方式的服务供给。2021年11月，《中共中央国务院关于加强新时代老龄工作的意见》中明确强调"各地要通过直接建设、委托运营、购买服务、鼓励社会投资等多种方式发展机构养老"。

### （二）全面开放养老服务市场，增加养老服务供给

要增加养老服务供给，关键是要推动市场开放，让更多社会主体参与进来。2016年12月，《国务院办公厅关于全面放开养老服务市场提升养老服务质量的若干意见》（国办发〔2016〕91号）发布，对全面开放养老服务市场提出了明确要求。

一是降低准入门槛。设立营利性养老机构，应按"先照后证"的简化程序执行，在工商行政管理部门办理登记后，在辖区县级以上人民政府民政部门申请设立许可。在民政部门登记的非营利性养老机

构,可以依法在其登记管理机关管辖范围内设立多个不具备法人资格的服务网点。非本地投资者举办养老服务项目与当地投资者享受同等政策待遇,当地不得以任何名目对此加以限制。

二是放宽外资准入。在鼓励境外投资者在华举办营利性养老机构的基础上,进一步放开市场,鼓励境外投资者设立非营利性养老机构,其设立的非营利性养老机构与境内投资者设立的非营利性养老机构享受同等优惠政策。

三是精简行政审批环节。全面清理、取消申办养老机构的不合理前置审批事项,优化审批程序,简化审批流程。申请设立养老服务类社会组织,符合直接登记条件的可以直接向民政部门依法申请登记,不再经由业务主管单位审查同意。支持新兴养老业态发展,对于养老机构以外的其他提供养老服务的主体,鼓励其依法办理法人登记并享受相关优惠政策。

2019年4月发布的《国务院办公厅关于推进养老服务发展的意见》(国办发〔2019〕5号)再次强调全面落实外资举办养老服务机构国民待遇。明确境外资本在内地通过一定形式参与发展养老服务和接收政府兜底保障对象的,同等享受相关待遇和政策。这一系列政策通过降低准入门槛、放宽外资准入和精简行政审批环节等措施可以让更多的主体参与到养老服务供给之中,提升养老服务供给能力,优化供给结构,改善服务质量,繁荣养老服务市场,更好地满足老年人的养老服务需求。

### (三)大力发展社区养老服务,弥补服务体系短板

在社会养老服务体系建设中,社区养老服务是关键一环,既决定了居家养老服务的质量,也影响着机构养老服务需求。但长期以来,中国社区养老服务十分薄弱,是养老服务体系中的明显短板。近年来,为弥补这一短板,也出台了一些促进社区养老服务发展的政策

措施。

一是提出了明确的社区养老服务发展目标。在《意见》中明确提出了 2020 年的社区服务发展目标。包括两个全覆盖：基本养老服务（生活照料、医疗护理、精神慰藉、紧急救援等）对所有居家老年人实现全覆盖；基本养老服务设施（符合标准的日间照料中心、老年人活动中心等）对所有城市社区实现全覆盖。在《"十四五"民政事业发展规划》中，提出了"大力推进城市新建城区、新建居住（小）区按标准配套建设社区养老服务设施，配建设施达标率达到 100%""推动构建城市地区'一刻钟'居家养老服务圈""优化城乡养老机构床位结构，推动护理型床位占比不低于 55%"等具体目标任务。

二是明确了社区养老服务的发展方向和支持政策。在 2017 年发布的《"十三五"国家老龄事业发展和养老体系建设规划》中提出要夯实居家社区养老服务基础。强调要支持社区对独居、空巢老年人家庭定期上门巡访；支持城乡社区发挥服务桥梁作用，建立社区综合信息平台，加强居家养老服务信息汇集、对接，提高服务针对性和专业化。2019 年《政府工作报告》强调，要大力发展养老特别是社区养老服务业，对在社区提供日间照料、康复护理、助餐助行等服务的机构给予税费减免、资金支持、水电气热价格优惠等扶持。《中华人民共和国国民经济和社会发展第十四个五年规划和 2035 年远景目标纲要》强调要完善社区居家养老服务网络，推进公共设施适老化改造，推动专业机构服务向社区延伸，整合利用存量资源发展社区嵌入式养老。在《"十四五"民政事业发展规划》中，也从服务保障、服务网络、产业发展、人才建设和监管等方面提出了明确方向和一系列政策措施。

三是进一步明确了社区养老服务中的各方责任。2021 年 11 月，《中共中央国务院关于加强新时代老龄工作的意见》中强调要创新居家社区养老服务模式，以居家养老为基础，通过新建、改造、租赁等方式，提升社区养老服务能力，着力发展街道（乡镇）、城乡社区两级养老服务网络，依托社区发展以居家为基础的多样化养老服务，明确：（1）地方政府负责探索并推动建立专业机构服务向社区、家庭延伸的模式。（2）街道社区负责引进助餐、助洁等方面为老服务的专业机构，社区组织引进相关护理专业机构开展居家老年人照护工作；政府加强组织和监督工作。（3）政府要培育为老服务的专业机构并指导其规范发展。（4）充分发挥社区党组织作用。

四是开展了多批居家和社区养老服务试点。自 2016 年开始，民政部和财政部已经连续多年进行居家和社区养老服务改革试点。试点目标是，通过中央资金引导，鼓励地方加大政策创新和资金投入力度，统筹各类资源，优化发展环境，逐步认识和把握居家和社区养老服务发展的规律，取得一批服务内容全面覆盖、社会力量竞争参与、人民群众普遍认可的居家和社区养老服务成功经验，形成比较完备的居家和社区养老服务发展环境和推动机制，鼓励其他地区借鉴应用，快速提高中国居家和社区养老服务发展能力和水平，切实增强人民群众的获得感。

## （四）强化创新驱动，支持新型养老模式发展

近年来，为贯彻落实党的十八大以来的新发展理念，养老服务发展领域积极推动创新发展，出台了一系列措施支持新型养老模式发展，尤其是在推动智慧养老方面表现得尤为明显。智慧养老是将互联网、人工智能、物联网等新技术应用于养老的新模式，近年来政策的推动有几个表现。

一是提出了智慧养老产业发展目标。2017 年工业和信息化部、民政部、国家卫生计生委联合发布了《智慧健康养老产业发展行动计划（2017—2020 年）》（工信部联电子〔2017〕25 号），提出：到 2020 年，基本形成覆盖全生命周期的智慧健康养老产业体系；健康管理、

居家养老等智慧健康养老服务基本普及，智慧健康养老服务质量效率显著提升；智慧健康养老产业发展环境不断完善，信息安全保障能力大幅提升等目标。2021年10月，三部门印发了《智慧健康养老产业发展行动计划（2021—2025年）》，提出了新的发展愿景：到2025年，智慧健康养老产业科技支撑能力显著增强，产品及服务供给能力明显提升，试点示范建设成效日益凸显，产业生态不断优化完善，老年"数字鸿沟"逐步缩小，人民群众在健康及养老方面的幸福感、获得感、安全感稳步提升。

二是实施"互联网+养老"行动。在2017年2月印发的《"十三五"国家老龄事业发展和养老体系建设规划》中已经明确提出实施"互联网+"养老工程。提出支持社区、养老服务机构、社会组织和企业利用物联网、移动互联网和云计算、大数据等信息技术，开发应用智能终端和居家社区养老服务智慧平台、信息系统、APP应用、微信公众号等，重点拓展远程提醒和控制、自动报警和处置、动态监测和记录等功能，规范数据接口，建设虚拟养老院。2019年发布的《国务院办公厅关于推进养老服务发展的意见》强调要实施"互联网+养老"行动，推动智慧健康养老产业发展，拓展重点信息技术应用，制定产品及服务推广目录，开展试点示范，建设"智慧养老院"。2020年12月发布的《国务院办公厅关于促进养老托育服务健康发展的意见》（国办发〔2020〕52号）再次强调发展"互联网+养老服务"，充分考虑老年群体使用感受，研究开发适老化智能产品，简化应用程序使用步骤及操作界面，引导帮助老年人融入信息化社会，创新"子女网上下单、老人体验服务"等消费模式，鼓励大型互联网企业全面对接养老服务需求，支持优质养老机构平台化发展，培育区域性、行业性综合信息平台。在《"十四五"民政事业发展规划》中，提出引导养老机构依托新兴技术手段，构建"互联网+养老服务"和智慧养老模式，培育服务新业态。

三是开展了多批智慧健康养老应用试点示范。2017年工业和信息化部办公厅、民政部办公厅、国家卫生计生委办公厅等联合发文启动了智慧健康养老应用试点示范，希望通过试点支持建设一批示范企业、示范街道（乡镇）、示范基地，推动智慧健康养老产品和服务的提供与应用。智慧健康养老应用试点示范具体内容是：支持建设一批示范企业，包括能够提供成熟的智慧健康养老产品、服务、系统平台或整体解决方案的企业；支持建设一批示范街道（乡镇），包括应用多类智慧健康养老产品，为辖区内居民提供智慧健康养老服务的街道或乡镇；支持建设一批示范基地，包括推广智慧健康养老产品和服务、形成产业集聚效应和示范带动作用的地级或县级行政区。《智慧健康养老产业发展行动计划（2021—2025年）》中提出，在现有试点示范的基础上，面向不少于10个应用场景，再培育100个以上示范企业，50个以上示范园区，150个以上示范街道（乡镇）及50个以上示范基地，进一步强化示范引领效应。

### （五）推动医养结合，破解养老服务发展困局

医养相结合是中国养老服务体系建设的目标之一。但长期以来，医养割裂成了养老服务发展的瓶颈，为突破这一困局，近年来大量政策出台，有力推动了医养结合的发展。

一是对医养结合进行了系统的顶层设计。2015年11月，国务院办公厅转发了《卫生计生委等部门关于推进医疗卫生与养老服务相结合的指导意见》（国办发〔2015〕84号），提出：到2020年，符合国情的医养结合体制机制和政策法规体系基本建立，医疗卫生和养老服务资源实现有序共享，覆盖城乡、规模适宜、功能合理、综合连续的医养结合服务网络基本形成，基层医疗卫生机构为居家老年人提供上门服务的能力明显提升。所有医疗机构开设为老年人提供挂号、就医等便利服务的绿色通道，所有养老机构能够以不同形式为入住老年人

提供医疗卫生服务，基本适应老年人健康养老服务需求。同时提出了建立健全医疗卫生机构与养老机构合作机制，支持养老机构开展医疗服务，推动医疗卫生服务延伸至社区、家庭，鼓励社会力量兴办医养结合机构，鼓励医疗卫生机构与养老服务融合发展等一系列重点任务及完善投融资和财税价格政策、加强规划布局和用地保障等保障措施，对医养结合进行了系统的制度设计。2021年11月，《中共中央国务院关于加强新时代老龄工作的意见》中强调要深入推进医养结合。明确要求：卫生健康部门与民政部门要建立医养结合工作沟通协调机制；鼓励医疗卫生机构与养老机构开展协议合作，进一步整合优化基层医疗卫生和养老资源，提供医疗救治、康复护理、生活照料等服务；支持医疗资源丰富地区的二级及以下医疗机构转型，开展康复、护理以及医养结合服务；鼓励基层积极探索相关机构养老床位和医疗床位按需规范转换机制；根据服务老年人的特点，合理核定养老机构举办的医疗机构医保限额；2025年年底前，每个县（市、区、旗）有1所以上具有医养结合功能的县级特困人员供养服务机构。

二是简化医养结合机构登记审批程序。民政部、卫生计生委于2016年4月8日联合印发了《关于做好医养结合服务机构许可工作的通知》（民发〔2016〕52号）。该文件规定：申办人拟举办医养结合服务机构的，民政、卫生计生部门应当在接到申请后，按照首接责任制原则，及时根据各自职责办理审批，不得将彼此审批事项互为审批前置条件，不得互相推诿。2017年，国家卫生计生委办公厅《关于养老机构内部设置医疗机构取消行政审批实行备案管理的通知》（国卫办医发〔2017〕38号）要求，养老机构内部设置诊所、卫生所（室）、医务室、护理站，取消行政审批，实行备案管理。2019年5月，国家卫生健康委办公厅等四部门联合发布了《关于做好医养结合机构审批登记工作的通知》（国卫办老龄发〔2019〕17号），提出为了深化医疗和养老服务"放管服"改革，优化医养结合机构审批流程和环境,进一步促进医养结合发展,对养老机构设立医疗机构、医疗机构设立养老机构的程序进行了明确的规定。

三是实施了医养结合试点。2017年5月,国家卫生计生委办公厅、民政部办公厅发布了《关于遴选国家级医养结合试点单位的通知》(国卫办家庭函〔2016〕511号),正式启动了医养结合试点。希望通过开展医养结合工作试点,促进试点地区先行先试,积极探索,率先构建起覆盖城乡、规模适宜、功能合理、综合连续的医养结合服务网络,探索建立符合国情的医养结合体制机制,出台一批可持续、可复制的体制机制和创新成果,创新医养结合管理机制和服务模式,为全国医养结合工作提供示范经验。

### (六) 加大扶持力度,降低服务供给成本

降成本不仅是养老服务业发展的必然要求,而且也是当前养老服务业供给侧结构性改革的一项具体要求。近年来,在降低养老服务供给成本方面出台的一系列政策基本上是在落实《意见》提出的政策框架,内容涉及多个方面。在完善投融资政策方面,内容涉及安排财政性资金、金融产品和服务方式创新、加大有效信贷投入、加强信用体系建设、鼓励和支持保险资金投资、地方政府发行债券支持养老服务设施建设等方面。在完善土地供应政策方面,主要包括将养老服务设施建设用地纳入城镇土地利用总体规划和年度用地计划、民办非营利性机构与公办机构土地使用政策相同、营利性机构建设用地优先保障供应,等等。在完善税费优惠政策方面,涉及不同情形下的免征营业税、免征房产税、城镇土地使用税、免征企业所得税、减免行政事业费,养老机构用电、用水、用气、用热按居民生活类价格执行,等等。在完善补贴支持政策方面,提出建立经济困难的高龄、失能等老年人补贴制度;采用多种方式,支持社会力量开展养老服务;对彩票公益金用于支持发展养老服务业发展提出具体要求;等等。在完善人

才培养和就业政策方面，提出要加快培养专业人才，制定优惠政策，鼓励从事养老服务工作；加强老年护理人员专业培训，对符合条件的从业人员给予补贴；加强劳动保护和职业防护，提高职工工资福利待遇；等等。在鼓励公益慈善组织支持养老服务方面，提出引导公益慈善组织重点参与养老机构建设、产品开发和服务提供；积极发展公益慈善组织和志愿组织；等等。这一政策框架成为后续各项政策文件中出台相关政策的重要依据，为降低养老服务供给成本奠定了较好的基础。2020年12月发布的《国务院办公厅关于促进养老托育服务健康发展的意见》（国办发〔2020〕52号）要求，各地要建立工作协同机制，加强部门信息互通共享，确保税费优惠政策全面、及时惠及市场主体。

2021年11月，《中共中央国务院关于加强新时代老龄工作的意见》中强调，为适应今后一个时期老龄事业发展的资金需求，要完善老龄事业发展财政投入政策和多渠道筹资机制，继续加大中央预算内投资支持力度，进一步提高民政部本级和地方各级政府用于社会福利事业的彩票公益金用于养老服务的比例。各地要统筹老龄事业发展，加大财政投入力度，各相关部门要用好有关资金和资源，积极支持老龄工作。研究制定住房等支持政策，完善阶梯电价、水价、气价政策，鼓励成年子女与老年父母就近居住或共同生活，履行赡养义务、承担照料责任。对赡养负担重的零就业家庭成员，按规定优先安排公益性岗位。落实相关财税支持政策，鼓励各类公益性社会组织或慈善组织加大对老龄事业投入。这些政策精神将有利于指导各地区进一步完善支持政策，降低服务供给成本。

**（七）加强市场监管，提升养老服务质量**

养老服务供给不仅存在总量不足的问题，还存在质量不高的问题。在养老服务准入门槛降低的情况下，加强市场监管、提升养老服务质量就显得尤为重要。近年来,养老服务政策在这方面也加大了力度,对优化市场环境、提升服务质量起到了积极的推动作用。

一是加强服务监管和行业自律。《国务院办公厅关于全面放开养老服务市场提升养老服务质量的若干意见》(国办发〔2016〕91号)强调,各地要建立健全民政部门和相关部门协同配合的监管机制,加强对养老机构运营和服务的监管。严禁以举办养老机构名义从事房地产开发,严禁利用养老机构的房屋、场地、设施开展与养老服务无关的活动,严禁改变机构的养老服务性质。做好养老服务领域非法集资信息监测和分析工作,做好政策宣传和风险提示工作。对养老服务中虐老欺老等行为,对养老机构在收取保证金、办理会员卡和发行金融产品等活动中的违法违规行为,要依法严厉查处。加强养老设施和服务安全管理,建立定期检查机制,确保老年人人身安全。同时,加强行业信用建设。建立覆盖养老服务行业法人、从业人员和服务对象的行业信用体系。建立健全信用信息记录和归集机制,加强与全国信用信息共享平台的信息交换和共享,通过企业信用信息公示系统向社会公示相关企业的行政许可、行政处罚等信息。引入第三方征信机构,参与养老行业信用建设和信用监管。建立多部门、跨地区的联合奖惩机制,将信用信息作为各项支持政策的重要衡量因素,对诚实守信者在政府购买服务、债券发行等方面实行优先办理、简化程序等绿色通道支持激励政策,建立养老服务行业黑名单制度和市场退出机制,加强行业自律和监管。

二是出台了机构养老服务的国家标准。2017年国家质检总局、国家标准委发布了《养老机构服务质量基本规范》(GB/T35796—2017)并开始实施。规定了养老机构服务的基本服务项目、服务质量基本要求、管理要求等内容,是养老机构服务质量管理首个国家标准,标志着全国养老机构服务质量迈入标准化管理的时代。

三是开展了养老院服务质量建设专项行动。2017年民政部等六部门印发《关于开展养老院服务质量建设专项行动的通知》（民发〔2017〕51号），正式启动了养老院服务质量建设专项行动。其主要目的是通过专项行动解决养老院服务质量建设中的重大问题，提升养老服务质量。随该文件还下发了《养老院服务质量大检查指南》，提出了115项检查内容，是对养老机构服务质量进行检查、评分的工具。十九届五中全会更是明确提出要"健全养老服务综合监管制度"，这必将推动新的养老服务质量监管出台。

四是建立健全养老服务综合监管制度。2020年12月，国务院办公厅发布了《关于建立健全养老服务综合监管制度促进养老服务高质量发展的意见》（国办发〔2020〕48号），就建立健全养老服务综合监管制度确定了三方面政策措施：一是明确监管重点。从加强质量安全监管、加强从业人员监管、加强涉及资金监管、加强运营秩序监管、加强突发事件应对五个方面明确了监管重点。二是落实监管责任。从强化政府主导责任、压实机构主体责任、发挥行业自律和社会监督作用等方面强调了各方监管责任。三是创新监管方式。从加强协同监管、加强信用监管、加强信息共享、发挥标准规范引领作用等方面强调了监管方式创新。同时明确了养老服务综合监管相关部门的职责分工。2021年11月，《中共中央国务院关于加强新时代老龄工作的意见》中强调，建立健全养老服务标准和评价体系，加强对养老机构建设和运营的监管；研究制定养老机构预收服务费用管理政策，严防借养老机构之名圈钱、欺诈等行为。

### （八）开展长期护理保险制度试点，探索护理责任分担新模式

长期护理保险制度是利用社会保险制度让社会成员分担长期护理负担的一种制度设计，在日本、德国、韩国以及中国台湾等人口老龄化较为严重的国家和地区均有采用，是应对人口老龄化的一项制度选择。2016年人力资源社会保障部办公厅印发《关于开展长期护理保

险制度试点的指导意见》(人社厅发〔2016〕80号),决定在15个城市开展长期护理保险制度试点,并对试点相关工作做了部署。该文件对开展长期护理保险试点的指导思想和基本原则、目标和任务、基本政策、管理服务等做了规定。要求相关地方按照以人为本、基本保障、责任分担、因地制宜、机制创新、统筹协调的基本原则,探索建立长期护理社会保险制度,为长期失能人员的基本生活照料和与基本生活密切相关的医疗护理提供资金或服务保障。希望利用1—2年试点时间,积累经验,探索适应中国社会主义市场经济体制的长期护理保险制度政策体系,以及相应的标准体系、服务规范和管理办法。试点以来几十个城市自愿进入试点的行列[①]。

2020年9月,国家医保局会同财政部印发《关于扩大长期护理保险制度试点的指导意见》(医保发〔2020〕37号),新增14个试点城市(区),探索建立以互助共济方式筹集资金、为长期失能人员的基本生活照料和与之密切相关的医疗护理提供服务或资金保障的社会保险制度,力争在"十四五"时期,基本形成适应中国经济发展水平和老龄化发展趋势的长期护理保险制度政策框架,推动建立健全满足群众多元需求的多层次长期护理保障制度。文件要求,试点阶段从职工基本医疗保险参保人群起步,重点解决重度失能人员基本护理保障需求,优先保障符合条件的失能老年人、重度残疾人。有条件的地方可随试点探索深入,综合考虑经济发展水平、资金筹集能力和保障需要等因素,逐步扩大参保对象范围,调整保障范围。此外,文件对资金筹集、待遇支付、管理服务和组织实施等也进行了相应的安排。截至2021年3月,全国共有49个城市开展长期护理保险试点[②]。

---

[①] 郑秉文:《从"长期照护服务体系"视角分析长期护理保险试点三周年成效》,《中国人力资源社会保障》2019年第9期。

[②] 《全国已有49个城市试点长期护理保险》,央广网,http://news.cctv.com/2021/03/04/ARTILloLyMk3ewPfCgZf3nru210304.shtml。

2021年11月,《中共中央国务院关于加强新时代老龄工作的意见》中强调,稳妥推进长期护理保险制度试点,指导地方重点围绕进一步明确参保和保障范围、持续健全多元筹资机制、完善科学合理的待遇政策、健全待遇支付等相关标准及管理办法、创新管理和服务机制等方面,加大探索力度,完善现有试点,积极探索建立适合我国国情的长期护理保险制度。

**(九) 优化养老社会环境,消除智能技术利用障碍**

社会环境是养老服务利用的重要影响因素,构建良好的社会环境是促进养老服务利用、提高老年人生活质量的重要保障。党的十九大报告中明确提出"积极应对人口老龄化,构建养老、孝老、敬老政策体系和社会环境"。2019年11月发布的《国家积极应对人口老龄化中长期规划》将"构建养老、孝老、敬老的社会环境"作为应对人口老龄化的五项具体任务之一。党的十八大以来,优化养老服务利用社会环境方面的主要举措有以下三个点。

一是加强老年权益保障法治建设,在全社会营造养老、孝老、敬老的法治环境和社会氛围。党的十八大以来,已经三次修订(或修正)《中华人民共和国老年人权益保障法》(以下简称《老年人权益保障法》),通过修法进一步明确了老年人的基本权利,并在全社会形成了广泛参与和讨论的氛围,有力推动了养老、孝老、敬老的社会环境建设。2012年12月28日修订的《老年人权益保障法》在总则中规定,国家建立和完善以居家为基础、社区为依托、机构为支撑的社会养老服务体系。增加了社会服务一章,规定政府和有关部门、基层群众性自治组织等,要发展城乡社区养老服务,建立适应老年人需要的各类服务设施和网点,为居家老年人提供生活照料、紧急救援、医疗护理等服务。还新增了宜居环境一章,从城乡规划、无障碍建设、宜居社区建设等方面提出明确要求,力求为老年人提供安全、便利、舒适的环境。还有设立老年节，倡导全社会优待老年人，关心老年人精神需求等。这些规定都体现了在全社会营造养老、孝老、敬老的法治环境和社会氛围的价值导向。2015年和2018年又两次修正《老年人权益保障法》，以及2020年通过的《中华人民共和国民法典》都进一步明确加强了对老年人权益的保障，推动了养老、孝老、敬老的社会环境建设。2021年11月，《中共中央国务院关于加强新时代老龄工作的意见》中要求强化社会敬老：深入开展人口老龄化国情教育；实施中华孝亲敬老文化传承和创新工程；持续推进"敬老月"系列活动和"敬老文明号"创建活动，结合时代楷模、道德模范等评选，选树表彰孝亲敬老先进典型；将为老志愿服务纳入中小学综合实践活动和高校学生实践内容。加强老年优待工作，在出行便利、公交乘车优惠、门票减免等基础上，鼓励有条件的地方进一步拓展优待项目、创新优待方式，在醒目位置设置老年人优待标识，推广老年人凭身份证等有效证件享受各项优待政策；有条件的地方要积极落实外埠老年人同等享受本地优待项目；发挥广播电视和网络视听媒体作用，加强宣传引导，营造良好敬老社会氛围。

二是积极推动老年宜居环境建设，建设老年友好型社会。2016年11月，全国老龄办、发展改革委等25部门联合印发了《关于推进老年宜居环境建设的指导意见》（全国老龄办发〔2016〕73号），要求到2025年，安全、便利、舒适的老年宜居环境体系基本建立，"住、行、医、养"等环境更加优化，敬老养老助老社会风尚更加浓厚。文件提出今后一个时期老年宜居环境建设的重点任务是建设适老居住、出行、就医、养老等的物质环境和包容、支持老年人融入社会的文化环境，并提出了推进老年人住宅适老化改造、支持适老住宅建设等17项具体措施。2020年12月，国家卫生健康委印发了《关于开展示范性全国老年友好型社区创建工作的通知》（国卫老龄发〔2020〕23号），决定在全国开展示范性老年友好型社区创建工作。文件要求，到2025年，在全国建成 5000 个示范性城乡老年友好型社区，到 2035 年，全国城乡实现老年友好型社区全覆盖。文件提出了改善老年人的居住环境、方便老年人的日常出行、提升为老年人服务的质量、扩大老年人的社会参与、丰富老年人的精神文化生活、提高为老服务的科技化水平六项工作任务。2021 年 11 月，《中共中央国务院关于加强新时代老龄工作的意见》中强调打造老年宜居环境，明确要求：各地要落实无障碍环境建设法规、标准和规范，将无障碍环境建设和适老化改造纳入城市更新、城镇老旧小区改造、农村危房改造、农村人居环境整治提升统筹推进，让老年人参与社会活动更加安全方便；鼓励有条件的地方对经济困难的失能、残疾、高龄等老年人家庭，实施无障碍和适老化改造、配备生活辅助器具、安装紧急救援设施、开展定期探访。指导各地结合实际出台家庭适老化改造标准，鼓励更多家庭开展适老化改造。

三是有针对性地解决老年数字鸿沟问题，促进老年人更好地融入数字社会。2020 年 11 月印发了《国务院办公厅印发关于切实解决老年人运用智能技术困难实施方案的通知》（国办发〔2020〕45 号），力图有效解决老年人在运用智能技术方面遇到的困难，让广大老年人更好地适应并融入智慧社会。文件要求，到 2020 年年底前，集中力量推动各项传统服务兜底保障到位，抓紧出台实施一批解决老年人运用智能技术最迫切问题的有效措施，切实满足老年人基本生活需要。到 2021 年年底前，围绕老年人出行、就医、消费、文娱、办事等高频事项和服务场景，推动老年人享受智能化服务更加普遍，传统服务方式更加完善。到 2022 年年底前，老年人享受智能化服务水平显著提升、便捷性不断提高，线上线下服务更加高效协同，解决老年人面临的"数字鸿沟"问题的长效机制基本建立。同时，文件提出了做好突发事件应急响应状态下对老年人的服务保障、便利老年人日常交通出行、便利老年人日常就医、便利老年人日常消费、便利老年人文体活动、便利老年人办事服务、便利老年人使用智能化产品和服务应用七大重点任务和 20 条具体措施,并落实了部门分工。2021年11月,《中共中央国务院关于加强新时代老龄工作的意见》中要求:在鼓励推广新技术、新方式的同时,保留老年人熟悉的传统服务方式,加快推进老年人常用的互联网应用和移动终端、APP应用适老化改造;实施"智慧助老"行动,加强数字技能教育和培训,提升老年人数字素养。

## 二 近年来养老服务政策变化的主要特点[①]

### (一) 在政策定位上,由强调发展老龄事业转变为老龄事业和产业协同发展

党的十八大以来,养老服务政策在定位上出现了明显的转变,那就是从发展老龄事业逐渐明确为兼顾发展老龄事业和产业。在党的十八大以前,关于促进养老服务发展的政策基本上是在老龄事业的框架下展开的。如在"十二五"规划过程中,关于养老服务的相关规划内容都纳入2011年国务院印发的《中国老龄事业发展"十二五"规划》中。2012年召开的党的十八大则明确提出"大力发展老龄服务事业和产业",显示开始将老龄事业和产业并重。《意见》的发布更是一个要大力发展老龄产业的明确信号。到"十三五"规划时,关于养老服务的规划名称改为《"十三五"国家老龄事业发展和养老体系建设规划》,这一修改表明,老龄事业不能完全涵盖养老服务内容,在事业之外还有产业发展问题。在2017年10月召开的党的十九大进一步强调"积极应对人口老龄化,构建养老、孝老、敬老政策体系和社会环境,推进医养结合,加快老龄事业和产业发展"。这些重大政策信号表明,从政策定位上,养老服务不再只是一个老龄事业内的范畴,

---

① 林宝:《党的十八大以来我国养老服务政策新进展》,《中共中央党校(国家行政学院)学报》2021年第1期。

而是既包含了事业，也包含了产业。政策定位的转变不仅意味着政策内容的丰富，还意味着政策影响面的扩大。由于这一转变，这一时期政策密集出台，明显强调了养老服务的多层次性、供给主体的多元性、供给方式的多样性。党的十九届五中全会进一步强调"推动养老事业和养老产业协同发展"，不仅要求将老龄事业和产业并重，而且要求相互协调、协同发展。

**（二）在政策目标上，由保重点人群转变为保基本服务**

政策定位的变化也带来了政策目标的转变。在党的十八大以前，尽管也强调了社会养老服务体系建设，甚至还制定了相关的规划，但出台的具体政策并不多，养老服务政策更为关注城市"三无"和农村"五保"等重点人群的养老服务供给问题。这一点与政策定位为发展老龄事业有关，在发展老龄事业的政策环境下，政府考虑更多的是养老服务的公益性问题，在有限的资源下首先要保障重点人群的养老服务供给。在政策定位转变为发展老龄事业和产业以后，养老服务保障范围也明显扩大，从重点人群扩大至全体老年人，保障内容也逐渐明确为基本养老服务，实现了从保重点人群向保基本服务的转变。从《意见》明确提出"坚持保障基本"原则和"确保人人享有基本养老服务"，到《国务院办公厅关于推进养老服务发展的意见》提出"确保到2022年在保障人人享有基本养老服务"，都体现了养老服务政策目标已经转移到保障基本服务上。政策目标的转变意味着在公益性的基础上增加了普惠性，养老服务政策要惠及所有老年人，而非仅仅是重点人群。2019年国家发改委、民政部、国家卫生健康委等部门联合印发《城企联动普惠养老专项行动实施方案（试行）》（发改社会〔2019〕333号）里就明确强调了"普惠导向""支持面向社会大众的普惠性养老项目，为老年人群体提供成本可负担、方便可及的养老服务"。党的十九届五中全会明确要求"健全基本养老服务体系，发普惠型养老服务和互助性养老",再次明确了保基本服务的基本政策目标。

**(三) 在政策重点上,由侧重扶持机构转变为促进居家社区机构相协调**

中国社会养老服务体系在提出之初就抓住了居家、社区和机构这三个重要场所在养老中的重要作用,养老服务体系建设的目标往往围绕这三者之间的关系而展开。但是,尽管早在2006年《国务院办公厅转发全国老龄委办公室和发展改革委等部门关于加快发展养老服务业意见的通知》(国办发〔2006〕6号) 中就明确提出了"逐步建立和完善以居家养老为基础、社区服务为依托、机构养老为补充的服务体系"。实际上,在党的十八大以前,主要的扶持政策基本上聚焦在机构养老上,对于发挥居家养老的基础作用和发展社区养老服务鲜有具体政策支持。党的十八大以来,这一状况逐渐改观,在推进国民经济的供给侧结构性改革过程中,补短板成为结构性改革的一项重要内容,社区养老服务作为养老服务供给侧的明显短板,受到了极大关注。不但明确了社区养老服务发展的目标,而且提出了一系列支持措施,并开展了多轮试点,有力推动了社区养老服务的发展。政策重点已经不是仅仅侧重于支持养老机构建设和运营,而是要统筹考虑整个养老服务体系的协调发展问题,在发展养老机构的同时还必须大力发展社区养老服务,为居家养老创造良好条件。在党的十九届四中、五中全会的报告中,明确将养老服务体系建设表述为"居家社区机构相协调",这也为今后的政策重点提供了明确的指引。

**(四) 在政策内容上,由就养老论养老转变为推动医养康养相结合**

养老与医疗健康密不可分,但是在中国建立社会养老服务体系的过程中，长期忽略了医疗健康服务与养老服务之间的密切关系，就养老论养老，最后导致医养分离，养老服务体系建设难以取得突破性进展。党的十八大以来，相关政策部门深刻意识到医养结合的重要性，不断出台促进医养结合的措施，从顶层设计到简化医养结合机构登记审批程序再到试点示范等，逐步推动医养结合走向现实。同时，在社会养老服务体系中加入了医养相结合的特征。2016年5月，习近平总书记在中共中央政治局就中国人口老龄化的形势和对策举行第三十二次集体学习时强调，"要积极发展养老服务业，推进养老服务业制度、标准、设施、人才队伍建设，构建居家为基础、社区为依托、机构为补充、医养相结合的养老服务体系，更好满足老年人养老服务需求"[①]。党的十九届四中全会进一步将"医养相结合"丰富为"医养康养相结合"，提出"积极应对人口老龄化，加快建设居家社区机构相协调、医养康养相结合的养老服务体系"。党的十九届五中全会再次强调"构建居家社区机构相协调、医养康养相结合的养老服务体系"。这些文件精神表明，政策内容已经从就养老论养老向推动医养康养相结合转变，反映了养老服务政策制定的视野更为开阔，不再局限在养老服务本身，而是延伸关注到养老及影响其质量的医疗健康服务问题，体现了系统思维和问题意识。

## 三 社会养老服务体系建设的主要成效和问题

### （一）社会养老服务体系建设的主要成效

一是养老服务体系建设目标逐渐明晰。经过近年来的大力推动，中国养老服务体系建设取得了积极进展。一是经过多年探索，养老服

---

① 《中共中央政治局就我国人口老龄化的形势和对策举行第三十二次集体学习》，中国政府网，http://www.gov.cn/xinwen/2016-05/28/content_5077706.htm。

务体系建设目标已经逐渐明确。根据党的十九届四中、五中全会精神，已经明确要构建居家社区机构相协调、医养康养相结合的养老服务体系，即要建设一个结构合理、功能齐全的养老服务体系，以满足老年人养老服务需求和美好生活需要。有了明晰的建设目标，就能够进一步明确养老服务体系建设的各项任务，推动养老服务高质量发展，为实现老龄事业和老龄产业协同发展提供支撑。中国养老服务体系建设目标的逐渐明晰，经历了长期的探索，反映了随着养老服务体系建设的不断推进，对其规律性和目标指向在理论上有更深的认识，对实践有更好的把握，是这些年来养老服务体系建设成效的重要体现。最新的建设目标反映了近年来社会主义现代化建设强调统筹推进、强调问题导向的突出特点，有利于在新发展阶段站在新的起点上推动养老服务体系建设迈上新台阶。

二是养老服务政策体系逐渐成型。经过近年来养老服务体建设的不断推进，制度建设也取得了明显进展，养老服务政策体系基本成型。从养老服务供给流程来看，政策涉及市场准入、服务供给、服务监管等全流程；从养老服务类型看，政策涉及居家社区养老服务、机构养老服务等；从政策领域上看，涉及财税、土地、投融资、人才等。总之，涉及面广，几乎覆盖了养老服务体系建设的方方面面，尽管还存在许多有待完善的地方，甚至一些关键制度如长期护理保险制度建设还处于试点阶段，但总体上当前已经基本上建成了一个较为系统的政策体系，为推动养老服务高质量发展提供了必要的政策支撑。

三是养老服务供给能力明显增强。随着养老服务体系建设的不断推进，养老服务供给状况也持续改善。截至 2020 年年底，全国共有各类养老机构和设施 32.9 万个，养老床位合计 821.0 万张，比上年增加 5.9%，每千名老年人拥有养老床位 31.1 张。其中，注册登记的养老机构 3.8 万个，比上年增加 11.0%，床位 488.2 万张，比上年增加 11.3%；社区养老照料机构和设施 29.1 万个（其中，社区互助型养老设施14.7万个），社区养老服务床位332.8万张①。同时，对养老服务兜底保障力度加大。截至2020年年底，全国共有3853.7万老年人享受老年人补贴，其中享受高龄补贴的老年人3104.4万人，享受养老服务补贴的老年人535.0万人，享受护理补贴的老年人81.3万人，享受综合老龄补贴的老年人132.9万人。2020年，全国共支出老年人福利经费517亿元②。

### （三）社会养老服务体系建设存在的主要问题

与中国社会养老服务体系建设目标相对照，实际上就可以发现当前体系建设过程中存在的主要问题，表现为基础不牢、依托不稳、兜底不足、协调不够、结合不紧、政策不实。

一是缺乏家庭支持政策，导致居家养老基础不牢。社会变迁的基本趋势是家庭养老服务功能逐渐削弱，要发挥居家养老在社会养老服务体系中的基础作用，首先应该出台家庭支持政策，使家庭仍然能够在一定社会支持的情况下承担基本的养老服务功能，为老年人居家养老创造一个良好的家庭环境。但目前仍然缺乏一套比较系统的家庭支持政策去鼓励家庭成员主动承担养老责任，社会软硬环境也没有适应社会变迁而更加适老化，居家养老的基础作用仍然主要依靠家庭内部资源在苦苦支撑，养老服务体系建设中所强调的以居家为基础缺乏必要的支撑条件，使这一基础非常薄弱，抗冲击能力和承担养老功能的能力大为欠缺。

二是社区养老服务发展严重滞后，依托作用无法稳定发挥。当前社区养老服务是养老服务体系建设中的短板。由于中国养老服务体系

---

① 国家卫生健康委员会：《2020年度国家老龄事业发展公报》，http：//www.nhc.gov.cn/cms-search/xxgk/getManuscriptXxgk.htm？id＝c794a6b1a2084964a7ef45f69bef5423。
② 国家卫生健康委员会：《2020年度国家老龄事业发展公报》，http：//www.nhc.gov.cn/cms-search/xxgk/getManuscriptXxgk.htm？id＝c794a6b1a2084964a7ef45f69bef5423。

建设仍然处于初级阶段，加之在相当长的时期内存在重机构建设、轻社区服务的倾向，因此当前养老服务体系中，社区服务十分薄弱。根据第四次中国城乡老年人生活状况抽样调查，有35.06%的社区没有所列的任何社区生活类服务，39.38%的社区没有所列的任何医疗康复服务。由此可见，很大部分社区没有真正的社区养老服务，在少数开展服务的社区，也存在服务项目少、水平低、设施差、覆盖面小等一系列问题，与老年人的养老需求、与实现养老服务体系建设的目标都相差甚远。究其原因，主要有两个方面：一方面是政府有关部门在社区养老服务中的职能发挥不够。很多基层政府及有关职能部门在养老服务上对自身职责理解十分片面，仍然将自己的职责局限于服务"三无"和"五保"老人，没有意识到对所有老年人所应担负的公共服务责任，导致长期以来只局限于保障"三无"和"五保"老人的养老服务投入，对社区养老服务不投入或是投入极少，导致社区养老服务发展长期滞后。另一方面是社区养老服务资源明显不足。由于社区建设中缺少对养老服务的考虑，大多数社区养老服务的基础设施明显不足，再加之投入不足，无力通过改造、置换等方式新增养老服务场所、设施及配备相应人员，导致社区养老服务缺资金、缺场地、缺设施、缺人员，无法真正得以开展。

　　三是养老机构功能紊乱，兜底作用发挥不足。虽然机构养老在整个养老体系中的比重不高，但是却有着十分重要的作用。机构养老应该成为老年人通过居家养老和社区服务无法满足养老需求时的最后保底选择。当前的养老机构建设出现了严重的功能紊乱：公办养老院走向两个极端，一方面部分城市公办养老院成为公共养老资源的密集投放区，建设标准高、条件好，"一床难求"，已逐渐成为城市样板工程、政绩工程，同时也成为少数人享用的特殊养老服务机构，普通民众很难进入；另一方面农村敬老院建设严重滞后，条件差、服务水平低，民众入住意愿不强，甚至一些"五保"人员也不愿入住。民办养老机构整体水平参差不齐，入住率普遍偏低，存在机构床位空置率高和盈利状况差的典型特征。这种状况严重影响了机构养老的兜底作用。

四是居家社区机构之间的关系没有完全理顺，彼此之间协调明显不够。社会养老服务体系要实现各部分之间功能协调，相互配合，共同满足老年人的各类养老服务需求。理想状态下，家、社区、机构应该实现无缝衔接，依托相应的社会服务，为老年人提供覆盖各类服务需求的全链条式服务供给，使老年人在生命周期的各个阶段都可以在某个渠道获得需要的养老服务，而不会出现因从一种状态向另一状态转移导致需求变化却无法满足的情况。但目前家、社区和机构之间的关系并没有完全理顺，老年人居家养老并不能获得需要的社区和社会服务支持；当老年人必须寻求专业化的护理服务时，也难以寻找到相应的养老机构。

五是医养康养未能实现有机结合，养与医、康之间脱节严重。医疗是养老的必备条件，但是至今为止，无论是居家养老的老年人，还是机构养老的老年人，其利用医疗资源仍然存在诸多不便。主要表现在：一是社区卫生服务能力弱、实际利用率较低，导致居家养老的老年人无法就近方便地获得必要的医疗保健服务；二是大多数养老机构不具备提供医疗卫生服务的条件，也未与相关医疗机构建立紧密的合作关系，居住在这些机构的老年人获取医疗卫生服务同样十分不便；三是医疗保险制度对养老机构内部医疗机构的监管存在一些疑虑，对将这些医疗机构纳入医保定点单位持谨慎态度，同时医保异地结算仍存在一定障碍，也影响到老年人医疗服务的获得。同时，医养分属不同部门，管理缺乏统筹协调。由于"医""养"领域的公共资源由卫生、民政等不同部门分配，而且"医""养"又受到社保、财政等因素制约，各部门对相关政策的认识可能存在不一致、对相关政策调整和落实可能不同步，导致医养结合存在不少难题，康养结合比医养结合难度更大、要求更高，因此在医养结合尚且存在诸多问题的情况下，推行康养结合更是困难重重。

六是政策重制定轻落实，政策实效有待加强。近年来，为推进养老服务体系建设，政策出台的频率明显提升，但是政策重制定轻落实的倾向比较明显，以文件落实文件的情况比较普遍，一些政策在中央层面出台后，地方政策文件只是照搬中央文件的表述或是简单转述，而没有按照因地制宜的原则，结合本地区实际，提出符合本地实际情况的具体落实措施，导致一些政策空转，看似每一层级都很重视，都发了文件，但中央政策精神却无法真正落实，难以惠及相关养老服务供给参与主体和广大老年人。在政策制定到发生效果中间存在诸多环节，当前缺乏对这些环节的监督检查，从而使一些政策不能产生实效，这是推进养老服务体系建设过程中必须密切关注的问题。

# 第五章

# 养老服务发展"低水平均衡陷阱"

建设社会养老服务体系必须推动养老服务业高质量发展。只有养老服务业繁荣起来，能够提供老年人养老所需的各项服务，社会养老服务体系建设才有坚实基础。但从当前的情况来看，中国养老服务业发展十分艰难，与满足老年人多层次养老服务需求的距离还十分遥远。问题的症结到底在哪里？如何摆脱这一困境？这是本章将讨论的问题。

## 一 养老服务发展"低水平均衡陷阱"[①]

### （一）养老服务市场上的矛盾现象

正如前文所分析的那样，中国人口老龄化、城镇化、家庭变迁和收入提高等因素导致养老服务需求快速增长，无论从理论上分析，还是从现实中观察，中国都存在巨大的养老服务需求。与此同时，在社会养老服务体系建设过程中，也采取了很多促进养老服务业发展的措施，特别是近年来各级政府在推动养老服务业发展上花了很大力气，下了很多功夫。2013年9月发布的《国务院关于加快发展养老服务业

---

① 林宝：《养老服务业"低水平均衡陷阱"与政策支持》，《新疆师范大学学报》（哲学社会科学版）2017年第1期。

的若干意见》对养老服务业发展做出了整体部署，对总体要求、主要任务和政策措施进行明确规定，特别是提出了促进养老服务业发展的政策支持框架。此后还出台了系列文件来推动养老服务业发展。各地区也根据中央精神，出台了相应的地方政策文件。应该说，近年来养老服务业发展的政策环境得到了明显改善。但是，从整个养老服务业发展的状况来看，当前发展并不景气。从需求侧来看，一直是"只听楼梯响，不见人下来"，感觉很热闹，但老年人真正需要服务时，普遍很难获得满意的养老服务；从供给侧看，围城效应明显，一方面大量资本争先恐后往这个领域里挤，另一方面挤进去的企业普遍叫苦连天，很少能实现健康良性发展。至此，我们会发现在养老服务市场上产生了一个明显的矛盾现象：巨大的需求并没有带来养老服务业的高质量发展。那么，必然会引起我们的疑问：原因何在？

### （二）养老服务需求错觉与供给错位

养老服务市场存在需求与供给矛盾的现象，有市场本身的因素，也有政策导向和执行偏差的问题。进一步分析，这一现象出现的一个重要原因就是养老服务市场上存在需求错觉和供给错位。需求错觉和供给错位的核心在于对市场存在错误的判断。

1. 需求错觉

养老服务需求错觉是指在养老服务市场上人们经常错误估计了养老服务的真实需求。在分析养老服务业发展前景时，人们一直存在高估养老服务真实需求的情况。总体看来，中国目前确实存在大量的养老服务需求，但这些需求大多数是潜在需求，只有少数需求能真正成为可在养老服务市场中实现的真实需求。

毫无疑问，中国巨大的老年人口规模是养老服务需求潜力的基本保证，但是潜力只是潜力，要想成为真实需求，则受一些条件的制约：一是受需求产生条件制约，并非所有的老年人都会产生某项特定的养老服务需求；二是受需求实现条件的制约，并非所有的老年人都有能力和有条件实现自己的潜在养老服务需求。

在人们分析养老服务需求时，习惯以某个年龄（如60岁或65岁）作为进入老年的标准，但对于老年人个体而言，任何具体年龄（如60岁或65岁）只是其漫长人生中连续变化的年龄中一个点，这个点在分析时作为标志性的时间点加以突出，但在分析需求时则关系并不大，老年人并不会在这个时间点上突然产生某种需求，也就是说老年人某项需求的产生具有时间上的不确定性，在大多数情况下，老年人的需求具有延续性。具体来说，在老年人口中，大部分老年人因为健康状况较好，会因为路径依赖，依旧沿用进入老年之前的需求实现模式，即通过一般性的社会服务来满足自身需求，而非转而寻求针对老年人的特定养老服务。

更进一步，即便老年人产生了某项需求，仍然会受到一些因素的影响而无法使潜在需求变为真实的需求。一方面，需求实现受能力如收入的制约。在因身体机能老化或其他原因，必须寻求特定养老服务的老年人中，部分低收入人群因支付能力有限，可能最终放弃实现需求或只能低限度地实现需求；部分高收入人群则由于实现需求途径较多，也不一定必须通过寻求特定的养老服务来实现。另一方面，需求实现受条件的制约，如便利性的影响，当老年人试图实现某项需求而不够便利时，可能导致其放弃或延缓需求的实现，从而降低真实需求水平。

因此，与老年人口的巨大规模相比，最终通过获取特定养老服务来实现养老需求的比例非常小。过高估计养老服务真实需求的错觉将会引导有限养老服务资源的错误配置，最终降低养老服务业市场均衡水平。

2. 供给错位

养老服务供给错位是指养老服务市场上的供给与需求明显不匹

配，出现结构性的短缺或过剩现象。当前，中国养老服务业的供给侧出现了几个明显的错位现象：一是对象不准，存在"避重就轻"现象，大多数项目将服务对象锁定为服务相对简单的健康老年人，而有意无意忽视更需要服务却服务难度相对较大的失能、半失能老人。二是内容不对，存在"挂羊头卖狗肉"现象，一些项目打着养老服务旗号，却并非真正的养老服务项目；还存在"删繁就简"现象，大多提供一般化、可替代性较强的日常生活服务，而较少提供有一定专业性的照护服务。三是质量不高，存在"得过且过"现象，市场上个性化、针对性强的高质量养老服务仍然十分难寻，服务多限于满足老年人的基本需求，对老年人缺乏足够的吸引力。

供给错位很大程度上是对需求侧不了解，存在需求错觉，认为存在巨大的养老服务需求，提供任何类型任何层次的服务都应该有市场，因而不愿意或是忽视了目标群体的研究，导致养老服务供给存在一定的盲目性。供给错位也是养老服务市场分工不细、专业化程度不高的一种表现和结果，大多数企业在进入养老服务市场时，选择了门槛较低的针对健康老年人的一般性服务，但这类服务的可替代性较高，不存在刚性特征，因此吸引老年人就相对比较困难，企业难以做大做强也就成为必然。

养老服务供给错位导致有限的养老服务资源出现闲置，养老机构床位出现高空置率就是一个明显的例证。在整体供给水平较低的情况下，再出现供给错位，导致资源闲置和浪费，将大大影响有效需求的实现程度，最终显著拉低市场的供需均衡水平。

### （三）养老服务发展的"低水平均衡陷阱"

"低水平均衡陷阱"的概念来自美国经济学家纳尔森。他于1956年发表了《不发达国家的一种低水平均衡陷阱理论》一文，以马尔萨斯理论为基础，研究了不发达国家人均资本、人口增长、产出增长和人均收入增长的关系，解释了不发达国家存在的低水平人均收入反复轮回，难以增长的现象。他认为，不发达国家的人均收入水平低下，仅仅能够维持最低生活水平的需要，死亡率高，人口增长缓慢，居民储蓄水平降低。如果国民收入提高带来储蓄和投资增加，又将会导致人口增长，从而将人均收入拉回到较低的水平，这构成了不发达国家难以逾越的"低水平均衡陷阱"[①]。

"低水平均衡陷阱"的核心思想是想强调存在一种内部的自约束机制使不发达国家难以实现收入水平提升，进入更高发展阶段。如果这样去理解，这一分析框架实际上也可以用来分析养老服务业的发展，并用来解释养老服务业发展困难、难以实现高质量发展的现象。在纳尔森的人均收入"低水平均衡陷阱"中，最核心的原因是收入增长导致人口增长、人口增长引发人均收入下降的循环，使之不能迈向更高阶段。那么，在养老服务业发展过程中，是否也存在类似的自约束机制，使养老服务业一直处于"低水平均衡陷阱"之中？答案是肯定的。

深入分析养老服务的供需双方，就会发现在养老服务市场上存在一对不可调和的矛盾：养老服务相对高供给成本和老年人相对低支付水平之间的矛盾。正是由于这一矛盾的存在，导致养老服务业发展存在类似的"低水平均衡陷阱"，即养老服务业市场规模也存在难以扩大的现象。

养老服务相对高供给成本是相对一般社会服务而言的。养老服务与一般性社会服务之间的关系是比较典型的特殊性和一般性的关系。从通常的意义上来讲，特殊性服务意味着需要投入特别的资源或是技术才能实现，其复杂性往往超过一般性服务，从而需要更高的成本。

---

[①] Richard R. Nelson, 1956, "A Theory of Low-Level Equilibrium Trap in Underdeveloped Economies", *American Economic Review*, Vol. 46, No. 5, pp. 894–908.

从规模经济的角度来讲，一般性服务意味着具有比特殊性服务更大的规模，有利于实现规模经济，从而降低成本。具体到养老服务，是一项需要大量人力和具有一定专业性和技术性的社会服务，是在一般社会服务的基础上进一步考虑老年人的特殊需求而提供的服务，因此供给成本相对较高。

老年人相对低支付水平的产生有多种原因。首先，总体上老年人的收入普遍偏低，支付能力有限。第四次中国城乡老年人生活状况抽样调查数据显示，2014年老年人家庭人均月收入不足1200元，其中城镇老年人不足2000元，低于同期城镇居民人均可支配收入；农村老年人不足670元，也低于农村居民人均纯收入[①]。其次，养老服务属于生命历程进入特定老年阶段的新增需求，涉及家庭内部消费结构调整问题。在老年人的养老服务产生之前，家庭消费已经形成了稳定的结构，特别是对于一些中低收入家庭而言，一些消费具有刚性特征，在面临收入较强的约束时，消费结构调整会产生一定的困难，这样就会出现一种局面：当养老服务产生时，如果不是非常急迫，消费支出往往难以调整到位，对服务满足会产生时滞，甚至出现"凑合"的情况，压抑养老服务需求，从而不会产生实质性支出，降低支付水平。再次，高房价对消费的挤压。中国房价经过多年的上涨已经达到了相当高的水平，远远超过大部分家庭的购买能力。但是，由于人口流动频繁和注重自有住房等特征导致中国家庭购房意愿普遍较高，特别是一些地方购房几乎成为年轻人结婚的必备条件，导致许多家庭倾其全力而购房，有的甚至为此背上沉重的贷款和债务，从而降低家庭其他消费支出能力，挤压养老服务支出，降低支付水平。最后，老年人的消费习惯和意愿。一些老年人崇尚节约或是消费观念仍然比较传

---

① 林宝、王磊、韩启民、夏翠翠：《基于需求侧的老龄产业发展状况、问题及对策研究》，载全国老龄工作委员会办公室编《第四次中国城乡老年人生活状况抽样调查数据开发课题研究报告汇编（下）》，华龄出版社2018年版。

统，对花钱买服务还不适应，或是舍不得，会进一步拉低老年人养老服务支付水平。因此，在供给和需求之间就形成了一对矛盾关系，即供给方的高成本与需求方的低支付能力之间的矛盾十分突出。

这一矛盾的存在，导致养老服务业"低水平均衡陷阱"就此产生。这是因为，在没有外在因素干预的情况下，养老服务双方任何一方扩大养老服务规模的努力最终都会导致养老服务规模的萎缩。当供给方试图降低价格以获得更多的消费者时，低价格必然导致供给方要降低成本，在高成本具有刚性性质时，降低成本意味着必须降低服务质量，而服务质量的下降则又会带来需求的下降，进而造成整个养老服务市场的萎缩。当需求方试图按照与供给成本相适应的价格购买养老服务时，由于存在收入约束，一项需求的满足可能会导致另一项需求无法满足，最终导致对需求的抑制，引起养老服务市场规模的萎缩。因此，养老服务业只能在"低水平均衡陷阱"中徘徊。

## 二 政策支持与"低水平均衡陷阱"[①]

由于养老服务业供需之间矛盾的存在，依靠市场自身力量突破"低水平均衡陷阱"十分困难，要想在较短时间内实现养老服务业的发展突破，必须有外在的政策支持。

发展养老服务业是建设养老服务体系的关键，是整个养老服务体系存在的基础，对养老服务业进行政策支持具有理论逻辑和现实逻辑。从理论上看，养老服务具有准公共产品属性[②]，对其进行政策支持是发挥其基本属性所决定的。与此同时，发展养老服务业还具有很重要的现实

---

① 林宝：《养老服务业"低水平均衡陷阱"与政策支持》，《新疆师范大学学报》（哲学社会科学版）2017年第1期。
② 张车伟、林宝、杨舸：《"十三五"时期老龄化形势与对策》，社会科学文献出版社2016年版。

意义。2013 年发布的《国务院关于加快发展养老服务业的若干意见》指出，加快发展养老服务业，不断满足老年人持续增长的养老服务需求，是全面建成小康社会的一项紧迫任务，有利于保障老年人权益，共享改革发展成果，有利于拉动消费、扩大就业，有利于保障和改善民生，促进社会和谐，推进经济社会持续健康发展。因此，对养老服务业发展提供政策支持，不仅是养老服务业摆脱"低水平均衡陷阱"的需要，同时也是体现其准公共品属性和重要现实意义的需要。

## （一）支持养老服务业发展的政策框架

促进养老服务业发展的支持政策必须以解决"低水平均衡陷阱"为主要取向，重点是要解决养老服务中供给侧的高成本与需求侧的低支付能力之间的矛盾。因此，政策的着力点有两个：一是从需求侧着手，重点是"提低"，即要提高老年人的养老服务支付能力或是分担其支付负担；二是从供给侧着手，重点是"削高"，即要降低养老服务的供给成本。

### 1. 需求侧支持政策

需求侧的支持政策有两个层次：第一层是如何提高老年人的收入水平，第二层是如何分担老年人利用养老服务的负担。

在现代社会，老年人收入保障是一个多层次的体系。首先老年人收入保障依赖于公共养老金体系，通过建设一个广覆盖的公共养老金体系，可为大部分老年人提供可维持社会基本水准的收入保障；其次是个人储蓄，当养老金体系所提供的公共养老金不足以满足老年收入保障的需要时，个人年轻时的储蓄将成为重要的收入保障，对个人养老储蓄的支持也可以成为公共政策的一部分；再次是家庭成员的经济支持，在传统社会，家庭成员的经济支持是老年人收入的主要保障形式，在现代社会，家庭成员的经济支持仍然是老年人收入的重要来源，从政策角度，可以通过一些措施如税收政策鼓励家庭成员对老年人进行支持；最后，在上述多种来源仍然无法保障老年人有足够的收入时,则可启动最后一道社会安全网——社会救助。社会救助包括临时性的救助措施和长期性的救助制度——最低生活保障制度。这些多层次的收入保障机制最终使老年人可获得基本收入保障。当这些制度所保障的收入水平无法保证老年人获得基本的养老服务时,就有必要推动制度变革,以提高老年人的收入水平,确保老年人能满足基本的养老服务需求。

分担老年人利用养老服务的负担一般是通过社会保险机制实现的。社会医疗保险制度可以分担老年人的部分医疗费用和医疗护理费用,长期护理保险制度则可分担老年人的长期照护费用。这些费用分担机制,可以降低服务利用的门槛,增加老年人的服务利用能力,最终扩大服务利用量。

2. 供给侧支持政策

同样,养老服务供给侧的支持政策也有两个层次:第一层维护公平的市场环境,确保不额外增加养老服务供给成本;第二层是直接降低养老服务供给的成本。

公平的市场环境是产业获得大发展的保障,也是确保没有额外成本负担的必要条件。公平的市场环境是指即便没有给予养老服务业发展更为优惠的政策措施,起码也必须为养老服务业各供给主体提供一个公平竞争的市场环境,在市场准入和产业政策上维持公平、公正,保障各类主体在市场上自由竞争。

降低养老服务的供给成本也涉及一个多层次的政策机制。首先,可以降低养老服务供给的交易成本。一方面在市场准入等涉及行政审批事项上,尽量简化程序,减少环节,甚至还可以对养老服务企业在一些特定事项上提供优先权利,节约养老服务供给方的时间成本和交易成本;另一方面可建立相应的信息沟通机制,建立起养老服务供给方和需求方之间的桥梁,降低二者之间因信息不对称而产生的交易成本,或是采用政府购买的形式,直接促成供需双方的交易行为。其次，直接降低养老服务供给的直接成本。可采取的政策措施包括优惠、免费和财政补贴等。如可以对养老服务企业进行税费减免，对其使用的水、电、土地或公用设施费用实行优惠措施，对养老服务提供实行直接的财政补贴等。

表 5-1　　　　　　　　支持养老服务业发展的政策框架

| | 需求侧政策 | | 供给侧政策 | |
|---|---|---|---|---|
| 多层次的老年人收入保障机制 | 养老金制度<br>个人储蓄激励政策<br>家庭经济支持激励政策<br>临时社会救助<br>最低生活保障制度 | 维持公平的市场环境 | 准入政策<br>市场规则 |
| 养老服务负担分摊机制 | 基本医疗保险制度<br>长期护理保险制度 | 多层次的服务成本下降机制 | 简化程序、优先<br>信息沟通机制<br>优惠、减免<br>财政补贴 |

资料来源：笔者自制。

### （二）政策支持对供需均衡的影响

无论是需求侧还是供给侧的支持政策都有利于养老服务业摆脱"低水平均衡陷阱"，实现市场规模的扩张。下文分析政策支持对养老服务业供需均衡的影响。

图 5-1 显示了政策支持对养老服务供需均衡的影响。其中，s 为养老服务供给曲线，d 为养老服务需求曲线，当养老服务为完全市场行为时，均衡点为 A，此时的均衡价格为 $P_0$，市场规模为 $Q_0$，此时即处于我们前文所称的"低水平均衡陷阱"阶段。

当在需求侧有政策支持时，即老年人的支付能力增强，可承受更高价格的养老服务或是在相同价格水平上可承受更多的养老服务，此时需求曲线向右移动达到 d′ 处，与供给曲线 s 在 C 点达成新的平衡，此时的市场规模为 $Q_2$，跳出了"低水平均衡陷阱"。当在供给侧有政策支持时,养老服务供给成本下降,即可以一个更低的价格提供养老服务,此时供给曲线 s 向下移动到达 s′处,与需求曲线 d 在 B 点达成新的平衡,此时的市场规模为 $Q_1$,跳出了"低水平均衡陷阱"。当需求侧和供给侧同时有政策支持时,需求曲线 d 向右移动至 d′处,供给曲线 s 向下移动至 s′处,二者在 D 点达成新的平衡,此时的均衡价格为 $P_3$,市场规模为 $Q_3$,进一步远离"低水平均衡陷阱"。

因此,政策支持对养老服务业而言至关重要,政策支持通过对养老服务支付能力和成本的改变,最终将直接打破养老服务业的"低水平均衡陷阱",促进养老服务业的发展。

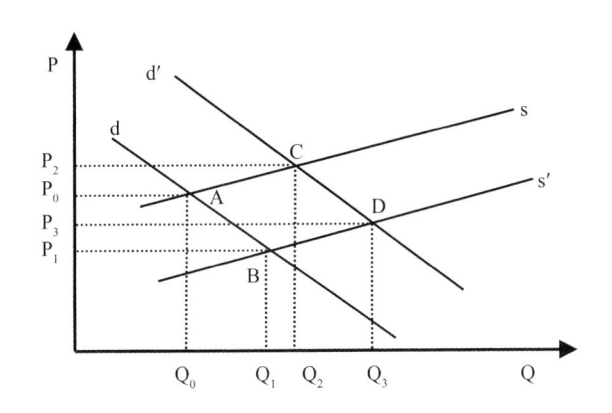

图 5-1 政策支持对供需均衡的影响

资料来源:笔者自制。

## 三 走出"低水平均衡陷阱"的政策启示[①]

当前,为促进养老服务业发展,已出台一系列政策措施。对照上文分析的促进养老服务业发展的政策框架,可以发现,目前中国养老

---

① 林宝:《养老服务业"低水平均衡陷阱"与政策支持》,《新疆师范大学学报》(哲学社会科学版)2017 年第 1 期。

服务政策在供需两侧都存在问题：在需求侧，政策关注不够；在供给侧，政策落实不力。要走出养老服务业的"低水平均衡陷阱"，必须继续加强供需两侧的制度建设。

### （一）继续完善老年收入保障机制和服务负担分担机制，提高老年人养老服务的支付能力

首先，要重点提高城乡居民基本养老保险制度的保障水平。养老金制度是老年人收入保障最重要的体系。当前，中国养老金体系仍然存在较多的问题，影响了对老年人收入的保障程度。尽管近年来实现了制度并轨，养老金体系被整合为城镇职工基本养老保险和城乡居民基本养老保险两个制度，并在二者之间建立了衔接机制；但是，由于制度是由原来的"碎片"整合而来，原有制度造成的实质性隔阂仍然存在，不同老年人的保障水平差异较大，特别是城乡居民基本养老保险制度支付水平还很低，对老年人的收入保障水平较低。尽管中国养老金体系还面临继续推进制度整合、扩大覆盖面、参数合理化等一系列改革任务，但是从老年人收入保障角度考虑，下一步应重点提高城乡居民的养老保障水平，建立城乡居民基本养老保险基础养老金与城乡居民收入或消费水平的挂钩机制，合理确定基础养老金保障水平，并建立基础养老金有序增长的调节机制。

其次，要出台鼓励个人养老储蓄和家庭成员提供经济支持的政策措施。年轻时的个人储蓄应该成为老年期收入的重要保障，应出台一些鼓励个人养老储蓄的措施，如优惠利率、减免税等。同时家庭内部的支持也是老年人收入的重要来源，世界银行在其提出的多支柱模式中，将这作为其五个基本要素之一[①]。

---

① 罗伯特·霍尔茨曼等：《21世纪的老年收入保障——养老金制度改革国际比较》，郑秉文等译，中国劳动社会保障出版社2006年版。

再次，要夯实社会救助特别是最低生活保障制度的托底功能，真正做到"应保尽保"。中国的最低生活保障制度自实施以来，在履行社会政策的托底功能方面发挥了较大的作用，但是目前最低生活保障制度同样存在诸多问题，一是保障水平较低，二是保障对象不精准，三是"因钱施保"（根据资金量确定施保人数和水平）现象较为普遍，"应保尽保"并未真正实现。下一步，应继续完善城乡低保制度，合理确定低保标准，并建立相应的调整机制，特别是要提高精准度，把真正有困难的人群纳入保障范围，真正实现"应保尽保"。

最后，要建立长期护理保险制度，分担养老服务利用负担。长期护理保险制度是为那些因老年、疾病或伤残导致丧失日常生活自理能力而需要被长期照顾的人提供护理费用或护理服务的保险制度。长期护理保险制度可以实现需要护理服务者和不需要护理服务者之间的社会共济，可有效分担服务利用者的负担，降低服务利用门槛，有效扩大养老服务利用规模，对走出养老服务业"低水平均衡陷阱"有至关重要的作用。中国目前开展长期护理保险试点已经5年多，应该及时总结经验，建立全国统一、城乡一体的普惠性、福利性和强制性长期护理保险制度。

## （二）加强政策实施与评估，确保现有各项政策得到落实

从已经出台的政策看，养老服务业供给侧的政策比较丰富，从规范市场环境、简化程序、优先、优惠、减免、补贴等政策基本都已采用。如在《国务院关于加快发展养老服务业的若干意见》（国发〔2013〕35号）中，提出了统筹规划发展城市养老服务设施、大力发展居家养老服务网络、大力加强养老机构建设、切实加强农村养老服务、繁荣养老服务消费市场、积极推进医疗卫生与养老服务相结合六大任务，完善投融资政策、完善土地供应政策、完善税费

优惠政策、完善补贴支持政策、完善人才培养和就业政策、鼓励公益慈善组织支持养老服务六个方面的政策措施。此后又出台了一系列的措施，但是，目前一些政策仍然没有得到很好的实施，一些养老服务供给的参与者并不能顺利享受某些政策，必须切实采取措施，改变当前政策虽多却无法落地的状况。在养老服务政策总体框架基本成型的前提下，下一步应该将工作的焦点更多转向推动政策的具体实施，让前期制定的各项政策落地。这既有利于维护政策的权威性，又有利于提升政策的有效性，更好地将养老服务政策红利释放出来。为此，必须系统梳理现有政策，总结实施情况，排除实施障碍，切实推动政策实施。要重点从两个方面推进这一工作。

第一，明确政策落实责任。要将落实不到位的政策内容和主要障碍，根据部门分工和职责划分，明确到具体政府部门，重点督促落实。不同层级政府应以责任清单的形式，明确各项养老政策实施的责任主体、落实形式和具体安排，确保每一项政策都有牵头负责单位、具体责任要求和落实时间表。同时，向社会公布责任清单，由社会监督政策实施情况，以推进实施进程和确保实施效果。

第二，加强政策检查和评估。应该将检查和评估作为政策实施的一个必要环节和重要内容，抓住重要政策内容、重要时间节点对各地区的政策实施情况进行检查和评估。检查和评估的重点有两个：一是各地区的落实政策情况，二是政策的合理性和实施效果，前者在于推动政策落地，后者在于矫正政策执行偏差和完善后续政策设计。通过政策检查与评估，增强各部门在出台各领域政策时的协调性，实现政策实施事前、事中和事后的统一，使整个政策实施过程系统化，更好实现政策目标。要建立对政策实施不力的问责机制，要根据政策实施检查结果，对不落实或是消极落实政策的相关责任人及时问责，形成约束，增强相关责任人履职自觉性，确保切实履行政策落实责任。

当然，政策落实是一方面，另一方面在供给侧还必须进行结构性改革，进一步促进养老服务供给主体多元化和供给机制市场化，极大丰富养老服务供给，提供养老服务供给质量。后文将专章重点分析养老服务供给侧结构性改革问题。

# 下 篇
## 改革思路与政策建议

# 第六章

# 以辩证思维处理好养老中的"六大关系"

社会养老服务体系建设之所以出现上述种种问题，关键在于没有处理好社会养老服务体系建设中的一些重要关系，导致一些政策措施目标不明确、针对性不强，无法有效解决问题。概括起来，建设社会养老服务体系重点要以辩证思维处理好经济建设与社会建设、政府主导与社会参与、老龄事业和老龄产业、老人自助和社会帮助、城镇养老服务与农村养老服务、服务重点人群与服务一般人群六个关系[①]。

## 一 经济建设和社会建设的关系

经济建设和社会建设同属"五位一体"总体布局的重要内容。党的十八大报告指出，建设中国特色社会主义，总依据是社会主义初级阶段，总布局是"五位一体"，总任务是实现社会主义现代化和中华民族伟大复兴。党的十八大报告对"五位一体"总体布局的阐述是，全面落实经济建设、政治建设、文化建设、社会建设、生态文明建设五位一体总体布局，促进现代化建设各方面相协调，促进生产关系与生产力、上层建筑与经济基础相协调，不断开拓生产发展、生活富

---

① 林宝：《建设以老年人为中心的多层次社会养老服务体系》，《科学中国人》2012年第18期。

裕、生态良好的文明发展道路。因此，经济建设与社会建设需要协调发展是"五位一体"总体布局的要求。

经济建设与社会建设具有十分紧密的联系。经济建设直接作用于经济基础，社会建设则可归属于上层建筑。按照马克思主义的观点，经济基础决定上层建筑，上层建筑可以反作用于经济基础。按照这个基本原理，在经济建设和社会建设的关系中，经济建设起决定性作用，是基础；社会建设则会反作用于经济建设，有重要影响。经济建设和社会建设是相互依存、相互促进的关系。经济建设可为社会建设创造基本的物质条件，社会建设可为经济建设创造良好的环境，二者应该相辅相成。自改革开放以来，中国长期坚持以经济建设为中心，有力推动了社会经济发展，但在相当长的时期内也在一定程度上对社会建设有所忽视，存在社会建设滞后于经济建设的现象。有研究指出，中国的经济建设是否能够得以顺利进行，愈益取决于社会建设进行得如何，优化社会结构、改善民生以及维护和促进社会公正对于经济建设来说，分别具有必不可少的支撑、拉动、定向的意义[①]。

在养老服务体系建设过程中，必须处理好经济建设和社会建设的关系。一方面，社会养老服务体系建设是社会建设与经济建设的结合，社会养老服务体系建设内容既包含有经济建设，也包含社会建设。其中既有长期护理保险制度、基本养老服务制度等社会政策和制度建设的部分，也有养老服务业、老龄用品等经济建设部分，二者同为一体，是社会养老服务体系建设的有机组成部分。这些部分之间需要相互协调，彼此配合。只有在社会养老服务体系建设内部实现了经济建设与社会建设的统筹推进、协调发展，才有可能真正实现社会养老服务体系"居家社区机构相协调、医养康养相结合"的目标，保障

---

① 吴忠民：《经济建设愈益离不开社会建设》，《天津社会科学》2019年第3期。

老年人养老服务需求得到满足。

另一方面,社会养老服务体系建设整体上需要处理好与经济发展水平之间的关系。社会养老服务体系建设整体上应该与经济发展水平相适应,既不应该超前于经济发展水平盲目发展,也不宜过低于经济发展水平滞后发展。盲目发展会使之失去可持续性,滞后发展则可能无法满足人民群众的养老需求。要确保根据经济发展水平,不断提高养老服务体系建设的标准和投入,始终使社会养老服务体系提供的产品和服务跟上经济发展步伐,满足老年人美好生活需要。但也应该注意,适合养老服务体系建设与经济发展不可能完全同步,因此需要在一个合理的周期内考虑二者相适应的问题。考虑到社会建设经常滞后于经济建设的现实,在正常情况下,社会养老服务体系建设应该根据社会经济发展趋势有一定的前瞻性。

经济建设和社会建设之间的关系是贯穿于社会养老服务体系建设过程中的重大关系问题,必须始终放在重要位置。同时,处理经济建设和社会建设的关系还必须有全局观念,要始终把这对关系放在总体布局的大框架下加以考虑和妥善处理。

## 二 政府主导和社会参与的关系

在《"十三五"国家老龄事业发展和养老体系建设规划》的指导思想中明确提出"坚持党委领导、政府主导、社会参与、全民行动,着力加强全社会积极应对人口老龄化的各方面工作"。《中共中央、国务院关于加强新时代老龄工作的意见》在"坚持党委领导、各方参与"的原则之下,强调"在党委领导下,充分发挥政府在推进老龄事业发展中的主导作用,社会参与,全民行动,提供基本公益性产品和服务"。其中,党委领导和全民行动比较容易理解,政府主导和社会参与则不容易把握好"度"。政府主导的"度"在哪里?社会参与的

"度"又在哪里？社会养老服务体系建设作为积极应对人口老龄化工作的一项重要内容，也面临着如何处理好政府主导和社会参与的关系问题。

处理养老服务体系建设中的政府主导和社会参与的关系，实质上是要处理养老服务体系建设中政府与市场的关系。近年来，随着对养老服务问题认识的深入，这一问题在总体原则上已经逐渐清晰。党的十八届三中全会明确提出市场在资源配置中起决定性作用。在养老服务领域，2013年《国务院关于加快发展养老服务业的若干意见》（国发〔2013〕35号，以下简称《意见》）提出"充分发挥市场在资源配置中的基础性作用"，因为这一文件出台在党的十八届三中全会之前，所以沿用了之前的提法。2015年民政部、发展改革委、教育部等十部委联合发布《关于鼓励民间资本参与养老服务业发展的实施意见》（民发〔2015〕33号）中明确提出该文件的出台就是为了落实《意见》精神，充分发挥市场在资源配置中的决定性作用。这些表明，在宏观层面上已经对政府和市场的关系有明确的界定。《中共中央、国务院关于加强新时代老龄工作的意见》中对政府主导和发挥市场机制作用有明确的表述。

但是，在实际操作中，如何处理政府主导和社会参与的关系仍然需要进一步明确。正如前文所言，处理好政府主导和社会参与的关系关键在于把握好二者的"度"，而把握好"度"的前提则是明确政府在养老服务体系建设中的职责，以及社会各方参与养老服务体系建设的行为边界。根据政府与市场关系的总体原则和养老服务发展的特点，政府主导主要是正确履行公共服务职能，保障体系建设沿着正确的方向、按照合适的节奏健康发展，重点在规范、谋划和引导，为社会参与创造良好的条件，不宜参与过多的具体养老服务供给。社会参与则主要是在政策法规的规范下各主体参与养老服务的提供，可通过市场化、社会互助、志愿服务等多种方式扩大养老服务和产品的供给及增加其丰富性和多样性。社会养老服务体系建设是一项关系重大的社会工程，需要社会各方的积极参与，政府应尽可能动员一切社会力量参与养老服务供给。

社会参与的关键是如何设定市场准入条件和市场规范。近年来，中国养老服务准入门槛已经大大降低，为社会参与创造了良好的条件。2016年12月，《国务院办公厅关于全面放开养老服务市场提升养老服务质量的若干意见》（国办发〔2016〕91号）发布，从降低准入门槛、放宽外资准入、精简行政审批环节等方面对全面开放养老服务市场提出了明确要求。2019年4月发布的《国务院办公厅关于推进养老服务发展的意见》（国办发〔2019〕5号）再次强调全面落实外资举办养老服务机构国民待遇。下一步，应重点落实这些文件精神，继续消除阻碍各主体参与养老服务市场的隐性障碍，推动养老服务市场全面开放。在市场规范方面，近年来也进行了一系列的制度建设，应进一步加强服务标准和规范制定，引导养老服务规范化、高质量发展。

因此，政府主导和社会参与是建设社会养老服务体系不可或缺的两股力量，二者并不矛盾，相反可以通过政府合理履行职责，制定合适的市场准入条件和市场规范达到有机统一。

## 三 老龄事业和老龄产业的关系

近年来，党的多次重要会议关注了老龄事业和老龄产业问题。党的十八大报告提出"积极应对人口老龄化，大力发展老龄服务事业和产业"。党的十九大报告提出"积极应对人口老龄化，构建养老、孝老、敬老政策体系和社会环境，推进医养结合，加快老龄事业和产业发展"。党的十九届五中全会进一步强调"推动养老事业和养老产业协同发展"。从几次会议看，有老龄服务事业和产业、老龄事业和产业、养老事业和养老产业不同的提法，严格来说，不同提法的含义也略有不同。相对而言，老龄事业和老龄产业涵盖范围更广，这里以这对概念来展开论述。总之，这些重要会议对老龄事业和老龄产业关系的关注表明，处理好这对关系在养老服务体系建设中具有十分重要的意义。

处理好老龄事业和老龄产业的关系首先必须厘清事业和产业的区别和联系。一般认为，事业具有公益性特征，由政府负有产品和服务供给义务，关注基本需求；而产业则具有营利性特征，由市场机制来供给产品和服务，关注基本需求之外的更高层次需求。这种将政府和市场完全割裂开来的划分方法过于绝对，实际上，政府负有义务的事业部分，仍然可以用市场机制，通过产业的方式来实现；而产业部分，也并非与政府毫不相干，而是同样负有一定的通过合适的产业政策促进其发展的义务。区分事业和产业的标准还是应该从政府的公共服务职能和保障基本需求的角度来理解，属于政府公共服务职能范围内、保障基本需求的属于事业，而其他一般性社会服务则可以理解为产业范畴。

老龄事业与老龄产业具有相互依存、相互促进的关系。一方面，老龄事业是老龄产业的重要基础。老龄产业的发展是从老龄事业逐渐向外拓展的，没有老龄事业的发展，老龄产业也就失去了存在的根基。老龄事业关注基本需求，一般情况下，只有在基本需求得到满足的前提下，才有更大可能去追求更高层次需求的满足，才能真正带动老龄产业的蓬勃发展。另一方面，老龄产业是老龄事业的重要依托。老龄事业的发展离不开老龄产业的支持，只有在一个产业相对发达、产品和服务供给相对丰富的环境下，老龄事业才能摆脱低水平，实现高质量发展。概括起来，老龄事业和老龄产业就像是两个轮子，互相推动，彼此成就。

养老服务体系建设是老龄事业和老龄产业的结合，必须实现二者协同发展。养老服务发展既是一项造福广大老年人的事业，也是一个正在兴起的产业。在整体上，必须明确养老服务具有公共性的特征，应该吸取前些年教育和医疗产业化所带来的教训，坚持把基本养老服务纳入公共服务范畴，作为老龄事业的一项重要内容来抓。同时，也必须看到，为了丰富人民群众不同层次的需求，需要依靠市场机制发展养老产业来提供多层次的养老服务。党的十九届五中全会强调"推动养老事业和养老产业协同发展"正是养老服务体系建设进入新阶段的迫切需要。当前，中国养老事业和养老产业主管部门较多，要落实中央精神必须加强各部门之间的协调和配合，提高政策的协调度和有效性。

## 四 老人自助与社会帮助的关系

无论是在中国传统社会，还是在现代社会，养老首先是老年人自己的事，老年人要实现自助，在老年人自助无法满足养老需求时就需要来自他人和社会的帮助。一般情况下养老是以自助为基础、以社会帮助为补充的过程，但在自理能力受损时，社会帮助就需要发挥更大的作用。因此，养老服务应该是老人自助和社会帮助的统一。

从个体角度来理解，老年人自助是指老年人自身的自理和自立；从群体角度来看，老年人之间的互助，也可以看作老年人的自助。充分发挥老年人自身养老作用是解决我国养老问题的必然要求，为此必须增强老年人的自我养老能力。有两个层面：在个体层面，要增强老年人的自我养老能力。为此，必须提高老年人健康水平和自理能力，并为老年人提供良好的养老环境。要通过推进医养康养相结合，开展全民健康教育，促进健康知识普及和疾病预防，进而提高老年人健康水平，延长老年人自理时间和提高自理能力，缩短带病生存期和失能期，减少老年人对社会服务的依赖。还要通过家庭、社区和公共场所的无障碍环境建设，为老年人提供适老化的居家、社会生活环境；通过代际支持、老年教育和培训等帮助老年人掌握新技术和适应新环境，增强老年人的社会环境适应能力。在群体层面，要鼓励老年人之间的互助养老。应充分利用低龄老年人力资源，优化制度设计，通过荣誉奖励、时间银行、设立公益岗位等措施鼓励老年人开展亲友互助、邻里互助、志愿服务，参与养老服务，实现老年人之间的互助养老。特别是在农村地区，年轻人大量外流，留守老人数量巨大，社会养老服务供给缺乏，更应该大力发展老年人之间的互助养老，应把互助养老作为解决农村养老服务的一种重要思路和途径加以支持，借鉴农村专业合作社的发展经验积极探索建立农村互助养老合作组织和互助养老模式，待成熟后可在更大范围内推广[①]。

社会帮助是在老人需要寻求外界帮助时及时提供社会化的养老服务，对老人而言，社会帮助应该随时待命，一旦需要，及时提供。这就要求建设健全的社会养老服务体系，有较为发达的社会养老服务业，能够为老年人提供多层次的养老服务。为此，必须继续大力推动社会养老服务体系建设，实现养老服务业高质量发展。近年来为此采取了一系列措施，但是总体上养老服务体系建设仍然处于较低水平，养老服务业发展仍然处于"低水平均衡陷阱"之中，必须从供需两侧进一步优化政策支持体系，提高养老服务市场的均衡水平，实现养老服务高质量发展。此外，社会组织和年轻群体提供的志愿服务也是社会帮助的一部分，是社会养老服务体系的有机组成部分。要培育一批社会组织和青年志愿组织开展养老服务，进一步丰富养老服务供给。

老人自助和社会帮助都是社会养老服务体系不可缺少的一环。没

---

① 林宝：《党的十八大以来我国养老服务政策新进展》，《中共中央党校（国家行政学院）学报》2021年第1期。

有老人自助，单纯依赖社会帮助，社会与养老服务需求将急剧增长，成为不可承受之重；没有社会帮助，老年人将退回到家庭养老的传统模式之中，最终使家庭不堪重负。只有实现了老人自助和社会帮助的有机统一，建设社会养老服务体系才有成功的可能。

## 五 城镇养老服务与农村养老服务的关系

城乡二元结构是中国社会的典型特征，也是当前的基本国情。促进城乡融合发展已经成为新时代城乡关系改革的重要方向。2019年发布的《中共中央国务院关于建立健全城乡融合发展体制机制和政策体系的意见》明确提出"重塑新型城乡关系，走城乡融合发展之路，促进乡村振兴和农业农村现代化"。为此，提出了三个阶段的发展目标：到2022年，城乡融合发展体制机制初步建立。城乡要素自由流动制度性通道基本打通，城市落户限制逐步消除，城乡统一建设用地市场基本建成，金融服务乡村振兴的能力明显提升，农村产权保护交易制度框架基本形成，基本公共服务均等化水平稳步提高，乡村治理体系不断健全，经济发达地区、都市圈和城市郊区在体制机制改革上率先取得突破。到2035年，城乡融合发展体制机制更加完善。城镇化进入成熟期，城乡发展差距和居民生活水平差距显著缩小。城乡有序流动的人口迁徙制度基本建立，城乡统一建设用地市场全面形成，城乡普惠金融服务体系全面建成，基本公共服务均等化基本实现，乡村治理体系更加完善，农业农村现代化基本实现。到本世纪中叶，城乡融合发展体制机制成熟定型。城乡全面融合，乡村全面振兴，全体人民共同富裕基本实现。

在养老服务方面，城乡差异更为严重，促进城乡融合发展的任务更为繁重。第六次全国人口普查数据就显示，中国农村人口老龄化具有程度高于城镇、速度快于城镇、地区差异大于城镇、老年人口多于城镇等特征,应对农村人口老龄化更为急迫,任务也更为艰巨①。第七次全国人口普查结果显示,从全国看,乡村60岁、65岁及以上老年人口的比重分别为23.81%、17.72%,比城镇分别高出7.99个、6.61个百分点。与2010年相比,60岁、65岁及以上老年人口比重的城乡差异分别扩大了4.99个和4.35个百分点,城乡差异扩大进一步凸显了应对农村人口老龄化的紧迫性②。但当前现实情况是农村的人口老龄化程度更高,养老服务却更为薄弱。

农村养老服务基础差、发展慢有其客观的原因。一是农村居民居住分散,基础设施差,政府公共服务以及竞争性的社会服务供给成本都很高,客观上造成服务供给滞后;二是长期以来在政策上也是更多支持城镇地区养老服务业的发展,对农村养老问题及养老服务供给问题无论在认识上,还是在政策上都存在较大不足;三是农村传统家庭养老仍然具有较强的支持力度,容易让人把这看作理所当然或是认为服务需求不是很急迫,从而忽略公共养老服务和社会养老服务的供给;四是农村社会经济发展水平较低,农村老年人对养老服务的支付能力相对较弱,也制约了农村养老服务的发展。

应该认识到,当前农村经济发展水平、社会服务水平等都严重滞后,农村人口老龄化必将带来更为严峻的挑战,不仅将影响农村老年人的需求满足和生活质量,而且将严重影响脱贫攻坚成果的巩固和乡村振兴战略的实施。当前一些地方政府在建设养老服务体系时仍然将重点放在城镇地区,显然会进一步加大城乡养老服务的差距。在养老服务体系建设中,应该重点考虑薄弱的农村,加大对农村养老服务的投入,创新服务模式,要建立以城补乡、以城带乡、促进城乡养老服务融合发展的机制。从长远看,应该建设城乡一体的社会养老服务体

---

① 林宝:《中国农村人口老龄化的趋势、影响与应对》,《西部论坛》2015年第2期。
② 林宝:《积极应对人口老龄化:内涵、目标和任务》,《中国人口科学》2021年第3期。

系，增加农村老年人养老服务的可及性和可获得性，实现城乡基本养老服务均等化和养老服务协同发展。

建设城乡一体社会养老服务体系的关键是要打破城乡二元分割格局，实现城乡老年人的养老服务可以由同一个服务体系提供，二者可得到同样的服务水平、同样的服务可及性。当然同样的服务水平和同样的服务可及性并不一定意味着二者获得的服务绝对等同，由于城乡之间收入水平、生活成本和服务成本等方面的差异，不一定要求完全绝对等同，重点是要实现同一制度框架。服务水平可以采用相对水平或绝对水平两种衡量标准，如规定某项服务可分别达到城乡的平均水平就是一种相对衡量口径。在服务可及性上要保障服务内容相同，在获得服务的及时性上可适当灵活，如农村由于居住相对分散，时间可能会更长一些，但服务的到达时间也必须限定在一定的范围内等。当然，在实际操作时，也可对城乡服务成本的差异进行科学测算，在服务时实行同质同价，农村部分成本较高养老服务的差价由政府进行补贴，或是城乡打捆，以城补乡，真正实现城乡一体。

## 六 服务重点人群与服务一般人群的关系

中国社会养老服务体系是从服务重点人群开始的，即从城市"三无"和农村"五保"老人开始，其特点是服务人群的覆盖面小、服务由政府直接提供，主要是承担公益性的兜底保障功能。这一方面使养老服务的对象过少，相应地限制了养老服务的市场容量，降低了养老服务业的吸引力，不利于养老服务产业的发展；另一方面，使养老服务的影响范围相对狭窄，影响了养老服务体系的整体效果。

养老服务体系服务的目标人群应该逐渐从重点老人扩展到一般老人。养老服务体系建设需要定位在以全体老年人为服务对象，为全体老年人提供丰富、优质的养老服务产品为目标，满足全体老年人的多层次、多样性的服务需求。但是，正是由于老年人养老服务需求的多层次性，必须建立基本养老服务制度，确定优先保障的服务范围。2021年9月26日，民政部在北京召开全国基本养老服务体系建设推进电视电话会议，对基本养老服务进行了明确的界定：基本养老服务核心目的是从制度上保障全体老年人的基本生存发展权，保证全体老年人在享受基本养老服务上机会均等、规则公平；基本养老服务应当以满足失能照护需求为核心，以保障生活安全为底线并动态调整，避免老无所养、老无所依，防止出现冲击社会道德底线的现象；基本养老服务应突出政府供给保障的主体地位并发挥市场、社会、家庭和老年人自身作用，通过政府主导、家庭尽责、市场和社会参与的有机统一，让所有老年人都能享受到基本的养老服务保障[1]。在基本养老服务优先保障的基础上，鼓励社会力量发展多层次的养老服务，最终建成多层次的社会养老服务体系。

养老服务目标人群从重点人群向一般人群的扩展，并不影响对重点人群的重点保障。在基本养老服务制度和多层次养老服务体系中，贫困、失能、高龄等重点人群的养老服务需求同样可以得到保障。扩展到一般人群的关键政策含义是应该以需求状况来确定养老服务保障程度，而非根据经济状况和家庭支持状况来确定养老服务保障程度。经济保障功能应该由社会保险制度和社会救助制度来完成，而非由基本养老服务制度来实现。基本养老服务制度应确保所有存在基本养老服务需求的人都可以通过正常渠道比较顺利地获得相应服务，区别只是在于一些老年人获得服务是靠自己支付，有的可能是靠家庭支持，还有一些则需要社会救助。

基本养老服务制度可以依托长期护理保险制度而建立。长期护理

---

[1] 《民政部召开全国基本养老服务体系建设推进电视电话会议》，中国政府网，http://www.gov.cn/xinwen/2021-09/27/content_5639531.htm。

保险制度面向老年人最基本的护理需求，可通过建立需求评估和服务清单等厘清基本养老服务范围和服务标准；长期护理保险制度以社会共济的方式分担参保人的护理费用，将大大降低服务使用门槛，扩大基本养老服务惠及范围；长期护理保险制度可降低养老服务供需均衡价格，从而大大提高养老服务供需均衡水平，促进养老服务业发展，为基本养老服务供给提供保障。关于如何依托长期护理保险制度建设基本养老服务制度，后文将专章论述。

# 第七章

# 以老年人为中心形成合理养老格局

社会养老服务体系建设，必须发挥政府的主导作用，调动社会各主体的积极性，共同承担养老责任，逐渐形成以老年人为中心的由家庭、社区、养老机构、其他社会成员和组织等组成的多层次养老服务体系，实现"政府公共服务职能到位、养老服务和产品充足、老年人选择空间充分"的养老服务目标，最终推动形成一个以老年人为中心的合理养老格局。

在社会养老服务体系当中，最终应该让老年人处于一个由多个同心圆组成的体系之中：最中心是老年人，外围第一层是老年人的家庭成员、第二层是社区、第三层是企业、其他社会组织和个人，包括养老机构。老年人可以向任何一层寻求养老服务，但最终向哪一层寻求服务，将取决于老年人的选择。要为老年人构筑这样一个养老同心圆，必须进一步加强家庭养老支持，补足社区服务发展短板，优化养老机构功能，促进老龄用品制造业和养老服务业高质量发展，保障老年人可以获得较为充足的老龄用品和服务供给。与此同时，还必须加强需求管理，促进供需匹配，使老年人的需求能够及时、准确传导到供给方[①]。

---

[①] 林宝：《建设以老年人为中心的多层次社会养老服务体系》，《科学中国人》2012年第18期。

# 一 构筑养老服务三道防线，画好养老同心圆[①]

## （一）鼓励家庭成员承担养老服务责任，构筑养老服务的第一道防线

家庭可成为社会化养老服务体系的最基本单元。从传统意义上讲，家庭成员的养老服务应该属于家庭养老的范畴，不属于社会化养老服务，但是随着社会结构变动和社会的发展，社会可以承担更多的责任，通过一定的方式使家庭成员的养老服务成为社会化养老服务的一部分，减少老年人对其他社会化养老服务的需求，如可通过对有老年人的家庭实施一定的政策支持鼓励家庭成员提供养老服务，实现家庭养老服务的社会化，使家庭成员成为社会化养老服务体系的一个组成部分，进而使更多的老年人可通过家庭成员提供的养老服务实现社会化养老。

要更好地发挥家庭的作用，必须加强对家庭的支持。现阶段还需要进一步挖掘和增强家庭养老能力，使之成为养老的重要支撑力量。为此，必须出台支持家庭发展的政策，使之能够在养老中更好地承担相应的责任。首先要建立保障家庭经济安全的相应机制。各项社会政策要增加家庭视角，社会保障和社会救助等社会再分配环节中要充分考虑家庭因素。其次要促进家庭内部平等与包容。通过开展多样化的家庭融合项目，倡导和睦互助的家庭文化，化解家庭纠纷。再次要支持家庭能力建设。可通过开展家庭培训计划，培养家庭成员所需的照料、交流等能力。最后对家庭养老予以政策支持。积极探索子女照料卧床老年父母的支持政策，在假期和用工制度方面予以调整和照顾；提高对纯老年人家庭的支持力度，尤其要特别关注贫困老年人、残疾

---

[①] 林宝：《建设以老年人为中心的多层次社会养老服务体系》，《科学中国人》2012 年第 18 期。

老年人、独居老年人等特殊困难的家庭；为老年人随子女迁移提供便利。

除此之外，还必须加强宣传引导，增强家庭成员敬老、养老的自觉性。在全社会开展"尊老、敬老、爱老、养老"的宣传活动，形成良好的社会氛围。结合"孝星"评选等活动树立"敬老、养老"的楷模，引导人们进一步增强中国传统的养老意识，增强敬老、养老的自觉性。同时，加强法制宣传教育，加大执法力度，确保子女履行养老法定义务。现有的《中华人民共和国老年权益保障法》等法律法规已经明确了子女赡养老人等法定义务。应该利用广播、电视、报纸、网络等媒体进一步加大对子女赡养老人等法定义务的宣传力度，使社会成员进一步明确养老为法定义务及义务的相关具体内容。同时，加大执法力度，结合一些典型违法案例了解具体违法情形及相关法律责任。

### （二）大力发展社区养老服务，形成养老服务的第二道防线[①]

社区服务在整个养老服务体系中居于中心地位，影响着居家养老的质量和机构养老的需求。中国国情决定了绝大多数老年人要居家养老，要依赖社区养老服务，而社区养老服务是当前养老服务体系的最大短板。因此，搞好社区养老服务是建设社会养老服务体系的必然要求。发展社区养老服务要着重抓好以下几点。

第一，明确政府有关部门在社区养老服务中的具体职责。在社区养老服务发展中，要确立政府主导、社会力量参与的工作机制。首先，政府各有关部门在养老体系建设和养老服务业发展过程中，要履行做好规划引导、保障发展环境、进行部分基础设施投资和建设、购买部分养老服务等职责。在社区养老服务中，政府应保证社区具有开

---

① 林宝：《加快社区养老服务体系建设》，《中国国情国力》2019年第2期。

展养老服务的环境和条件,并提供必要的资金和政策支持。各级政府要做到职责明确、责任到位,各有关职能部门要各司其职、齐抓共管。其次,在政府营造良好政策环境的条件下,充分发挥市场机制在资源配置中的决定作用,引导社会力量参与,极大丰富养老服务供给,实现社区养老服务的社会化和产业化,共同促进养老服务业的发展。在社区养老服务中,可通过公办民营、公建民营、民办公助等多种形式,引导社会力量参与社区养老服务的提供。

第二,积极推进社区养老服务机构和设施的规范化建设。根据中国国情和老年人的现实需要,社区养老服务应该提供三方面的服务:一是生活照料,包括居家上门服务和日间照料等社区托老服务。社区建设时应规划相应的服务场所和设施,服务提供可由社区组织或委托其他专业服务机构开展。二是医疗康复服务,包括老年人的日常体检、健康管理、一般性治疗(输液、打针、拿药)、转诊等系列服务。应在当前医疗卫生体制改革中,加大对社区医疗卫生建设的投入,进一步明确社区医疗卫生服务机构在社区养老服务中的职责。三是中介服务,主要是通过建设公共养老服务信息平台,建立老年人与其他专业服务商之间的联系,并对服务进行监督。应在城乡社区开展标准化的养老服务机构和设施建设,使其涵盖以上三项功能。

第三,加强资产整合,多途径增加社区养老服务资源。一是根据"八项规定"的要求,将有一批楼堂馆所、超标办公用房被清理出来,建议将其中部分房产腾退后适当改造投入社区养老服务,这既可提高超标用房的使用效率,体现"八项规定"的实效,又可增加社区养老服务资源,增进民众的福利,可谓两全其美。二是随着人口结构变化,一些地区小学生源严重萎缩,在撤并学校的过程中出现了大量闲置校舍,建议将其用途从"为小"变"为老",适当改造为社区养老服务机构。三是在一些农村地区,随着人口流动,出现了大量闲置民居,也可通过租用、购买等多种方式改造为社区养老服务机构。

第四,政策向社区倾斜,优先鼓励社区养老服务业发展。在对养老服务业整体支持的政策基础上,进一步加大对社区养老服务业的支持力度,在税费优惠、补贴支持等方面向社区养老服务业倾斜。建立社区养老服务的补贴制度和奖励制度,鼓励企业从事社区养老服务;同时出台社区养老服务人才培养和就业支持制度,如适当补贴社区养老服务培训费、减免个人收入所得税,并对其社会保险缴费给予适当补贴,积极推动社区养老服务的职业化、从业人员的正规化。

### (三)推动养老机构多层次发展,筑牢养老服务最后防线

要真正形成以老年人为中心的合理养老格局,还必须进一步推动专业养老机构的发展,为老年人提供专业化的护理服务。养老机构应该利用其专业服务,发挥为老年人养老兜底的功能,成为老年人依赖社区养老服务,当无法维持生存质量时寻求专业支持的特定对象。这种兜底不是对老年人经济收入低而寻求社会帮助的兜底,而是对老年人自理能力受损时获得社会帮助的兜底。要通过养老机构的专业养老服务,为老年人提供最后一道防线。

一方面,要调整公益性养老机构功能。公办养老机构要从经济状况和家庭支持角度的兜底(主要面向"三无""五保"老人)转向失能状况角度的兜底(主要面向失能、半失能老人)。对于"三无""五保"老人,在身体自理能力较好的情况下,重点通过社会保障、社会救助等制度改善其经济状况,不必收入养老机构集中养老,以免占用床位资源。在功能调整后,对不同的失能对象可以采取不同的收费策略,"三无""五保"等重点保障对象可以实行财政补贴,在长期护理保险制度建立以后,政府可以补贴其参保和使用者付费部分;对于其他失能对象,则费用由自己负担,在长期护理保险制度建立后由自己缴费参保和承担使用者付费部分。这类养老机构采用分散和集中相结合的布局方式,以分散为主。各地区在布局几个大型福利养老

机构的同时，多于各社区周围布局功能性养老服务机构，实行分散化、小型化，实现老年人的就近养老。

另一方面，要鼓励营利性养老机构多层次发展。经营性的养老机构布局遵循市场化原则，但政府可利用产业规划进行调节，并通过政府补贴和税收措施引导部分养老机构向高龄老人和自理能力差的老年人倾斜，成为准福利机构。政府的优惠政策将主要视养老机构承担的功能而定，采取不同的支持措施。其他养老机构则向高端发展，走优质高价的发展之路，满足部分老年人的高端需求。对于这类机构，除了为其维护公平的市场环境之外，不必给予过多的补贴、税费优惠等。

此外，要加强代际互动，促进养老机构与社区融合。养老机构与社区融合是国外养老机构发展的一个重要趋势。如瑞典的养老机构通常与附近居民区融为一体，养老机构不仅为在院老年人提供服务，而且还利用自身资源为机构周边的老年人提供上门服务。同时，养老机构还对社区老年人开放餐厅、活动室等，使老年人可享受就餐、文化等服务。日本也提倡养老机构的小型化和社区化，鼓励在社区开办养老服务机构，为周边老人提供服务。建议加强社区周边的养老机构建设，将养老机构建成服务周边社区的综合性养老服务机构，而不是仅仅收纳少数老年人的相对封闭和功能单一的养老机构。此外，还应该加强一些学校与养老机构的合作，增加彼此互动，促进代际融合。

## 二 大力发展相关产业，确保产品和服务可及性

形成以老年人为中心的合理养老格局，必须促进老龄用品制造业和养老服务业高质量发展，保障老年人可以获得较为充足的老龄用品和服务供给。老龄制造业是保障老龄用品供给的基础性产业，养老服务业的发展则是保障养老服务供应的基本条件。大力发展老龄制造业

和养老服务业是老龄产业发展的必然要求。

多措并举,努力打造老龄用品制造强国。一是利用建设创新型国家的有利时机,加大科研技术投入,加强应用基础研究,加强技术创新,加强老龄用品的研究开发,以创新引领老龄用品制造业发展。二是要实施积极的产业扶持政策,在金融、土地、税费等方面进行政策支持,加强老龄用品制造企业的孵化和品牌培育,建立老龄产业发展基金,扶持相关企业发展。三是要利用国家推动形成全面开放新格局的大趋势,坚持引进来和走出去并重,引进国外先进技术和产品,逐步实现本地化生产,同时鼓励中国品牌和中国制造走出去,逐步占领国际市场。四是建立老龄用品政府采购目录,利用政府采购拉动产业发展,培育老龄用品市场,特别是在未来的长期护理保险制度设计中,可通过明确纳入保险支付范围的产品目录来带动老龄用品业的发展。五是加强老龄用品市场的规范化建设,加强用品的标准制订和知识产权保护,严厉打击各种浑水摸鱼的违法犯罪行为,为企业提供良好的成长环境[①]。

养老服务业的发展将在养老服务供给侧改革一章中详细论述,这里不再展开。这里想强调一下老龄金融服务业发展的重要性和相关建议。老龄金融服务业是人们合理安排资产,为老年期进行规划,确保老年期购买能力的关键性产业。因此,建议大力开发老龄金融产品,促进老龄金融服务业发展。一方面要加快金融创新,开发更多适合的老龄金融产品和服务。一是要品类齐全,全面发展。老龄金融产品大体可分为储蓄类、证券类、保险类、基金类、信托类、房地产类、组

---

① 林宝、王磊、韩启民、夏翠翠:《基于需求侧的老龄产业发展状况、问题及对策研究》,载全国老龄工作委员会办公室编《第四次中国城乡老年人生活状况抽样调查数据开发课题研究报告汇编(下)》,华龄出版社2018年版。

合型等类型①，各类老龄金融产品都有其适合的对象，也各有其优势，应该全面发展，为全体公民提供适合的老龄产品。二是应将鼓励公民为老年期进行储蓄作为一项基础性政策，设计出相应的鼓励储蓄的金融产品和服务。三是保险类、基金类偏稳健型的金融产品应该作为老龄金融发展的重点。四是出台鼓励金融机构开发老龄金融产品和服务的措施。另一方面要规范金融秩序，大力打击金融违法违规行为。一是要从总体上控制老龄金融产品的风险，从宏观上防范整体性金融风险。二是要加强全民的金融素质教育，尤其是要对老年人和准老年人开展老龄金融教育，增强其对产品的辨别能力和对风险的承受能力。三是要规范金融机构的产品研发和销售行为，加强对产品的审核，加强对金融机构及其工作人员的监督。四是要加强老龄金融市场监管，对违法违规行为加大打击力度，营造良好的金融消费环境②。

## 三 以需求管理为基础，提高服务精准度③

### （一）以需求管理为基础的必要性

养老服务是一种以老年人为特定服务对象，以满足老年人的养老需求为特定目标的社会服务。因此，养老服务的本质是满足老年人养老需求，养老服务的质量将取决于对老年人养老需求满足的程度和效果。这也就决定了养老服务体系的建设必须以满足居家老年人养老服

---

① 党俊武：《老龄金融是应对人口老龄化的战略制高点》，《老龄政策研究》2013 年第 5 期。
② 林宝、王磊、韩启民、夏翠翠：《基于需求侧的老龄产业发展状况、问题及对策研究》，载全国老龄工作委员会办公室编《第四次中国城乡老年人生活状况抽样调查数据开发课题研究报告汇编（下）》，华龄出版社 2018 年版。
③ 林宝：《以需求管理为基础构建居家养老服务体系》，《北京市社会科学界联合会、北京师范大学·2012·学术前沿论丛——科学发展：深化改革与改善民生（上）》，北京市社会科学界联合会，2012 年。

务需求为目标。

满足老年人养老服务需求的基本前提一要准确了解老年人的养老需求，二要提供适当的养老服务。但是，无论是准确了解老年人的养老需求，还是提供适当的养老服务，都是一个复杂的动态过程，必须建立一套稳定的机制和运用科学的方法来实现。需求管理正是这样一种可以借鉴的方法。在管理学中，需求管理是发现、记录、组织和跟踪需求变化的一种系统化方法。需求管理的目的是准确找到客户的需求和满足客户需求的最佳途径。需求管理一般包括需求确认、需求评估、需求跟踪、需求变化管理等一系列不同的环节。通过需求管理过程，可以准确了解不同老年人的养老需求，并根据其特点提供个性化的养老服务。

因此，当前的养老服务体系建设应该以需求管理为基础，建设成为一个可以识别不同老年人的需求、提供个性化满足方案的服务体系。

### （二）养老服务体系中的需求管理

任何老年人都存在一定的养老需求，但不同老人的养老需求会因自身条件和所处社会环境不同而不同。根据马斯洛的需求层次理论，人的需求存在不同的层次，同理，老年人的养老需求也存在不同层次。老年人产生了一定的需求后，必须首先有满足需求的能力。但是，由于身体、经济和家庭状况等方面的差异，老年人满足自身养老需求的能力存在很大的差异，这就要求社会必须进行一些制度化的安排，以保障部分弱势老年人（如高龄、残疾、贫困老年人等）具有的养老需求满足能力。这些制度化安排通常包括养老保障制度、医疗保障制度、长期护理保障制度、最低生活保障制度、社会救助制度等。

具备养老需求满足能力（主要是经济能力）后，老年人首先要进行自我的需求识别，根据自身需求状况和满足需求的能力，确定不同的满足需求的方式和途径。由此，老年人将进入社会养老服务体系中寻求需求满足。在以老年人为中心的社会养老服务体系中，老年人可以向任何一层寻求养老服务，但最终向哪一层寻求服务，将取决于老年人的选择。但是，一个重要前提是，老年人向不同层次寻求需求满足的渠道必须是畅通的，从而保障养老需求是可获得的，这必须以政策支持来保障。

需求管理可以群体和个体两个层次进行。在群体层次，可以通过开展老年人养老服务需求调查，掌握老年人需求情况，开展养老服务需求评估，对一些共性的养老服务需求问题，可以进行一些统一的安排，集中解决。在个体层次，一旦老年人选择通过社区养老服务中心寻求需求满足时，只需拨打养老服务热线与社区养老服务中心联系。服务中心在接到老年人的热线信息后，马上进行需求识别和评估，为老年人提供可供选择的服务提供商，在老年人选定服务提供商后，老年人可自行也可由服务中心代为联系服务商为老年人提供服务，事后服务中心将对服务的及时性及质量进行回访，开展需求满足跟踪，并就服务提出改进意见和向服务商认证机构汇报，作为定期评价服务商的依据。同时，老年人的养老服务需求也是一个动态的变化过程，还需要对老年人的养老服务需求变化进行跟踪，建立养老服务需求档案。

在康养结合的养老服务体系中，需求管理不仅应关注老年人的养老服务需求，还应该关注健康服务需求，二者都是养老需求的重要内容。为了更好实现需求管理，在医养康养相结合的要求下，应充分发挥现有社区卫生服务中心、社区服务中心等基层机构的作用，将其作为需求信息收集和跟踪的重要窗口，再引入相应的需求评估和信息整合机制，建立起老年人健康状况和养老需求信息收集和监测体系，并以此为基础，实现健康和养老服务资源配置的科学化，提高康养资源匹配度和资源配置效率。健康服务需求专业性更强，应该利用好现有的基层公共服务机构来搞好健康服务需求管理。社区医院和乡镇卫生院应该在老年人健康服务需求管理中发挥重要作用，要通过健康体检、健康咨询和建立老年人健康管理档案等方式及时跟踪、识别老年人健康服务需求，并为老年人提供或对接相应的健康服务机构。

### (三) 具体政策建议

**1. 重点建设社区养老服务中心，履行养老服务需求管理职责**

应该建设覆盖城乡的社区养老服务中心，承担养老需求管理的职能，具体包括：负责调查和跟踪老年人的健康和需求信息；进行养老需求的识别和评估，为老年人提供一些基本的咨询服务；建立起老人和其他专业服务机构之间的联系，当老人提出某项需求后，服务中心可以向其推荐提供商以供选择，或是协助其选择；开展需求跟踪，对服务进行监督，当老人与服务提供商之间出现矛盾时进行协调，并向服务商认证机构反馈服务信息；组织和协调志愿者在本社区的养老社会服务。每个社区开通一个养老服务热线，方便老人通过社区养老服务中心获得生活照料、精神慰藉等养老服务。

**2. 调整基层公共服务机构职能，加强康养联动和结合**

当前，为了更好地实现医养康养相结合，提高服务精准度，有必要推动公共卫生服务体系从以治疗为中心转向以老年人为中心的综合性卫生保健服务，建设关爱老年人的卫生基础设施，确保医疗产品和服务的可及性等[①]，并以此为基础，建立起服务内容涵盖健康变化全过程的老年健康服务体系，为老年人提供健康教育、预防保健、疾病诊治、康复护理、长期照护、安宁疗护等健康服务。建议依托社区医疗卫生机构和乡镇卫生院，建立社区或乡镇康养结合机构，在履行基

---

① 世界卫生组织：《关于老龄化与健康的全球报告》，2015年，http：//apps.who.int/iris/bitstream/handle/10665/186468/WHO_FWC_ALC_15.01_chi.pdf。

本的公共卫生职能之外，赋予这些机构以健康、养老信息收集和管理的职能，负责本社区或乡镇的养老和健康需求监测、管理工作，打造全覆盖的健康、养老信息监测、管理体系。同时，以需求为导向，通过整合养老服务和健康服务资源，优化服务供给机制，实现养老服务体系和健康服务体系的联动与深度融合。当前，应进一步推进医疗卫生体系改革，特别是要尽快推动基层医疗卫生机构职能转变和能力建设，在继续推进医养结合解决老年人就医难问题的基础上，重点加强健康变化过程前后两端的资源配置和能力建设。前端聚焦健康教育和预防保健，利用老年教育、社区活动、新媒体等平台加强健康知识传播和意识提升；后端聚焦长期护理和安宁疗护，一方面加强基层医疗机构资源配置和能力培养，另一方面鼓励社会力量积极参与发展相关机构[①]。

---

① 林宝：《康养结合：养老服务体系建设新阶段》，《华中科技大学学报》（社会科学版）2021年第5期。

# 第八章

# 以社会适老化为导向优化养老环境

建设社会养老服务体系需要一个良好的社会环境，党的重要会议和政府的重要文件都多次强调要建设养老、孝老、敬老的社会环境。当前，中国社会环境本质上还是适应年轻社会形态而形成的，无法适应老龄社会的需要。当前，必须以适老化为导向，推动社会转型，建设一个不分年龄人人共享的老龄社会。特别是在数字技术发展的冲击下，推动社会适老化转型更为迫切。

## 一 推动社会适老化转型的重要意义[①]

党的十九届五中全会提出"实施积极应对人口老龄化国家战略"，其根本任务是创造有利于实现高质量发展的人口条件，以及形成与人口老龄化相适应的经济发展模式和社会环境[②]，这本质上就是要求社会发展要向适老化转型。积极应对人口老龄化意味着在观念上要正确认识人口老龄化，在全社会形成积极应对人口老龄化的社会共识，在行动上要不断加强基础设施建设和优化制度安排保障老年人的社会参与和实现社会共享，本质上就是一个推动社会适老化转型的过程。

---

① 林宝：《推动社会适老化转型的本质和任务》，《国家治理》2021年第39期。
② 林宝：《积极应对人口老龄化：内涵、目标和任务》，《中国人口科学》2021年第3期。

## 第八章 以社会适老化为导向优化养老环境

社会适老化是老年人维护和改善自身功能发挥的重要条件。随着人类寿命日益延长，将长寿变成人类宝贵财富而非负担的关键一点是要让老年人尽量延续健康状态，维护和改善其功能发挥，使其能够通过自身努力实现有尊严和有质量的生活。为此，世界卫生组织积极倡导健康老龄化，认为健康老龄化干预措施的共同目标在于改善功能发挥[①]。社会适老化通过基础设施改善和社会服务支持，可以创造更适宜于老年人自身功能发挥的条件，通过外部条件的适老化减缓内部机能的老化或是冲抵其带来的影响，使老年人能更长时间、更高水平地维持自理能力，减少社会依赖的时间和程度，实现健康老龄化。

社会适老化是老年人社会参与的重要基础。参与是积极老龄化的三大支柱之一，促进社会参与的关键是要营造有利于老年人社会参与的环境和条件，即实现社会参与条件和环境的适老化。这既包括在硬环境上要为老年人社会参与提供必要的基础设施和便利条件，在软环境上要建立有利于老年人社会参与的制度和机制。实现社会适老化，将使老年人社会参与具备更多的机会、更便捷的方式、更畅通的渠道和更有力的保障，从而也就具备了更好的基础。

社会适老化是老年人分享社会发展成果的重要表现。党的十九届四中全会对推进国家治理体系和治理能力现代化做出了重要部署，强调要健全国家基本公共服务体系，使改革发展成果更多更公平惠及全体人民，其核心就是要让全体人民分享社会发展成果。老年人作为社会的重要一员，当然也有权利分享社会发展成果，而社会适老化程度是老年人分享社会发展成果的重要表征。一方面，社会适老化程度决定了老年人参与社会分配的机会和条件；另一方面，社会适老化程度也是老年人参与社会分配的一种结果。要让老年人能够真正公平地分

---

[①] 世界卫生组织：《关于老龄化与健康的全球报告》，2015 年，http：//apps.who.int/iris/bitstream/handle/10665/186468/WHO_FWC_ALC_15.01_chi.pdf。

享社会发展成果，首先必须推动社会适老化，使其参与到社会分配中来，进而通过社会分配进一步提高社会适老化程度，提高老年人生活质量。

## 二 社会适老化转型的本质①

社会适老化就是要让整个社会环境适合老年人生存发展，使老年人能够和其他社会成员一样平等参与社会生活、分享社会发展成果，本质是要求建设一个不分年龄人人共享的社会。"不分年龄人人共享的社会"这一概念源于1995年在哥本哈根通过的《社会发展问题世界首脑会议行动纲领》，作为社会融和的基本目标，"不分年龄人人共享的社会"是指社会中"每位享有权力和责任的成员，都能积极发挥作用"。社会适老化就是要为老年人"积极发挥作用"创造条件，可以分为不同的层次。首先，在基础设施层面，社会适老化要求各项基础设施充分考虑老年人的特点，为老年人居家、出行、参与社会活动提供基本条件和便利，实现无障碍化。其次，在社会服务层面，社会适老化要求为老年人的日常生活、社会参与、医疗保健等提供必要的支持，以保障其在社会服务条件下实现功能发挥和保障生活质量。再次，在社会政策层面，社会适老化要求通过合理的社会政策确保老年人参与社会分配、分享社会发展成果，获得平等和积极的老年生活。最后，在社会文化层面，社会适老化构造一个适合老年人生存的文化环境，使其感受到尊严、包容和舒适的文化氛围。因此，社会适老化不仅仅是物理环境的适老化，也是社会环境和文化氛围的适老化，是硬环境适老化和软环境适老化的有机结合。

从更全面的角度来说，社会适老化实际上是要建设一个全龄友好

---

① 林宝：《推动社会适老化转型的本质和任务》，《国家治理》2021年第39期。

型社会，即不同年龄的社会群体都能积极发挥作用的社会，而不仅仅局限为老年人。从这个意义上说，社会适老化转型也是社会全龄友好化转型。之所以特别强调社会适老化，关键是因为当前社会是从人口年龄结构极其年轻的阶段发展而来，整个社会的基础设施、社会服务、社会政策和文化氛围都是以此为基础而形成，还没有随着人口老龄化而做出必要的转型，从而使老年人在社会中处于相对弱势地位。在信息爆炸时代，信息技术对社会生活的改造程度前所未有，真正实现了所谓的"日新月异"，跟上时代的步伐对于每个社会成员都是一项挑战，对于老年人更是如此，一些天然的矛盾更是加剧了老年人的社会弱势地位，更是需要强调信息无障碍化和社会适老化，建设一个不分年龄人人共享的智慧老龄社会[1]。

社会适老化是全社会的适老化转型，不仅仅是局部的适老化改造问题。社会适老化转型可能从某个局部、某个领域率先切入，但绝不是一个局部问题，而是一个全局性问题，是一场全面的社会变革和社会转型。社会适老化转型涉及社会各阶层、社会发展各领域、社会管理各环节，从城市到乡村、从观念到行动都要实现适老化转型，是一个复杂过程、系统工程。社会适老化转型可能将呈现出一定的阶段性，各项工作有轻重缓急之分，但始终应坚持全局观念、系统思维，统筹考虑、协调推进。当前，在积极推进家庭适老化改造、社区适老化改造、公共设施适老化改造的基础上，应该更加关注社会政策和社会文化中与适老化方向不一致的部分，并进行相应地适老化改造。

## 三 推动社会适老化转型要处理好几个关系[2]

推动社会适老化转型需要建立起与人口老龄化形势相适应的社会

---

[1] 林宝：《建设不分年龄人人共享的智慧老龄社会》，《金融博览》2021年第2期。
[2] 林宝：《推动社会适老化转型的本质和任务》，《国家治理》2021年第39期。

管理、社会保障、社会参与、社会服务等政策体系和运行机制，营造适老化的社会文化和社会环境。其中，应重点处理好几个关系。

一是处理好传统和现代之间的关系，营造适老的社会文化。在中国传统文化中，养老、孝老、敬老的文化传统源远流长，但在现代化过程中受到较大的冲击，有弱化的迹象。党的十九大明确提出"构建养老、孝老、敬老政策体系和社会环境"，《中华人民共和国国民经济和社会发展第十四个五年规划和2035年远景目标纲要》再次强调"构建养老、孝老、敬老的社会环境"，表明从决策层面已经认识到弘扬养老、孝老、敬老传统文化的重要性。现代化在对传统文化进行冲击的同时，也带来平等、公平、共享等具有进步意义的价值观，强调平等对待社会成员、实现社会公平和共享社会发展成果等，也是社会适老文化的重要组成部分。因此，适老的社会文化是优秀传统文化和现代进步价值观的有机结合，要通过全媒体、多渠道、长周期的全民性宣传教育，将其内化为社会文化的重要内容。建设适老的社会文化可以简单分为三个层次：第一个层次是必须反年龄歧视，牢固树立老年人是社会平等一员的观念。为此，有必要开展反年龄歧视立法，开展全社会的反年龄歧视执法检查和宣传教育，从观念上改变歧视老年人的倾向，在政策和社会生活中杜绝歧视现象。第二个层次是正确认识老年人的积极作用，树立积极老龄观。为此，要大力宣传老年人的历史贡献和社会建设者形象，形成老年人社会参与和分享社会成果的良好氛围。第三个层次是强化社会责任意识，弘扬养老、孝老、敬老文化。为此，要从全生命周期角度宣传不同人生阶段存在代际支持的必然性，强调子代养老、孝老、敬老的文化传统和社会责任。

二是处理好公平与效率的关系，建立适老的社会发展成果分享机制。适老的社会发展成果分享机制的建立实际上涉及的是代际分配问题，因此必须处理好公平与效率的关系，既要有利于调动年轻一代的积极性从而不断做大蛋糕，还要有利于老年人跟上时代步伐，满足美好生活需要。要建立适老的社会发展成果分享机制，关键要建设多层次的老年收入保障制度，并建立相应待遇确定和调整机制，确保收入水平随着社会发展合理调整。当前，基本养老保险制度待遇主要是收入关联性，再分配功能不足，应引入与收入无关的部分，增强再分配功能；城乡居民基本养老保险待遇过低且增长机制不健全，应尽快建立合理的待遇确定和调整机制，适当提高水平。

三是处理好权利与义务的关系，促进老年人的社会参与。老年人的社会参与内容广泛，其中很多内容涉及权利与义务的关系问题。当前，最突出的是劳动就业问题。根据《中华人民共和国宪法》规定，劳动既是权利，也是义务。中国当前强制性的退休规定，虽然本质上是一种社会福利的考虑，但客观上也影响了部分有意愿继续工作的老年人劳动权利的实现，特别是女性退休年龄过低，对其劳动权利的影响更大。因此，应尽快延迟法定退休年龄，并给予一定的弹性，使人们具有较大的选择权，实现劳动权利和义务的有机统一。

四是处理好全面与重点的关系，以重点工作带动社会适老化转型。社会适老化转型是一项系统工程，涉及面十分广泛，是一项需要全面协调推进的工作，为此必须做好系统的制度设计和实施安排。与此同时，也必须抓住当前面临的重点难点问题、新情况新问题重点突破，引领整项工作。首先，物理环境的适老化改造既是当务之急，也是长期需要。应继续大力推动老年宜居环境建设，加强对老旧住宅和公共设施的改造，推动适老化改造逐步从特殊老年家庭扩展到更多需要的老年人家庭；对于新建公共设施和住宅小区，要从规划设计开始纳入老年友好观念，强化公共设施和住房内部空间的适老性。其次，失能老人的护理需求是当前的重要刚需，应重点予以满足。要大力支持专业护理机构发展，确保失能老人可以获得专业的护理服务，特别是应尽快建立长期护理保险制度，分担护理负担，降低服务利用门槛，推动服务发展，更好满足刚性需求。最后，老年数字鸿沟是新问题,应予以重点关注。代际数字鸿沟或者说是老年人面临的数字鸿沟问题越发凸显。技术进步可以为人们带来福利改进,同时也可能造成一些恶果,信息技术的发展与应用充分说明了这一点。此时,制度安排非常重要,我们必须通过合理的制度和机制尽量避免技术进步带来的恶果,积极推动技术向善,以技术赋能,改善老年人的生活质量。为了更好地解决老年数字鸿沟问题,有必要通过全社会的努力,建设一个"不分年龄人人共享智慧老龄社会",让老年人跟上时代步伐,共享技术进步和社会发展成果①。

## 四 建设不分年龄人人共享的智慧老龄社会②

在信息爆炸时代,信息技术对社会生活的改造程度前所未有,真正实现了所谓的"日新月异",跟上时代的步伐对于每个社会成员都是一项挑战,对于老年人更是如此。在这方面,由于一些矛盾的存在,导致老年人天然处于弱势,主要表现在以下几点。

一是老年人传统生活方式的"静"与信息社会生活方式的"动"之间的矛盾。在传统社会,千百年来的生活方式几乎一成不变,即便进入现代社会,生活方式的变化有所加快,但是老年人在购物方式、出行方式、就医方式、支付方式等主要方面与年轻人几乎没有差异,因此老年人只需要延续几十年来形成的生活方式即可,整个社会生活方式处于相对静止不变的状态,而进入信息社会以来,特别是近年来随着互联网的普及,信息技术对生活方式的改造天翻地覆,网络购物、网络约车、远程挂号(问诊)、移动支付等新的生活方式不断涌现,生活奔流不息,社会变革速度明显加快。老年人已经不可能像过

---

① 林宝:《建设不分年龄人人共享的智慧老龄社会》,《金融博览》2021年第2期。
② 林宝:《建设不分年龄人人共享的智慧老龄社会》,《金融博览》2021年第2期。

去那样完全依赖传统生活方式获得与其他社会成员同等的社会服务。新冠肺炎疫情期间，大量信息技术被用于社会管理，更是让部分老年人十分不适应。

二是老年人对新应用接受相对"慢"和信息技术应用更新"快"之间的矛盾。在老年阶段，一般人们接受新技术的意愿和能力都没有年轻时候那么强，同时由于目前的老年人很大部分在青年时期没有接触过信息产品，很多知识需要重新学习，甚至有些老年人对应用新的方式有抵触情绪，对一些应用程序的安全性存有疑问，这导致大部分老年人对新的应用场景、新的应用程序接受较慢。与之相对应的是，当今信息技术飞速发展，技术不断革新、应用场景不断拓展，变化之快，令人目不暇接。在这一"慢"一"快"之间，如果技术应用没有考虑老年人的特点，则极易产生问题。

三是老年人数字产品拥有率"低"和信息技术应用门槛相对"高"之间的矛盾。老年人由于收入水平、节约习惯或是家庭资源配置等因素的影响，电脑和手机的拥有率明显低于年轻群体。而使用相关应用程序或是功能的前提是能够方便地使用相关数字设备，在使用时往往还需要支付电信资费或其他一些费用，这实际上对老年人使用构成了一定的门槛，对于一些收入水平较低的老年人而言，这个门槛还相对较高。如果没有相应的机制提高老年人的数字产品拥有率，并相应地降低其使用负担，解决老年人数字鸿沟问题也必然难以奏效。

四是老年人需求的"简"与相关管理、服务供给的"繁"之间的矛盾。老年人由于生理、心理、知识水平和结构等方面的因素，一般都希望各种应用程序越简单越好，越直接越好。实际上一些应用程序无论是出于管理目的，还是出于服务目的，往往着眼于普通社会群体，力图包罗万象，有时令人眼花缭乱，没有考虑到老年人的特殊性，让老年人使用起来感觉不方便，进而导致其不敢用、不想用或是不能用。因此，如何删繁就简、增加适老性就是各类服务商、各类管理者必须着重考虑的问题。

要克服老年人在信息社会面临的矛盾，照顾老年人在适应数字生活方面的特殊性，必须全社会共同努力，在社会发展目标和社会政策方面系统考虑如何为老年人装上一双"智慧"的翅膀，用技术赋能，使其能够在信息时代自由翱翔。

首先，建议将"建设不分年龄人人共享智慧老龄社会"作为积极应对人口老龄化的重要目标。建设一个不分年龄人人共享的社会是国际社会在人口老龄化背景下达成的广泛共识。建设不分年龄人人共享的智慧老龄社会是在数字时代背景下践行联合国老龄化议题所达成的共识，也必然是未来社会建设的目标和方向。建设不分年龄人人共享的智慧老龄社会就是要让新技术发展造福于老年人，造福于全体社会成员，而不是在人群之间制造新的鸿沟，形成新的贫困与不平等。建议在老龄相关规划和重要政策文件中明确提出，中国应对人口老龄化的目标就是要建设一个"不分年龄人人共享"的智慧老龄社会，核心要旨是在老龄化不断加深的社会中实现智能化，通过信息技术应用，使其日常生活更加便利，自理能力明显改善，社会参与途径更加多样，从而能够更好地融入社会和改善老年人生活质量。

其次，实施数字产品普及工程，提高老年人数字产品拥有率。在通过优化收入分配格局和加强社会保障，为老年人提供收入保障，确保其具有一定的购买力的基础上，可利用产业政策鼓励企业开发适合老年人的数字产品，提高产品适用性；鼓励各级政府定向发放数字产品消费券，引导老年人购买相应产品；规范二手手机回收利用体系，营造质量可靠价格亲民的二手手机消费环境。通过系列措施降低老年人拥有数字产品的门槛，逐步提高数字产品拥有率。

再次，实施数字能力提升计划，培养老年人数字应用能力。要针对信息技术和数字应用发展趋势，以及老年人学习需求，利用老年教育体系和专项培训项目采用远程、面授等方式提高老年人的数字应用技能，消除老年人不敢用、不会用的数字应用障碍，使之能够跟上时代发展的步伐，主动拥抱和融入数字社会生活。鼓励家庭成员加强与老年人的交流，及时了解老年人数字应用障碍，在相关应用选择、使用等方面为老年人提供及时的帮助，成为老年人身边的老师。

复次，实施数字应用无障碍工程，提高数字应用适老性。以政府公共部门、事业单位和大型国有企业的应用程序为先导，开展数字应用无障碍建设，重点提高相关应用程序的适老性，努力创造适合老年人通过相关应用程序获取公共服务和准公共服务的无障碍环境。引导其他企业参与数字应用无障碍建设，在相关应用程序开发、推广和使用的过程中，要深入研究老年人的需求特点和使用习惯，增强产品及其推广手段、使用方式等的适老性。要真正实现数字应用无障碍，还必须进一步降低数字应用成本。应通过降低电信资费，进一步降低老年人数字应用门槛。

最后，积极推动智慧养老发展，实现养老服务供给智能化。必须强化创新驱动，推动物联网、人工智能、大数据等领域新技术的发展，推动相关技术在养老服务供给领域的应用，实现信息共享，提高整个社会的系统化、智能化水平，提高资源配置效率和社会运行效率，不断优化产品和服务供给，提高服务的精准性、便利性，不断满足老年人的美好生活需要。

总之，老年人由于其在信息社会面临一些弱势，出现数字鸿沟将是一个必然现象，要减小其影响，必须全社会共同努力，多措并举，用技术赋能，建设不分年龄人人共享的智慧老龄社会，共同为老年人创造一个想用、敢用、能用的数字生活环境，让其跟上时代步伐，共享时代文明成果。

# 第九章

# 以养老金改革为核心增强养老需求满足能力

社会养老服务体系建设看似是一个供给侧的问题,但实际上与需求侧密切相关。从前文对养老服务发展的"低水平均衡陷阱"的分析可知,走出"低水平均衡陷阱"必须从供需双侧着力,要建设以养老金制度为核心的老年收入保障体系,从需求侧增强老年人满足养老服务需求的能力。养老金制度应该成为广大老年人的基本收入保障制度,在此基础之上再通过个人储蓄、家庭支持和社会救助等组成一个多层次老年收入保障体系。本章主要就进一步完善中国养老金制度提出相关建议。

## 一 养老金改革的主要进展

自20世纪90年代以来,中国养老金制度一直处于不断改革和完善之中。国务院于1997年7月颁布的《关于建立统一的企业职工基本养老保险制度的决定》确定了社会统筹和个人账户相结合的制度框架。2005年,在东北三省试点的基础上,国务院又出台了《关于完善企业职工基本养老保险制度的决定》,调整了制度参数,形成了城镇职工基本养老保险的基本设计。2009年9月《国务院关于开展新型农村社会养老保险试点的指导意见》发布,2011年6月

《国务院关于开展城镇居民社会养老保险试点的指导意见》发布,分别启动了新型农村社会养老保险试点和城镇居民社会养老保险试点。至此,中国真正实现了养老金制度的全覆盖,使所有人都有一种可参与的养老保险制度。党的十八大以来,养老金改革步伐进一步加快。主要表现在以下四个方面[①]。

一是推动制度并轨,形成"2+1"的基本养老保险制度体系。首先是整合城乡居民养老保险制度。党的十八届三中全会明确提出了"推进机关事业单位养老保险制度改革"和"整合城乡居民基本养老保险制度"的要求。为落实这一要求,2014年2月,国务院发布了《关于建立统一的城乡居民基本养老保险制度的意见》(国发〔2014〕8号),决定将新型农村养老保险和城镇居民养老保险两项制度合并实施,在全国范围内建立统一的城乡居民基本养老保险制度。其次是建立两个基本养老保险制度之间的衔接机制。同月,人力资源社会保障部、财政部颁布了《城乡养老保险制度衔接暂行办法》(人社部发〔2014〕17号),建立了城镇职工基本养老保险和城乡居民基本养老保险之间的转移衔接机制。最后,改革机关事业单位人员养老保险制度,实现与企业职工养老保险制度并轨。2015年1月,国务院发布了《关于机关事业单位工作人员养老保险制度改革的决定》(国发〔2015〕2号),实现了机关事业单位工作人员养老保险制度与城镇职工基本养老保险制度并轨。至此,两个基本养老保险制度(职工、城乡居民)和一个衔接机制(职工和居民之间)的"2+1"养老保险基本制度框架基本形成。

二是通过参数改革和全国统筹,完善城镇职工基本养老保险制度。包括几项措施:第一,降低单位缴费率,减轻缴费负担。2016

---

① 林宝:《积极应对人口老龄化:内涵、举措及建议》,中国社会科学出版社2021年版,第78—86页。

年4月，人社部和财政部发布了《关于阶段性降低社会保险费率的通知》（人社部发〔2016〕36号），正式开启了阶段性降低社会保险费工作。2019年4月，《国务院办公厅关于印发降低社会保险费率综合方案的通知》（国办发〔2019〕13号）正式发布，阶段性降费变成了制度性降费，要求自2019年5月1日起，降低城镇职工基本养老保险（包括企业和机关事业单位基本养老保险，以下简称养老保险）单位缴费比例。第二，改变待遇调整机制，保持养老金待遇合理增长。2016年4月，《关于2016年调整退休人员基本养老金的通知》（人社部发〔2016〕37号），改变了此前连续多年固定按照10%调涨养老金的做法，采取定额调整、挂钩调整与适当倾斜相结合的调整办法，按6.5%左右增幅调整了企业和机关事业单位退休人员基本养老金水平，此后几年又有所降低。第三，出台个人账户记账利率办法，规范利率确定和公布机制。2017年4月，人社部和财政部发布了《关于印发〈统一和规范职工养老保险个人账户记账利率办法〉的通知》（人社部发〔2017〕31号），正式公布了《统一和规范职工养老保险个人账户记账利率办法》。第四，建立中央调剂金制度，增强抗风险能力。2018年6月，《国务院关于建立企业职工基本养老保险基金中央调剂制度的通知》（国发〔2018〕18号）发布，在现行企业职工基本养老保险省级统筹基础上，建立中央调剂基金，对各（自治区、直辖市）养老保险基金进行适度调剂，确保基本养老金按时足额发放，标志着中央调剂金制度正式出台。第五，实现了职工基本养老保险全国统筹。2022年1月，正式实施全国统筹将在全国范围内对地区间养老保险基金当期余缺进行调剂。

三是加强养老保险基金投资运营，推动基金保值增值。2015年8月，《国务院关于印发基本养老保险基金投资管理办法的通知》（国发〔2015〕48号）正式发布，对养老保险基金的投资运营进行了系统规定。根据规定，各省、自治区、直辖市养老基金结余额，可按照本办法规定，预留一定支付费用后，确定具体投资额度，委托给国务院授权的机构进行投资运营。养老基金投资应当坚持市场化、多元化、专业化的原则，确保资产安全，实现保值增值。管理办法还对委托人、受托机构、托管机构、投资管理机构的资格和职责进行了明确规定，对养老基金投资范围和领域进行了明确要求。2016年年底，人社部正式启动了养老保险基金的投资运营实施工作。

四是推动多层次养老金体系建设，提高保障能力。党的十八届三中全会以来，企业年金、职业年金和商业养老保险都得到了较大的发展，由基本养老保险、补充养老保险和商业养老保险构成的多层次养老金体系初步建立了基本架构。在职业年金方面，2015年1月，国务院发布的《关于机关事业单位工作人员养老保险制度改革的决定》（国发〔2015〕2号）要求：机关事业单位在参加基本养老保险的基础上，应当为其工作人员建立职业年金。在企业年金方面，2017年12月，人社部、财政部联合印发了《企业年金办法》（人力资源社会保障部令第36号），对企业年金制度进一步完善。该办法规定，在资金筹集上，企业年金所需费用由企业和职工个人共同缴纳，基金实行完全积累，为每个参加企业年金的职工建立个人账户。在商业养老保险方面，2017年6月《国务院办公厅关于加快发展商业养老保险的若干意见》（国办发〔2017〕59号）发布，提出依托商业保险机构专业优势和市场机制作用，扩大商业养老保险产品供给。2018年4月，财政部等五部门发布《关于开展个人税收递延型商业养老保险试点的通知》（财税〔2018〕22号），启动了税收递延型商业养老保险的试点工作。自2018年5月1日起，在上海市、福建省（含厦门市）和苏州工业园区实施个人税收递延型商业养老保险试点。2021年12月，中央全面深化改革委员会第二十三次会议审议通过了《关于推动个人养老金发展的意见》，强调要推动发展适合中国国情、政府政策支持、个人自愿参加、市场化运营的个人养老金。

## 二　养老金制度存在的主要问题

尽管中国养老金制度改革取得了积极的进展，但作为一项保障老年收入的基本制度，仍然存在一些问题，有待改进。

一是公平性问题。主要表现在以下几个方面：机关事业单位人员、城镇职工、城乡居民等不同群体之间的养老金收入差距过大；待遇计算以地区为基础，导致养老金收入地区差异大；男女实行差别退休年龄，扩大了养老金性别差异；企业年金制度设计不合理，造成不同企业参与积极性差异大，最终会导致补充养老金差异显著。

二是可持续性问题。当前养老金制度中存在一些不利于财务可持续性的参数设计，需要进一步推动改革。例如，在城镇职工基本养老保险中规定，缴费年限（含视同缴费年限，下同）累计满15年的人员，退休后按月发给基本养老金，实际上会导致大量参保者在缴费达到15年以后不再缴费。再例如，个人账户养老金月标准为个人账户储存额除以计发月数，计发月数根据职工退休时城镇人口平均预期寿命、本人退休年龄、利息等因素确定，但实际上个人账户养老金的计发月数自公布以来没有进行调整。与此同时，个人账户余额可继承的规定使个人账户养老金必然因长寿而产生资金缺口。此外，在人群收入差距较大的情况下，缴费基数300%的上限规定实际上减轻了部分高收入者的缴费义务，而部分群体过高的养老金待遇水平加大了养老金支付压力，均不利于养老金制度长期可持续性。

三是充足性问题。当前，城乡居民基本养老保险待遇过低，养老金收入对保障城乡居民老年收入作用十分有限。城乡居民基本养老保险待遇低存在几个制度性因素：城乡居民基本养老保险制度建立时间短，个人养老金积累时间短；城乡居民基本养老保险制度建立时没有像职工基本养老保险那样考虑历史贡献，设置视同缴费年限、过渡养老金；国家统一设置的基础养老金水平较低，且调整机制不完善，建立以来调整幅度远低于职工基本养老保险。

四是流动性问题，或者称为便携性问题。当前，在两个基本养老保险制度之间建立了一个转移接续机制，使二者之间存在相互转移接续的可能。但是从一个基本养老保险制度转向另一个基本养老保险制度，都存在养老金权益损失。根据《城乡养老保险制度衔接暂行办法》的有关规定，因为城乡居民基本养老保险待遇水平远远低于城镇职工基本养老保险，从城镇职工基本养老保险制度转入城乡居民基本养老保险的，将面临待遇水平损失；而从城乡居民基本养老保险转入城镇职工基本养老保险的，由于缴费年限不合并计算或折算，损失的是缴费年限，最终将影响其基础养老金替代率。这种因流动带来养老金权益损失最终会降低对老年人的收入保障程度，同时也损害制度本身。

## 三 进一步完善养老金制度的建议

在《中华人民共和国国民经济和社会发展第十四个五年规划和2035年远景目标纲要》中已经对今后一个时期的养老金改革和退休年龄改革进行了明确的部署。这些部署明确了今后一个时期养老金改革和退休年龄改革的具体任务和基本原则。这里就如何进一步推进改革提出一些具体的政策建议。

### （一）进一步推进制度整合，完善多层次养老金体系

发展多层次、多支柱的养老保险体系已经成为今后一个时期的重点

工作，但是当前比较重视的是发展第二支柱和第三支柱。正如前文所提及的，当前多层次、多支柱养老金体系的再分配功能不足，建议进一步改革，在第一支柱下再增加一个与缴费无关的零支柱。改革后的养老金体系有四个层次：一是普惠性、非缴费的第一层次。建议将城乡居民养老保险社会统筹部分改革为公民养老金，扩展至全体老年公民，形成覆盖全民的普惠性和兜底性的第一层次养老金，适当提高标准[①]。二是与缴费相关联的第二层次。目前城镇职工基本养老保险制度中的社会统筹和个人缴费，城乡居民基本养老保险制度中的个人缴费，均属于这一类。可以适当改革缴费和待遇之间的关联方式，使城镇职工的养老金待遇在改革前后基本保持相当水平。这部分的改革可以和退休年龄改革同时推进，可以适当改革缴费和待遇之间的关联方式，达到延迟退休年龄和改善养老金制度可持续性的双重目的。三是由单位补充养老保险组成的第三层次。即当前的企业年金和职业年金。但考虑到职业年金是政策并轨和过渡的需要，企业年金属于自愿原则，企业年金缴费率不应与职业年金缴费率看齐，而是应大幅降低，避免最终形成国有企业职工与其他群体之间养老金差异过大的问题。四是由个人养老储蓄和保险构成的第四层次。当前的税延型养老保险属于这个层次。在这个层次可以采取一些鼓励性措施。改革以后，养老金体系的制度框架由"2+1"变成"1×4"（一个制度、四个层次）[②]。

### （二）从收支两侧着力，改善养老金制度可持续性

在收入侧，要多方拓展收入来源。一是适当提高养老金缴费基数上限。在当前的缴费中，缴费上限过低明显降低了高收入人群的缴费水平，不利于养老金收支平衡。同时考虑到当前收入差距较大，需要社会

---

[①] 林宝：《从七普数据看中国人口发展趋势》，《人民论坛》2021年第15期。
[②] 林宝：《积极应对人口老龄化：内涵、举措及建议》，中国社会科学出版社2021年版，第92—93页。

保障制度加大收入调节力度，建议把缴费上限从当前缴费基数的300%适当提高（如500%），提高高收入人群的实际缴费水平。二是进一步规范养老保险缴费行为。在一些地区此前为降低企业负担，曾让企业按照最低工资或是缴费基数的60%缴纳养老保险费，而不是按照企业职工实际的工资水平缴纳，这实质上降低了缴费水平。对工资超过缴费下限的人员，应严格按照实际工资缴纳养老保险费，不得降低缴费标准。三是加大划拨国有资产补充养老保险基金力度。在养老保险缴费大幅降低后，还需要进一步加大国有资产补充养老金力度才能保障收支平衡。四是将反腐败没收财物直接充实养老保险基金。建议将在反腐败过程中查获的受贿财物、巨额来源不明的财产直接划拨养老保险基金。此外，在《人力资源和社会保障事业发展"十四五"规划》中提出"逐步提高领取基本养老金最低缴费年限"也是着眼于增加养老金收入，但应该重点关注这一政策对农民工参保人员的影响[①]。

在支出侧，要进一步完善待遇确定和调整机制。一是应确定养老金最高限额，对超过最高限额的退休人员，暂时冻结养老金调整，直到其低于最高限额后再重新启动调整，且不可再超过最高限额。具体限额可以由相关主管部门进行具体测算后提出，可以平均养老金或社会平均工资的倍数来表示。二是在待遇确定和调整机制中纳入人口老龄化因素。一方面，应将人口老龄化因素纳入待遇确定计算公式之中，确保待遇计算参数如计发月数等反映当期人口老龄化状况。另一方面，将人口老龄化因素纳入养老金指数化。应该真正建立起工资指数、物价指数、人口结构变化与养老金调整机制之间的联系。建议确定一个包含工资指数、物价指数和人口结构因素的基础养老金调整机制，对社会公布，实现调整机制的透明化和科学化。三是实现基本养老保险制度个人账户夫妻共

---

① 林宝：《积极应对人口老龄化：内涵、举措及建议》，中国社会科学出版社2021年版，第93—94页。

享,减少个人账户资金缺口。可具体操作为:明确自结婚的次月开始,夫妻二人开始共享养老金个人账户缴费,为操作简便,可以保持二者个人账户分立,二者的个人账户缴费额平均分成两份,进入二者个人账户;一旦离婚,则自次月起,二者个人缴费额不再平分,而是根据实际缴费额进入各自账户;退休时,根据各自个人账户积累额计算个人养老金;一方死亡,其个人账户剩余额并入配偶个人账户,当配偶死亡时,剩余额再由继承人继承。这一改革实际上提高了个人账户继承条件,有利于改善资金平衡。根据设计,夫妻中先去世一方的个人账户剩余可以用来支付后去世一方的个人养老金,可有效实现夫妻间的个人养老金互济,增强对长寿风险的防护。这种设计,从原来参保人死亡即可继承,改变为夫妻双方死亡才可继承,避免出现夫妻一方剩余早早被继承,而另一方还需要政策补贴的情况出现,有利于减小因制度规定可继承而导致个人账户必然出现的资金缺口。同时,这一改革还可有效缩小养老金的性别差异、保障女性权益,减少女性因离婚和生育造成的养老金待遇损失,可谓一举多得[①]。

**(三) 优化基础养老金待遇计算方法,兼顾横向公平与纵向公平**

职工基本养老保险全国统筹已经实施,但在兼顾横向公平与纵向公平方面仍然有所不足。要兼顾横向公平和纵向公平,最关键的一点是必须找到一个合理的基础养老金待遇确定方法,使制度前后易于衔接,民众能够接受。基于各地区历史缴费率不同,为保障公平,必须将缴费率纳入统筹后的基础养老金待遇计算方法,将养老金待遇与全国平均工资及个人的历史缴费贡献挂钩。建议基础养老金全国统筹后的待遇确定包括两个部分:一是上年全国在岗职工平

---

① 林宝:《积极应对人口老龄化:内涵、举措及建议》,中国社会科学出版社2021年版,第94—95页。

均工资。即将目前的基础养老金待遇确定公式中上年当地在岗职工平均工资以全国职工平均工资替代。二是个人指数化的平均缴费贡献。即将目前确定公式中的个人指数化平均缴费工资换成个人指数化平均缴费贡献。个人指数化的平均缴费贡献以上年全国职工在岗职工平均工资乘以个人缴费贡献指数。个人缴费贡献指数是个人各年实际缴费额与理论应缴费额的比值的平均数。个人各年实际缴费额等于个人各年的缴费基数乘以实际缴费率,理论缴费额等于各年的全国平均工资乘以制度规定的全国统一缴费率[①]。

这一统筹待遇确定方法有三个好处:一是真正实现了横向公平和纵向公平的统一,易于民众接受。将缴费率纳入待遇计算的方法,很好地解决了个人缴费贡献与基础养老金待遇的挂钩问题,杜绝了缴费贡献少而待遇高的不公平现象,同时也可实现缩小个人和地区之间养老金差距的目的,实现收入再分配。此外,由于新的待遇确定方式与个人缴费贡献实现了紧密衔接,可以体现出各地区之间实际缴费贡献的差异(而非经济发展水平之间的差异),原来缴费工资和缴费率较高的地区可以获得较高的养老金待遇,比较容易说服各地区接受。二是真正实现了全国统筹,完全消除了地区差别因素,可以实现无障碍的异地转移。根据这一待遇确定方式,基础养老金的确定只与全国在岗职工平均工资和个人的缴费贡献有关,而且个人缴费贡献得到了精确度量,因此无论最终在哪里领取养老金,都不会影响基础养老金水平,从而可以完全解决目前存在的地区之间转移困难的问题,并且不会带来便携性损失。三是可以实现新旧制度的有效衔接。新的待遇确定方式与目前的待遇确定方式在结构上、基本思路上保持一致,具有很好的政策延续性,不需要对现有基础养老金设计进行大刀阔斧的改革,只需要根据统筹范围的变化改变所用指标的口径和计算方法,在

---

① 林宝:《基础养老金全国统筹的待遇确定方法研究》,《中国人口科学》2016年第2期。

操作上较为简便①。

### （四）做好弹性设计，尽快启动渐进式延迟退休年龄

中国已经进入延迟退休年龄的合适时期，应尽早出台方案，早日实施。当前，延迟退休年龄还存在一些争议，应该早出方案、早寻共识，久拖不决并非良策，当然在方案设计上要尽量考虑民众利益，在宣传上尽量解答民众疑虑，只有这样才能保证政策能够顺利推行。建议用20年左右的时间按照男性每4年延迟1岁、女性每2年延迟1岁将法定退休年龄延迟至65岁。同时，在提高法定退休年龄的同时，将原退休年龄作为最低退休年龄，以法定退休年龄再加5岁作为最高退休年龄，不断扩大弹性退休年龄范围，最终形成男性可在60—70岁、女性可在55—70岁弹性退休。改革后，养老金待遇与退休年龄密切挂钩，根据延迟退休年龄的改革目标，为鼓励劳动者尽量在弹性区间内增加工作年限，可以改革养老缴费年限和基础养老金待遇之间的关系，具体说来可分三段：第一段是到达最低退休年龄以前，每缴费一年增加基础养老金略小于1个百分点；第二段是在最低退休年龄（弹性区间下限）和法定退休年龄之间，每缴费一年增加基础养老金等于1个百分点；第三段是在法定退休年龄和最高退休年龄（弹性区间上限）之间，每缴费一年增加基础养老金略大于1个百分点。由此，形成越晚退休、缴费价值越高的局面，引导人们延迟退休，从而实现改革目标。如果能够以现行退休年龄为基础进行弹性设计，逐步扩大弹性区间，那么延迟退休年龄改革本质上就是扩大退休年龄弹性的改革，可以将"渐进式延迟退休年龄"理解为"渐进式扩大退休年龄弹性"的改革。这一设计有几个明显优越性：一是充分尊重劳动者本人的选择权，劳动者可以在一定区间里自由选择退休，实际上让

---

① 林宝：《基础养老金全国统筹的待遇确定方法研究》，《中国人口科学》2016年第2期。

劳动者有更多的权利和自由来决定退休年龄;二是具有多劳多得的激励机制,为劳动者延迟退休年龄提供内在动力,劳动年限越长,养老金待遇水平越高,而且退休年龄越高,养老金缴费价值越高;三是过渡期的设置为女工人留下了更多选择,充分照顾到目前女干部和女工人退休年龄的差异,可以减少改革对个人的影响;四是为女性提供更大弹性,充分考虑了与现有制度衔接及家庭工作平衡,让女性可以更加从容地适应这项改革[1]。

---

[1] 林宝:《积极应对人口老龄化:内涵、目标和任务》,《中国人口科学》2021年第3期。

# 第十章

# 以长期护理保险为基础保障基本养老服务

保障基本养老服务是社会养老服务体系的重要任务。当前,中国正在大力推进基本养老服务体系建设。尽管学术界关于基本养老服务制度的核心内容——"服务谁、服务什么、谁来服务"仍然存在较大的分歧①,但从官方文件精神和工作动向来看,中国基本养老服务制度的内涵和建设方向已经基本明确,建设基本养老服务制度已经成为中国养老服务体系建设的重点任务。长期护理保险制度可以成为基本养老服务制度的依托,长期护理保险制度面向老年人最基本的护理需求,可通过建立需求评估和服务清单等厘清基本养老服务范围和服务标准;长期护理保险制度以社会共济的方式分担参保人的护理费用,将大大降低服务使用门槛,扩大基本养老服务惠及范围;长期护理保险制度可降低养老服务供需均衡价格,从而大大提高养老服务供需均衡水平,促进养老服务业发展,为基本养老服务供给提供保障。中国开展长期护理保险制度试点已经超过5年,应该及时总结试点经验,建立全国性的制度。

---

① 胡宏伟、蒋浩琛:《我国基本养老服务的概念阐析与政策意涵》,《社会政策研究》2021年第4期。

第十章　以长期护理保险为基础保障基本养老服务

## 一　基本养老服务体系建设的进展及意义

在2021年9月召开的全国基本养老服务体系建设推进电视电话会议上，民政部领导对中国基本养老服务体系的内涵进行了清晰的阐述，回答了"服务谁、服务什么、谁来服务"等关键问题。在"服务谁"的问题上，明确基本养老服务核心目的是从制度上保障全体老年人的基本生存发展权，保证全体老年人在享受基本养老服务上机会均等、规则公平；在"服务什么"的问题上，明确基本养老服务应当以满足失能照护需求为核心，以保障生活安全为底线并动态调整，避免老无所养、老无所依，防止出现冲击社会道德底线的现象；在"谁来服务"的问题上，明确基本养老服务应突出政府供给保障的主体地位并发挥市场、社会、家庭和老年人自身作用，通过政府主导、家庭尽责、市场和社会参与的有机统一，让所有老年人都能享受到基本的养老服务保障[①]。从这个界定来看，中国基本养老服务体系的服务对象是全体老年人，服务范围是失能照护和生活安全等最基本的服务，而服务供给则需要整合社会各方力量，实现多元化。这一界定体现了基本养老服务体系的全覆盖、保基本、共建共享的建设思路，有利于统一对基本养老服务体系的认识，保证基本养老服务体系建设目标和方向的一致性。

近年来，基本养老服务体系建设已经成为中国养老服务体系建设的重要任务。首先，"人人享有基本养老服务"已经成为养老服务体系建设的重要目标。《国务院关于加快发展养老服务业的若干意见》（国发〔2013〕35号）明确提出了"坚持保障基本"的原则，提出

---

[①] 《民政部召开全国基本养老服务体系建设推进电视电话会议》，中国政府网，http://www.gov.cn/xinwen/2021-09/27/content_5639531.htm。

"确保人人享有基本养老服务"。《国务院办公厅关于推进养老服务发展的意见》(国办发〔2019〕5号)再次明确到2022年保障人人享有基本养老服务。其次,建立基本养老服务清单制度是今后一个时期的重点工作。《中共中央国务院关于加强新时代老龄工作的意见》中明确提出"建立基本养老服务清单制度",《"十四五"民政事业发展规划》也提出"建立基本养老服务清单"。实际上,基本养老服务清单是基本养老服务体系的重要举措,即通过清单的方式将基本养老服务体系的服务对象、范围、标准、方式、责任等明确出来,使基本养老服务体系建设进一步落地,更具可操作性。近期的政策文件特别强调建设基本养老服务清单制度,表明基本养老服务体系建设已经进入操作性阶段。最后,一些地方对建设基本养老服务体系进行了积极的探索。北京、山东、广州、安徽等地均出台了基本养老服务清单。在2021年9月召开的全国基本养老服务体系建设推进电视电话会议上,还重点推荐了广州的做法,被认为开拓性、精准性、可操作性、系统性特点突出[①]。

基本养老服务体系对社会养老服务体系具有十分重要的意义。一方面,基本养老服务体系是社会养老服务体系的基础。中国社会养老服务体系建设的根本出发点是满足老年人的养老服务需求,但老年人的养老需求具有多层次、多样性的特点,作为一个处于社会主义初级阶段的国家,基于未富先老的现实,必然要对老年人的养老需求进行识别,对老年人需求的轻重缓急加以区分,把满足老年人的最基本需求作为首要的任务。为实现这一点,就必须对老年人的基本需求进行界定、评估,确定相应的服务标准和服务供给方式、供给责任等,从而形成基本养老服务体系。另一方面,提供基

---

① 《民政部召开全国基本养老服务体系建设推进电视电话会议》,中国政府网,http://www.gov.cn/xinwen/2021-09/27/content_5639531.htm。

本养老服务是社会养老服务体系得以发展的逻辑起点和客观依据。社会养老服务体系是养老事业和养老产业协调发展的体系，前者强调公益性，后者强调竞争性。从社会养老服务体系的发展历程看，一般是从养老事业向养老产业扩展，养老产业是养老事业发展到一定阶段的产物①。社会养老服务体系建设一般首先关注养老服务体系的公益性问题，兜住底线；然后再关注养老服务供给的竞争性问题，实现规模扩大和品质提升。从性质上看，基本养老服务可以纳入养老事业的范畴，具有公益性的特征。从这个意义上说，社会养老服务体系建设正是从提供基本养老服务开始，然后才逐步向更高层次的养老服务延伸。同时，能够提供基本养老服务也是社会养老服务体系获得各项政策支持的依据所在。正是因为有了提供基本养老服务的功能，社会养老服务体系才具有了普遍的社会基础，对其建设的必要性和重要性形成了社会共识。基本养老服务制度把社会养老服务体系中的基本养老服务和非基本养老服务区分开来，有利于划清责任、明确政策重点，从而在更好保障基本养老服务的同时推动多层次社会养老服务体系的发展。

## 二 以长期护理保险为基础保障基本养老服务

世界卫生组织将长期护理定义为"由非正规照料者（家庭、朋友或邻居）和专业人员（卫生和社会服务）进行的照料活动体系，以保证那些不具备完全自我照料能力的人能继续得到其个人喜欢的以及较高的生活质量，获得最大可能的独立程度、自主、参与、个人满足及人格尊严"。长期护理保险是指为那些因老年、疾病或伤

---

① 《事业产业协同 养老服务更优》，中国政府网，http://www.gov.cn/xinwen/2021-10/20/content_ 5643769. htm。

残导致丧失日常生活能力而需要被长期照顾的人提供护理费用或护理服务的保险。老年人是长期护理服务的主要使用者。建立长期护理保险制度，不仅是满足养老服务需求、应对人口老龄化的需要，也是促进养老服务业发展、实现经济结构转型升级的需要，更是加快社会建设、让社会发展成果更多更好地惠及全体人民的需要①。

长期护理保险制度与基本养老服务保障有高度的内在一致性，完全可以依托长期护理保险制度来保障基本养老服务。在政策出发点上，基本养老服务体系和长期护理保险制度都是为了保障老年人的最基本需求。在民政部的定义里，基本养老服务是"以满足失能照护需求为核心，以保障生活安全为底线"。而长期护理保险制度建立的根本原因就是保障失能照护需求。显然，基本养老服务体系和长期护理保险制度在制度出发点上具有天然重合的部分，长期护理保险制度可以覆盖基本养老服务体系的核心内容，因而以长期护理保险制度为基础保障基本养老服务不仅具有可能性，而且具有必然性。在政策目标上，基本养老服务体系和长期护理保险制度都是以公平性为首要目标，遵循"全覆盖、保基本"的基本原则。在服务对象上，基本养老服务体系和长期护理保险制度最终服务的是具有特定需求的老年人。尽管基本养老服务体系和长期护理保险制度坚持覆盖人群很广，但真正享受服务的都是产生了特定需求，主要是失能照护需求的老年人。在服务标准上，基本养老服务体系和长期护理保险制度框架下提供的服务都是遵循一定的服务标准，不是完全按照服务对象的需求提供服务，而是将服务对象的需求与制度所确定的服务标准相对应，从而提供适度的标准化服务。在服务流程上，基本养老服务体系和长期护理保险制度都必须经过需求评估和识别环节，确定老年人需求是否属于制度保障范畴以及应该享受的服务类别和登记后才会提供相应的服

---

① 林宝：《对中国长期护理保险制度模式的初步思考》，《老龄科学研究》2015年第5期。

务。由此可见，基本养老服务体系与长期护理保险制度具有高度的相似性和内在一致性，具备以长期护理保险制度保障基本养老服务的基本条件。

依托长期护理保险制度保障基本养老服务具有无可比拟的优势。一是长期护理保险制度面向老年人最基本的护理需求，可通过建立需求评估和服务清单等厘清基本养老服务范围和服务标准。长期护理保险制度设计的一个核心内容就是要确定保险给付的条件、标准和方式，因此必然需要确定什么样的服务才会发生保险给付、提供什么样的服务和以怎样的标准提供服务，这就要求建立老年人需求评估制度和服务清单。因而，只要基本养老服务的基本范畴确定了，就可以借助长期护理保险制度的需求评估系统对老年人进行需求评估，基于长期护理保险制度的服务清单制定基本养老服务清单。即便二者的服务范围有所不同，也可以通过挑选子清单或是调整清单的方式，大大减轻建立基本养老服务清单的工作量。

二是长期护理保险制度以社会共济的方式分担参保人的护理费用，将扩大基本养老服务惠及范围。由于受资金约束，基本养老服务体系的服务范围必然有所限制。长期护理保险制度由于通过分担的方式减轻了使用者的费用负担，可有效扩大受益人群。因此，在资金量一定的情况下，如果能够把有限财政资金用于补贴老年人参保长期护理保险，则可以迅速扩大基本养老服务保障范围，惠及更多人群，达到四两拨千斤的效果。

三是长期护理保险制度可降低养老服务供需均衡价格，从而大大提高养老服务供需均衡水平，促进养老服务业发展，为基本养老服务供给提供保障。养老服务业的发展是社会养老服务体系得以发挥作用的前提和条件。在养老服务市场上，由于存在供给方相对高成本和需求方相对低购买能力之间的矛盾，因而会产生"低水平均衡陷阱"现象，即供需双方任何一方扩大养老服务规模的努力最终使市场萎缩①。长期护理保险制度由于采取社会共济的方式，因而使用者的部分负担将由参保者分担，使用者只需要支付一个低于服务供给成本的价格就可以享受长期护理服务，客观上将降低养老服务市场均衡价格，解决高供给成本和低购买能力之间的内在矛盾，从而扩大服务利用规模，提高供需均衡水平，走出"低水平均衡陷阱"，促进养老服务业发展，进而推动社会养老服务体系的发展。

四是依托长期护理保险制度保障基本养老服务可以节省制度成本，提高政策有效性和资源配置效率。如果能够依托长期护理保险制度来保障基本养老服务，则不需要另外建立一套基本养老服务制度，只需要全心全意建设好长期护理保险制度。由于只建立一套制度，在很大程度上实现了资源共享，减少了两个制度之间的摩擦和沟通成本，毫无疑问将有利于实现政策成本下降与效率提升。

## 三 对长期护理保险制度模式的建议②

### （一）长期护理保险制度应具备的基本特征

根据长期护理保险制度实施的国际经验和中国社会保险制度的经验教训，中国长期护理保险制度应该是一个统一的、福利性、普惠性和强制性社会保障制度，为国民提供标准化的基本护理保障。具体来说，应该具备以下几个特征。

一是统一性。中国长期护理保险制度应该是全国统一性的制度，即在全国不分城乡、不分地区采用相同的制度框架。"碎片化"发展是中国社会保障制度发展的一大弊端，受到了人们普遍的指责，无论是养老保险，还是医疗保险制度，都存在人群分割、地区分割，使得

---

① 林宝：《养老服务业"低水平均衡陷阱"与政策支持》，《新疆师范大学学报》（哲学社会科学版）2017年第1期。

② 林宝：《对中国长期护理保险制度模式的初步思考》，《老龄科学研究》2015年第5期。

制度并轨和整合已经成为当前社会保障制度改革的重要任务。长期护理保险制度作为一种新的社会保障制度，要避免出现养老保险、医疗保险发展过程中人群有别、先城后乡的情况，从制度建立之初就应该实施统一的制度，不走弯路。

二是福利性。中国长期护理保险制度必须具备一定的社会再分配性质，必须有部分资金来源于公共财政，承担长期护理保险中的托底功能。公共财政投入主要通过政府补贴的形式对部分低收入困难群体参保和使用服务进行补贴，确保低收入群体可参与到制度中来并确保他们有能力享受护理服务。对长期护理进行公共投入是发达国家的普遍做法，一些建立长期护理保险制度的国家大多在制度筹资机制中将公共投入作为重要资金来源，如日本长期护理保险制度中在使用者承担10%后，剩余部分由保费和"公费"各担50%[①]。

三是普惠性。中国长期护理保险应该成为一项广覆盖的制度。广覆盖是养老、医疗等中国社会保障制度所追寻的目标，也应该成为长期护理保险制度的目标。长期护理保险制度建立后，作为一种基本的社会保障制度，应尽可能惠及全体人民。所有参保人员特别是老年人，只要经过需求评估符合长期护理保险支付条件都可纳入保险支付范围，尤其要把广大农村老年人纳入保障范围。

四是强制性。中国长期护理保险应该是一项要求符合条件的参保人必须参与的制度。强制性是大多数社会保险制度的基本特征，由于社会保险的再分配功能，容易出现逆向选择问题，即风险大的人倾向参加，而风险小的人倾向不参加，因此强制性往往成为保障社会保险制度顺利实施的条件。

五是保基本。中国长期护理保险制度应该覆盖最基本的护理服

---

① 出和晓子：《日本护理保险制度研究——创立背景、改革过程和经验借鉴》，博士学位论文，中国人民大学，2009年。

务。护理需求是一个多层次的需求，服务内容和水平可以有不同的标准。与已经建立长期护理保险制度的国家相比，中国目前的经济发展水平还相对滞后，暂时还无力为全民提供一个较高水平的护理保障，实际上即便是韩国这样人均GDP已经超过2万美元的国家，对服务内容也进行了较为严格的规定。中国在起步阶段，不宜将护理服务的内容和水平设定过高，还是应该从实际出发，坚持低水平起步，在内容上可以限定一个基本护理服务范围，原则上以帮助服务利用人获得一定的独立、自主和生活质量改善为目标。日后随着社会经济发展水平逐渐提高，可再逐步提高长期护理服务的内容和标准。

六是标准化。中国长期护理保险制度必须建立一个标准化的服务提供体系。具体包括：首先，要建立标准化的需求评估和分级机制；其次，要对每个护理等级的服务内容和时间进行明确的规定；再次，对服务提供者的报酬和相应服务的价格也应有明确的规定；最后，对护理服务所涉及的相关产品范围和价格等也必须予以明确。标准化体系将使服务利用者、提供者对自己的权利和义务有明确的了解，有利于保证长期护理保险制度的顺利实施。

## （二）长期护理保险制度模式选择

长期护理保险制度模式选择中涉及几个关键问题：谁参与？钱从哪儿来？如何确定受益人？提供什么保障？这几个问题分别涉及制度的覆盖人群、筹资模式、需求评估和保险给付等方面的内容。下文也将从这几个方面阐述中国长期护理保险制度的模式选择问题。

一是覆盖人群。根据医疗保险覆盖范围确定长期护理保险制度的覆盖面是国际上的普遍做法。德国要求各类医疗保险的投保人都要参加护理保险，日本要求40岁以上的各类医疗保险必须参保护理保险，而韩国则要求20岁以上的国民医疗保险参保人皆为参保人。有研究①建议,实行"护理保险跟从医疗保险"的原则,参保人为18—65岁国民,但这一年龄范围与中国目前的医疗保险制度并不衔接。1998年发布的《国务院关于建立城镇职工基本医疗保险制度的决定》和2011年实施的《中华人民共和国社会保险法》(以下简称《社会保险法》)均没有明确规定城镇职工医疗保险的参保年龄,但是《社会保险法》明确规定"职工应当参加职工基本医疗保险,由用人单位和职工按照国家规定共同缴纳基本医疗保险费"。根据《中华人民共和国劳动法》的规定,最低合法劳动年龄为16岁,因此,实际上16岁以上的职工都应该参加城镇职工医疗保险。2007年,国务院发布的《关于开展城镇居民基本医疗保险试点的指导意见》确定的居民基本医疗保险参保范围是:不属于城镇职工基本医疗保险制度覆盖范围的中小学阶段的学生(包括职业高中、中专、技校学生)、少年儿童和其他非从业城镇居民都可自愿参加城镇居民基本医疗保险。这一范围实际上是涵盖了城镇未参加职工基本医疗保险的所有居民,涉及各个年龄阶段。2003年,由国务院办公厅转发的卫生部等部门制定的《关于建立新型农村合作医疗制度的意见》规定,农民以家庭为单位自愿参加新型农村合作医疗,实际上也是适合各个年龄的农村居民。

中国长期护理保险制度应该以各类医保参保人群作为长期护理保险制度的覆盖人群,即根据目前城镇职工医疗保险、城镇居民医疗保险和农村新型合作医疗保险的覆盖范围,将大部分在职人员和全部老年人纳入参保范围。在具体参保年龄上,考虑到护理需求更多发生在老年阶段,因此可以将参保范围界定为一定年龄以上的各类医疗保险参保人,可以考虑几种口径:一是按照职工医疗保险的参保年龄,将参保年龄限定为16岁以上;二是借鉴韩国的做法,统一限定为20岁以上;三是借

---

① 戴卫东:《长期护理保险制度理论与模式构建》,《人民论坛》2011年第29期。

鉴日本的做法,限定为40岁以上。考虑到中国未来老龄化速度较快,护理需求增长迅速,缴费年龄不宜过高,否则缴费率会较高,而在当前社会保障整体缴费负担较大的情况下,高缴费率显然不利于制度的发展,因此可以考虑对在职者采用16岁或20岁以上,无业人员则参保年龄可适当提高,同时对低收入群体的缴费进行财政补贴。

二是筹资机制。政府补贴、保险缴费和使用者负担共同成为护理保险制度的筹资来源,是其他国家在实施长期护理保险制度时通常采用的做法,如荷兰、日本、韩国等均采用了这种筹资模式。在不同国家的筹资机制安排中,政府补贴、保险缴费和使用者负担比例有所不同,德国政府补贴占1/3以上,日本约为45%,韩国约为20%。使用者负担一般不超过20%,如日本使用者负担约10%,韩国则机构服务使用者个人负担20%,居家服务使用者个人负担15%,但有不少研究认为韩国使用者的负担过重[①]。

目前,中国养老保险制度、医疗保险制度主要是以缴费为主要的资金来源,但也有一定的财政补贴机制,在此之外,保险无法涵盖的部分实际上也是由个人负担的,因此目前的社会保险制度本身就是由财政补贴、保险缴费和个人负担等多个来源构成。从某种意义上说,中国长期护理保险制度采用三源合一的筹资机制虽然借鉴了国外的实践经验,但实际上同时也是中国社会保障制度传统筹资机制的延续。在此前的研究中,一些学者也大多强调应该建立多来源的筹资机制,例如出和晓子建议对护理保险的财源筹集方式应该参照日本和韩国模式,采取混合型财源筹集方式[②];张瑞建议参照医疗保险缴费[③];刘

---

[①] 元奭朝、金炳彻:《韩国老人护理保险的批判性检验》,《社会保障研究》2008年第1期。

[②] 出和晓子:《日本护理保险制度研究——创立背景、改革过程和经验借鉴》,博士学位论文,中国人民大学,2009年。

[③] 张瑞:《中国长期护理保险的模式选择与制度设计》,《中州学刊》2012年第6期。

金涛和陈树文主张建立"个人缴付＋企业缴付＋政府财政补贴"的筹资机制[①]；戴卫东建议采用三方（政府、企业和个人）供款制，并且服务利用者自付一定比例的费用[②]，但这些研究并未就各方应承担的资金比例进行具体的探讨。

中国长期护理保险制度应该建立政府补贴、保险缴费和使用者负担三源合一的筹资机制。考虑到长期护理保险的社会保险性质，保险缴费应该成为长期护理保险制度的主要资金来源，建议占比60%—70%，可由雇主缴费和个人缴费共同筹集，参考养老保险和医疗保险的做法，有单位就业人员缴费率略高，灵活就业人员和无业人员的缴费率适当降低，退休人员缴费可以由养老保险基金承担一部分。根据韩国的经验，使用者负担比例不宜过高，建议占比在20%以下，制度起步阶段可参考韩国的做法，机构服务使用者个人负担20%，居家服务使用者个人负担15%，体现出鼓励居家养老的政策导向。其余部分则由财政补贴负担，财政补贴重点用于补贴低收入群体的参保和服务使用。

三是需求评估。护理需求分级和评估制度是长期护理保险制度运行的关键一环，是确定保险给付的条件。所有实施长期护理保险制度的国家均建立了相应的需求分级和评估制度。例如，德国将长期护理需求分为三个等级，由德国医疗保险基金的医疗审查委员会组织评估；日本则分为七个等级，由地方护理认定审查委员会组织评估；韩国分为三个等级，由等级判定委员会组织评估。

中国目前并没有建成护理需求分级和评估制度，在建立长期护理保险制度的过程中，必须要建立这样的制度。出和晓子建议中国在创立护理保险制度的初期阶段，护理需求涵盖范围应采用结合韩国和日本制度的折中型方式，主要以韩国的制度为参考，而针对轻度人群，

---

① 刘金涛、陈树文：《我国老年长期护理保险筹资机制探析》，《大连理工大学学报》（社会科学版）2011年第3期。

② 戴卫东：《长期护理保险制度理论与模式构建》，《人民论坛》2011年第29期。

可以采取日本于2005年制度改革时提出的"重视预防型体系"中的护理预防给付服务的形式①。从中国的情况看，这一建议是适当的。正如前文所述，中国长期护理保险制度是一个全国各地区统一的制度，因此建议在全国范围内采用统一的护理需求分级制度和评估标准，护理需求分级标准可借鉴日本和韩国的经验，宽严程度处于二者之间，护理需求可分为3—5级，具体的等级划分标准需根据自理能力而确定，而不限于某些特殊的疾病。为了使护理需求分级更为科学，使长期护理保险制度具有更好的可持续，建议在分级标准确定前，开展一次全国范围的人口自理状况调查，对各等级涵盖的人群做到心里有数。

在制定了统一的护理需求分级制度后，还需对护理需求进行评估，以便确定具体的护理级别。中国目前没有相应的机构可承担护理需求评估职责，可在地方（如县级）建立护理需求评估委员会组织实施。具体实施流程可设计为申请—初审—确定三个步骤。申请是指任何要获得长期护理保险给付的参保人在产生护理需求后应该向需求评估委员会提出申请，委员会接到申请后将指定护理需求评审员进行初审，对初审合格的申请人要求其到县级（含）以上医疗机构进行自理能力鉴定，需求评估委员会根据全国统一的标准和鉴定结果确定护理需求等级，并安排后续的保险给付。

四是保险给付。从其他国家长期护理保险的给付看，主要有实物支付、现金支付和混合支付。实物支付是指直接为受益人提供护理服务，现金支付是指为受益人支付现金，混合支付是指提供服务和支付现金相结合。为了保证受益人能合理使用护理服务，大多数国家不倾向直接向受益人支付现金，而是采用由护理机构或个人提供服务，护

---

① 出和晓子：《日本护理保险制度研究——创立背景、改革过程和经验借鉴》，博士学位论文，中国人民大学，2009年。

理保险向提供服务的机构和个人支付报酬的做法。但在一些特定的情况下，也采用现金支付。例如，荷兰的现金给付允许受益者用现金购买服务，但不限于健康护理提供者，其他愿意提供服务的朋友、邻居及亲属均可；韩国也设立了主要是鼓励家庭护理提供者的现金给付补贴。混合给付一般是在受益人既使用了正式护理服务，又使用了非正式服务时使用，在正式护理服务部分采用实物给付，在非正式护理服务部分采用现金给付。

中国长期护理保险制度也应该实施实物支付、现金支付和混合支付相结合的保险给付。实物支付可以结合中国以居家为基础、社会服务为依托、机构为支撑的养老服务体系特点，将实物支付分为居家服务、社区服务和机构服务三类。居家服务是指到利用者家里为其提供护理服务；社区服务是指在社区范围内的服务场所为利用者提供上门服务；机构服务是指为利用者提供入住护理机构的各项服务。严格确定机构服务利用的条件，并适当提高机构服务利用者的个人负担比例。同时，在长期护理保险制度中，应鼓励非正式的家庭护理服务，对这类服务可以采用现金支付。这一方面可以丰富护理服务的供给，另一方面也可节约护理资源（因为非正式服务的成本一般低于正式服务）。对于既使用正式护理服务，又使用非正式服务的利用者，可采用混合支付。三种给付方式在不同的场合下都可以发挥其优势，建议在长期护理保险制度中，根据不同的情况采用不同的给付方式，确保护理保险给付的效用最大化。

### （三）配套制度建设及时机选择

基于中国目前护理服务和养老服务体系的发展状况，要实施好长期护理保险制度，还必须进行一些配套的制度改革和建设。一是进行养老护理机构的分级与分类。实施长期护理保险制度后，要将养老机构作为实现机构护理的主要力量。为此，必须建立与长期护理保险制度发展相适应的机构服务供给结构。首先，必须对现有的养老机构功能进行调整，推动大部分养老机构实现医养结合，向护理型的养老机构转变；其次还要建立一批专业性的护理机构，实现养老机构的功能性分类和层次性分级，即不同的养老机构具备提供不同等级护理服务的能力，实现服务的专业化和层次性。如日本长期护理保险制度中，将机构服务分为护理老人福祉设施、护理老人保健设施、护理疗养型医疗机构三类。二是制定护理服务标准。护理服务标准包括服务提供标准和费用标准两类。服务提供标准是指长期护理保险制度中需要对不同等级的服务给付确定相应的时间标准（服务几小时）、内容标准（服务什么）、水平标准（怎样服务）。费用标准是指提供某一内容、某一水平服务单位时间内应支付的服务费用。制定护理服务标准的目的是将护理服务标准化，保险受益人可根据评估结果事先了解自己可得到怎样的服务给付，而服务提供者则可事先了解自己应该提供怎样的服务，以及提供该服务可以得到怎样的报偿。三是制定护理产品目录。长期护理保险服务给付包含一些护理产品的使用。在长期护理保险制度使用过程中，应该通过制定护理产品目录的形式明确服务给付包含哪些护理用品，每类用品允许使用哪些品牌的产品，价格几何，如何分担等。护理产品目录有利于护理利用者和提供者选用合适的护理产品，引导合理利用护理资源。

此外，建立长期护理保险制度要选择一个合适的时机。出和晓子认为，从老龄化程度考虑中国已经到了应该构建护理保险制度初步设想的准备阶段，从人均 GDP 考虑未来中国沿海地区将逐步达到创立护理保险制度所应有的经济水平，从养老观念上也发生了从依靠子女向依靠社会保障制度的转变[①]，但是，她并没有综合几种因素提出一

---

① 出和晓子：《日本护理保险制度研究——创立背景、改革过程和经验借鉴》，博士学位论文，中国人民大学，2009 年。

个合适的时机。从其他国家建立长期护理保险制度的时机来看，除日本外，大多65岁及以上人口比例为9%—15%，人均GDP为1万—2万美元，根据中国人口和经济发展趋势，当前中国人口老龄化程度和经济发展水平刚好处于这一区间，因此当前应该抓住时机，尽快总结试点经验，建立全国统一的长期护理保险制度。

## 四 长期护理保险制度筹资水平估计[①]

建立长期护理保险制度的一个关键是要建立一个合理的筹资机制。筹资水平是长期护理保险制度设计的一个重要参数，关系到制度的财务可持续性，因此必须有一个较为长远的估计，才有可能在制度设计时设定一个合理的缴费率水平，对未来长期的资金负担和资金平衡状况做到心中有数。为此，特利用上文对中国不能自理老年人口发展趋势的预测结果，在借鉴国内外长期护理保险筹资机制和筹资水平设计的基础上，分析中国长期护理保险制度所需筹资水平的变化趋势，以期为中国未来长期护理保险制度设计提供参考。

估计筹资水平的基本思路是：假定制度从2013年开始实施，先测算出2013年所需的缴费率，然后测算未来缴费率的变化情况。

首先，测算2013年所需缴费率。首先需要确定缴费人数、受益人数、平均支付水平和平均工资水平及保费收入占全部收入的比例等参数。缴费人数按照两种口径计算：第一种情景是城镇从业人员履行缴费义务；第二种情景则是履行缴费义务的除了城镇从业人员，还包括所有退休职工及一定年龄以上（按25岁及以上计算）的城乡居民，但居民的缴费率为职工缴费率的一半。2013年城镇从业人员可以通过统计年鉴查询得到，并利用第六次全国人口普查数据中16岁及以上

---

① 林宝：《中国长期护理保险筹资水平的初步估计》，《财经问题研究》2016年第10期。

就业人员年龄结构计算出 16—24 岁就业人员约占全部城镇就业人员的 20%，由此可得出 2013 年 25 岁及以上城镇就业人员数，以当年 25 岁及以上人口数减去 25 岁及以上城镇从业人员数，得到的人口数即为 2013 年 25 岁及以上城乡居民人口数。受益人覆盖全部 60 岁及以上不能自理老年人口，这里根据前文的预测结果计算。平均支付水平参考青岛市的支付状况，每日床位费按照 70 元计算，由于享受护理服务的多为终末期病人，因此每年都存在大量的更替，在更替时存在申请、审批等时间损失，因此假定年平均护理时间为 10 个月。平均工资水平采用 2013 年城镇职工平均工资。

其次，测算缴费率的增长率。测算缴费率的增长率需要确定受益人数的增长率和缴费人数的增长率。由于将受益人确定为 60 岁及以上不能自理老年人口，因此其增长率即为 60 岁及以上不能自理老年人口增长率，这可以通过前文的研究结果得到。缴费人数的增长率则根据以下思路计算：在第一种情景下，缴费人数的增长率即为城镇从业人员的增长率，在劳动参与率不发生较大变动的情况下，城镇从业人员的增长主要取决于城镇劳动年龄人口的变化，而由于随着高等教育的普及，低龄劳动年龄人口的劳动参与率较低，因此这里以 25—59 岁城镇劳动年龄人口的增长率近似估计缴费人数的增长率。各年的 25—59 岁城镇劳动年龄人口根据国家应对人口老龄化战略研究课题组的中方案人口预测结果得到。在第二种情景下，第一步先以 2013 年城镇从业人员为基础，根据 25—59 岁城镇劳动年龄人口增长率计算出各年城镇从业人员数；第二步乘以 25 岁及以上城镇从业人员占比估算出 25 岁及以上城镇从业人员数；第三步以 25 岁及以上城乡人口减去 25 岁及以上城镇从业人员数得到 25 岁及以上城乡居民人数；第四步将城乡居民人数除以 2 得到与城镇从业人员同等缴费率的城乡居民理论缴费人数；第五步将各年城镇从业人员数加上城乡居民理论缴费人数，即得到全部缴费人数；第六步以 2013 年全部缴费人数为基

## 第十章 以长期护理保险为基础保障基本养老服务

础,计算出各年全部缴费人数的增长率。

根据测算,如果按照前述假定模式在 2013 年建立长期护理保险制度,在第一种情景下,城镇从业人员的缴费率为 0.55%;在第二种情景下城镇从业人员的缴费率为 0.30%,城乡居民的缴费率为 0.15%。以 2013 年的缴费率和 2014—2050 年的缴费率增长率为基础,就可以计算出 2014—2050 年各年的长期护理保险缴费率。结果显示,在两种情景下,2014—2050 年,长期护理保险制度所需的缴费率将持续上升。在第一种情景下,缴费率将在 2033 年前后超过 1%,在 2048 年前后超过 1.5%,到 2050 年约为 1.61%;在第二种情景下,缴费率将在 2031 年前后超过 0.5%,2044 年超过 0.75%,到 2050 年为 0.88%(见图 10-1)。

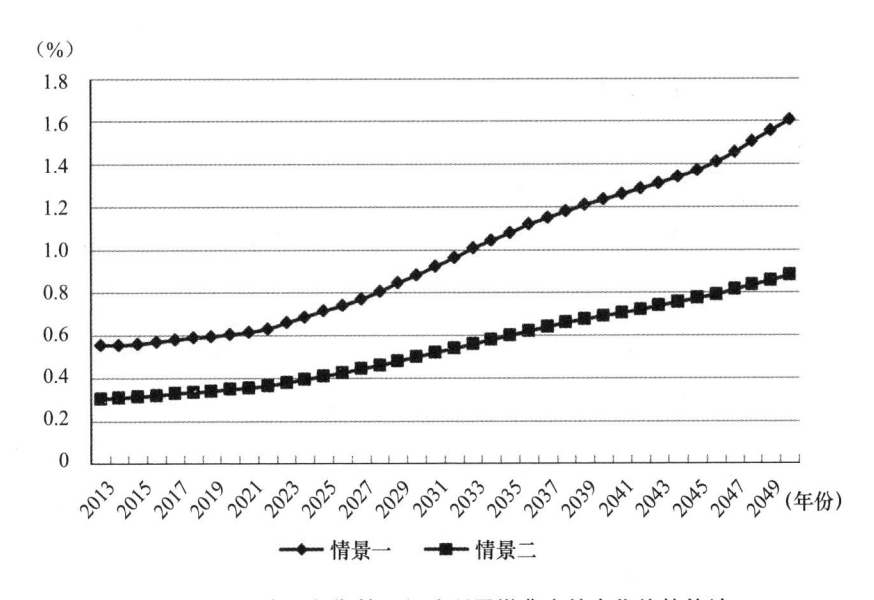

图 10-1 中国长期护理保险所需缴费率的变化趋势估计

测算表明,当仅仅让城镇就业人员承担缴费义务时,缴费水平略高,但总体上无论是与其他社会保障制度相比,还是与其他国家的长期护理保险缴费水平相比,均不是一个很高的缴费水平。当扩大缴费人群至一定年龄以上（如25岁及以上）的城乡居民时，缴费水平将降至一个较低的水平。如果考虑到可以采用多源合一的筹资机制，长期护理保险制度的筹资只是其中之一，那么缴费水平还将继续降低。当保险承担60%时，在第一种情景下，缴费率到2029年前后才会超过0.5%，到2050年也会控制在1%以下；在第二种情境下，到2048年缴费率才会超过0.5%。当保险承担80%时，在第一种情景下，缴费率将在2022年前后超过0.5%，2041年前后超过1%，到2050年约为1.28%；在第二种情景下，缴费率将在2037年前后超过0.5%，到2050年约为0.71%。

上文的测算表明，虽然随着人口老龄化，中国如果建立长期护理保险制度，所需的缴费率会一直呈上升趋势，但是如果能在一个较大的费基上建立该制度，合理控制受益人群，实际所需的缴费水平并不高，无论是政府、企业，还是个人，都是有能力去共同承担这一筹资水平的。

在当前社会保障缴费负担较大的大背景下，如何做到不进一步增加缴费负担，是长期护理保险制度能否建立的关键问题。由于筹资水平较低，长期护理保险的筹资实际上有很大的余地。当前，中国正处于社会保障制度改革的关键时期，也是调整社会保障制度结构的时期，因此可以考虑降低养老保险和医疗保险制度的缴费率，转而建立长期护理保险制度。首先，根据林宝[①]的测算，城镇职工基本养老保险如能对其转轨成本做出合理的安排，或是进行一些参数改革，具有一定降低缴费率的余地，当前确实已经降低了职工基本养老保险的企业缴费率，可以考虑将降低的缴费率中安排一部分作为长期护理保险缴费率；其次，医疗保险中存在着巨大的过度医疗行为，如果能够在

---

① 林宝：《人口老龄化对企业职工基本养老保险制度的影响》，《中国人口科学》2010年第1期。

一定程度上缓解这一问题，医疗保险中也可节约出一定的缴费率转向长期护理保险。青岛的实践也证明，长期护理保险制度实施后，可有效降低医疗保险参保者中的住院康复费用。另外，当前正在考虑从国有资产中划拨部分以充实社保基金，如能在长期护理保险建立初期进行一定的划拨资金安排，也将有利于制度的建立。

需要指出的是，这里对中国长期护理保险制度缴费率的估计是非常初步的，实际的缴费水平很大程度上取决于制度的具体设计，特别是受益人群的变化。本章将受益人群限定为60岁及以上不能自理人口，主要是受第六次全国人口普查人口健康状况调查数据所限，实际上对于不能自理人群享受护理保险的年龄门槛应该更低，同时对于半自理人群的护理需求和预防也需要在一定程度上加以考虑。但总体上，考虑到中国经济发展水平相对较低和人口老龄化速度相对较快的现实，长期护理保险还是应该从低水平起步，坚持宽费基、严受益的原则，先把制度建立起来，然后根据社会经济发展条件和人口状况不断调整和完善。

# 第十一章

# 以供给侧结构性改革为动力推动养老服务业发展[*]

总体上看，近年来养老服务业虽然有一定发展，但多元化的养老服务供给体系尚未形成，养老服务供给与满足老年人的养老服务需求仍然存在较大差距，存在供需失衡现象，养老服务业仍然处于"低水平均衡陷阱"之中。解决供需失衡现象，走出"低水平均衡陷阱"，需要从供需双侧着力。本章主要聚焦于供给侧，具体讨论养老服务供给侧存在的主要问题、改革的重点任务和政策思路。

## 一 养老服务供给侧存在的主要问题

养老服务供给侧的根本问题在于无法提供足够的有效供给以满足老年人的养老需求。这有两方面的原因，一方面是总体供给能力不足；另一方面是供给结构失衡。

一是总体供给能力不足，是指供小于需，具体表现为众多的老年人有养老服务需求，却无法获得相应的养老服务。供给能力不足与快速的社会转型有关。长期以来，中国老年人的养老主要由家庭成员来

---

[*] 林宝：《养老服务供给侧改革：重点任务与改革思路》，《北京工业大学学报》（社会科学版）2017年第6期。

提供服务，但是随着人口老龄化、少子高龄化和家庭小型化的发展，家庭提供养老服务（主要是生活照料）的能力显著下降，老年人的社会养老服务需求快速增长。在此情况下，整个社会还处于路径依赖之中，并未为这种转变做好准备，没有及时建立社会化养老服务供给体系以弥补家庭养老能力的不足，从而无法满足老年人不断增长的养老服务需求。养老服务供给总量不足的结果是，尽管中国老年人口众多，潜在需求巨大，但由于部分需求无法得到满足，养老服务市场规模仍然相对较小。据估计，中国养老服务市场的供需缺口达数千亿之巨[1]。

二是供给结构失衡，主要表现在供给错位，具体表现为供给结构与需求结构脱节，存在大量无效供给，养老服务的实际使用率较低。简单来看，由于整体上存在总量不足，如果结构合理，养老服务应该使用率较高，但实际情况却并非如此。从机构养老床位和居家养老服务来看，养老服务利用率低是一个普遍的现象。

机构养老存在床位空置率高和盈利比例低的问题。根据民政部发布的《2020年民政事业发展统计公报》，截至2020年年底，全国注册登记提供住宿的各类民政服务机构共计4.1万个。机构内床位515.4万张，年末抚养人员235.6万人。其中，全国共有注册登记的养老机构3.8万个，床位488.2万张[2]。以此推算，养老机构床位空置率超过50%。一些地方的调查也反映出类似的问题。2016年对北京养老机构的普查显示，有近20%的机构入住率不到20%，有50%的机构入住率不到50%。养老机构处于盈余状态的占4.0%，

---

[1] 《我国养老服务业供需缺口巨大》，新华网，http://www.js.xinhuanet.com/2014-09/22/c_1112573890.htm。

[2] 《2020年民政事业发展统计公报》，民政部，http://images3.mca.gov.cn/www2017/file/202109/1631265147970.pdf。

基本持平的占 32.8%，稍有亏损的占 32.6%，严重亏损的占 30.7%①。2021 年 1 月 24 日，北京市委社会工委书记、市民政局局长李万钧做客"市民对话一把手"时透露，目前北京的养老机构空置率仍有 40% 左右②。

社区养老服务存在覆盖率低和利用率低的问题。第四次中国城乡老年人生活状况抽样调查显示（见表 11-1），在社区生活类服务中，除便民服务（43.9%）、法律/维权服务（33%）、殡葬服务（21.8%）等几种服务，其他服务的覆盖率均不足 20%。在健康康复类服务中，除了健康讲座（37.5%）和上门看病（35%），其他服务覆盖率也均低于 20%。在文化娱乐、社会参与类服务中，除读书看报（59.2%）、棋牌娱乐（54.3%）、球类活动（29.8%）等几类服务，其他服务覆盖率均不足 10%。甚至有 35.1% 的社区没有所列的任何社区生活类服务，39.4% 的社区没有所列的任何医疗康复服务。这一状况说明，社区服务的缺乏是一种普遍的现象。

表 11-1　　　　社区生活服务和医疗康复服务提供情况　　　　单位:%

| 生活服务提供 | | 医疗康复服务 | |
| --- | --- | --- | --- |
| 类型 | 提供服务社区的比例 | 类型 | 提供服务社区的比例 |
| 老年餐桌 | 5.86 | 健康讲座 | 37.48 |
| 家政服务 | 15.20 | 陪同看病 | 5.63 |
| 陪同购物 | 2.23 | 上门看病 | 34.97 |
| 便民服务 | 43.91 | 家庭病床 | 4.52 |
| 托老服务 | 15.58 | 康复服务 | 12.34 |

---

① 乔晓春：《养老产业为何兴旺不起来?》，《社会政策研究》2019 年第 2 期。
② 《北京市民政局局长李万钧：全市养老机构空置率为 40%》，《北京商报》，https://baijiahao.baidu.com/s?id=1689771422093964108&wfr=spider&for=pc。

## 第十一章　以供给侧结构性改革为动力推动养老服务业发展

续表

| 生活服务提供 | | 医疗康复服务 | |
|---|---|---|---|
| 理财服务 | 3.26 | 上门护理 | 7.04 |
| 法律/维权服务 | 33.04 | 心理咨询 | 15.47 |
| 老年婚介服务 | 1.58 | 康复辅具租赁/出售 | 3.92 |
| 殡葬服务 | 21.79 | 都没有 | 39.38 |
| 都没有 | 35.06 | | |

资料来源：根据第四次中国城乡老年人生活状况抽样调查数据计算。

供给不足导致大量养老需求无法满足。调查显示，所有社区服务均存在需求大于利用的情况。分析社区服务需求与实际利用的关系可以看出，有各类需求的老年人实际利用各项服务的比例都很低，在所列的9项社区服务项目中，没有一项的实际利用比例达到了有该类需求老年人的50%，也就是说，各项社区服务，均有超过一半的老年人没有实际利用该项服务。助餐服务、助浴服务和康复护理服务的实际利用比例甚至低于10%（见表11-2）。这种状况说明，大量老年人的养老服务需求不能得到有效满足。

表11-2　　　　老年人对社区服务的需求与利用状况

| 服务项目 | 需求（%） | 利用（%） | 需求—利用（百分点） | 利用/需求（%） |
|---|---|---|---|---|
| 助餐服务 | 8.45 | 0.74 | 7.71 | 8.76 |
| 助浴服务 | 4.48 | 0.39 | 4.09 | 8.71 |
| 上门做家务 | 12.04 | 1.82 | 10.22 | 15.12 |
| 上门看病 | 38.08 | 15.15 | 22.93 | 39.78 |
| 日间照料 | 9.35 | 1.17 | 8.18 | 12.51 |
| 康复护理 | 11.32 | 0.84 | 10.48 | 7.42 |
| 老年辅具用品租赁 | 3.68 | 0.49 | 3.19 | 13.32 |

续表

| 服务项目 | 需求（%） | 利用（%） | 需求—利用（百分点） | 利用/需求（%） |
|---|---|---|---|---|
| 健康教育服务 | 10.34 | 4.45 | 5.89 | 43.04 |
| 心理咨询/聊天解闷 | 10.64 | 2.39 | 8.25 | 22.46 |

资料来源：根据第四次中国城乡老年人生活状况抽样调查数据计算。

养老服务实际利用率低很大程度上是因为养老服务供给的结构性问题十分突出。以养老机构床位数的供给为例，表现为护理型床位缺口较大。在各地养老机构的发展进程中，率先发展的普通床位，护理型养老床位的配置近年来才得到重视，因此护理型养老床位普遍存在缺口。《国务院办公厅关于全面放开养老服务市场提升养老服务质量的若干意见》（国办发〔2016〕91号）提出，各地要进一步扩大面向居家社区、农村、失能半失能老年人的服务资源，结合实际提出养老床位结构的合理比例，到2020年护理型床位占当地养老床位总数的比例应不低于30%。以"十三五"养老机构床位数达到每千人35—40张的目标推算，护理型床位数为10—12张，仍然大大低于不能自理老年人口3%左右的占比。这种结构性失衡，就会导致护理型床位紧张，而普通床位过剩。同时，公办养老院和民营养老院的价格扭曲也导致条件较好的公办养老院"一床难求"，而民营养老院出现床位空置率高的情况。当然，养老服务利用率低的其他原因可能还包括养老服务质量不高，老年人支付能力弱，购买养老服务的习惯还没有养成等。有研究显示，当前养老服务递送环节也存在一定的问题，进而影响了供给与利用的差距[1]。养老服务供给的结构性问题导致有限的资源被大量闲置，未能很好发挥效用，进行结构性改革势在必行。

---

[1] 陈岩燕、陈虹霖：《需求与使用的悬殊：对社区居家养老服务递送的反思》，《浙江学刊》2017年第2期。

## 二 养老服务供给侧结构性改革的重点任务

### (一) 供给侧结构性改革

进行供给侧结构性改革是中国当前经济改革的一项重要内容，是贯穿整个社会经济生活的一项改革。供给侧结构性改革就是从提高供给质量出发，用改革的办法推进结构调整，矫正要素配置扭曲，扩大有效供给，提高供给结构对需求变化的适应性和灵活性，提高全要素生产率，更好满足广大人民群众的需要，促进经济社会持续健康发展。推进供给侧结构性改革主要是抓好去产能、去库存、去杠杆、降成本、补短板五大重点任务。完成好五大重点任务要做好"加减乘除"。五大重点任务是一个系统设计，要着力在"优化存量、引导增量、主动减量"上下功夫[①]。

### (二) 养老服务供给侧结构性改革的重点任务

与整体供给侧结构性改革的重点任务相对照，养老服务供给侧结构性改革的重点任务也可基本明确。从养老服务供给目前的情况看，养老服务领域高杠杆的问题不大突出，产能即供给能力的问题性质也有所不同，其他三项任务与总体供给侧结构性改革的任务基本一致，因此，当前养老服务供给侧结构性改革的重点任务是促增长、去空置、降成本和补短板四项。

一是促增长。是指养老服务仍然面临总量不足的问题，要采取切实措施促进养老服务供给总量的增长。促增长应该是促进养老服务的全方位增长，从养老机构到居家养老服务，从生活服务到医疗护理、

---

① 龚雯、许志峰、王珂：《七问供给侧结构性改革——权威人士谈当前经济怎么看怎么干》，《人民日报》2016年1月4日第2版。

精神慰藉，从行业产值、从业人员到服务项目，从城镇到农村，都要实现有效的增长和提高。促增长应该是促进养老服务实现有质量的增长，即增长不仅意味着服务数量的增加，同时意味着服务质量的提高。要实现养老服务向标准化、多样化发展，增加老年人对养老服务的可选择性。促增长还应该是促进有效率的增长。要提高养老服务设施和服务的利用率，提高资源的使用效率。促增长还应该是促进养老服务的包容性增长。要加强养老服务供给的统筹规划，增加养老服务供给的公平性，努力提升养老服务的可获得性，使各类人群均可获得合适的养老服务。促增长是一个典型的"加法"，但并不是一个简单的加法，具体"加"在哪里，如何去"加"还是一个必须认真对待的问题。

二是去空置。是指要尽快解决部分养老服务设施利用率不高、部分养老机构床位空置率高的问题。去空置的关键在于要弄清楚当前设施利用率不高、床位空置率高的原因，做到具体情况具体分析，研究提升利用率的办法。从当前养老服务总体不足的情况下，可以基本判断去空置存在基本的前提和条件，利用率低、空置率高主要是结构上的问题，如果从调整结构上下功夫，去空置是可能的。应该说，如果是局部地区、少数机构出现利用率低、空置率高的问题，可以判断是局部的、少数的特殊情况，但当前的问题显然并非如此。因此大体可以推断，当前资源配置的机制和相关政策出现了问题，去空置的重点就是要纠正这些造成资源配置效率低下的政策和机制，引导新的资源配置向老年人最需要的服务流动，同时还要尽快对现有资源进行重新配置，以提高效率。去空置看似是一个"减法"问题，但实质上并不完全是一个"减法"，倒更像是一个"乘法"，要利用资源配置效率提升的乘数效应，扩大养老服务的有效供给。

三是降成本。是指要采取一系列政策措施来降低养老服务的供给成本，降低养老服务供求均衡价格，从而提高养老服务供求均衡水平。在养老服务的需求侧，目前总体上老年人的收入普遍偏低，支付能力有限。而在供给侧，养老服务是一项需要大量人力和具有一定专业性和技术性的社会服务，因此供给成本相对较高。因此，在供给和需求之间就形成了一对矛盾关系，即供给方的高成本与需求方的低支付能力之间的矛盾。降成本是解决这一矛盾的重要路径之一。在供给侧，可以通过政策支持，建立多层次的促进成本下降的政策体系，实现养老服务供给成本的下降。降成本既要降低交易成本，也要降低直接成本。在降低交易成本方面，要大力简政放权，并建立供需之间的信息交流机制以搭建起供需双方之间的桥梁；在降低直接成本方面，可以采用一些优惠和减免税费的措施①。除此之外，也要引导养老服务企业提高管理和服务效率，加强内部成本控制。整个养老服务行业的成本下降最终还要依赖行业规模的扩大，充分发挥竞争机制和规模效应，以竞争推动企业效率提高，以规模效应带动成本下降。降成本是做的一个"减法"，但对养老服务供给而言，则会是一个"乘法"，成本的降低将有力拉升养老服务供需的均衡水平。

四是补短板。是指要抓住当前养老服务供给中的薄弱环节，重点着力，改善养老服务的供给结构。当前养老服务供给的短板主要表现在几个方面。首先，从服务形式看，短板在居家养老服务。长期以来，养老服务的政策重心在发展机构养老，尽管近年来政府出台了一些推进居家养老服务的政策和措施，但总体上居家养老服务还处于起步阶段，大多数社区缺乏居家养老服务。其次从服务内容看，短板在专业性的护理服务。中国的养老服务是从一般性的养老服务发展起来的，专业的护理服务发展严重滞后，而不能自理老年人的养老服务需求具有刚性特征，这个短板严重影响了老年人的生活质量。再次从区

---

① 林宝：《养老服务业"低水平均衡陷阱"与政策支持》，《新疆师范大学学报》（哲学社会科学版）2017年第1期。

域来看，农村是明显的短板。与中国城乡二元经济结构相一致，中国养老服务供给也存在典型二元特征。养老服务供给长期以城镇老年人为主要对象，针对广大农村地区的社会养老服务几乎为空白。最后，从服务层次看，短板在针对中间层的养老服务。养老服务发展是从保基本开始，首先针对的是社会救助对象，因此对社会救助对象的养老服务尽管水平较低，但有相应的保障机制，在市场化改革以后，针对高收入群体的养老服务因目标客户的购买力较强，也获得了一定的发展，最薄弱的是中间层，陷入了"低水平均衡陷阱"，供需双方均有诸多抱怨。补短板的重点应在于要在资源配置和政策支持上向薄弱环节倾斜。根据木桶理论，补齐短板，可实现容量的大幅增加，实现用"加法"达到"乘法"的效果①。

同样，养老服务供给侧改革的几大任务也是一个系统设计，需要相互配合、相互协调，优化存量、引导增量，切实提高养老服务供给质量和供给效率，扩大有效供给，更好地满足老年人的养老服务需求。

## 三 养老服务供给侧结构性改革的政策思路

养老服务供给侧结构性改革的基本思路应该是通过一系列针对性的改革，充分调动各种社会资源参与养老服务供给，实现养老服务量的增长和质的提升，真正形成"居家社区机构相协调、医养康养相结合"的社会养老服务体系，更好地满足养老服务需求，使老年人能够获得适合自己的养老服务。要实现这一点，当前还需要在以下几个方面重点推进。

一是充分调动社会各方积极性，实现供给主体多元化。要实现养

---

① 这里对加法、减法、乘法的使用并不十分严格，乘法是表达增长更快、影响更大之意。

老服务量的增长和质的提升，必须让更多的人参与养老服务供给。为此，首先，要继续巩固家庭在养老服务中的传统地位，引导家庭成员尽可能履行养老义务，但随着社会变迁，家庭提供养老服务的人手不足、精力不济是一个必须直面的问题，因此必须采取一些鼓励性的措施，在休假、个人收入所得税、未来可能征收的房产税等方面做出一些制度性安排。其次，要继续发挥政府在养老服务供给中的基础性作用。无论从历史来看，还是从现实来看，政府是中国养老服务供给的一支基础力量。当前，迫切需要提高的是政府供给养老服务的效率。要尽快明确政府应提供的基本养老服务内容，并不断创新服务提供方式，提高公共资源的养老服务效率。再次，要继续优化养老服务的投资环境，充分调动社会资本参与养老服务供给。当前大力倡导的PPP模式是一种合适的模式，但并不是唯一的模式。当前的重点还是应该大力推动简政放权，在土地、融资等方面继续为养老服务企业创造良好的条件。最后，要继续推动志愿服务发展，让志愿服务成为养老服务的重要来源。可通过学分、时间银行等激励性措施引导大中小学生、低龄老年人等群体参与志愿服务来增加养老服务供给。

二是充分发挥市场作用，实现供给机制市场化。党的十八届三中全会提出，要使市场在资源配置中起决定性作用。养老服务供给也是一个资源配置的过程，同样应该充分发挥市场机制的作用，使市场在资源配置中起决定性作用。市场机制的作用应体现为养老服务的供给数量和价格逐渐为市场所确定。充分发挥市场机制作用，正确区分政府和市场边界十分重要。在养老服务供给中，政府的基本职责应包括维护市场环境，制订规划引导行业发展，建设基本养老服务设施，履行基本养老服务职责等[①]。在这些方面之外，要充分发挥市场机制作

---

① 林宝：《建设以老年人为中心的多层次社会养老服务体系》，《科学中国人》2012年第18期。

用，政府不宜过多干预。即便是对政府负有提供义务的基本养老服务，政府也不一定要成为一个直接的提供者，也可以充分利用市场机制，如各地普遍采纳的政府购买服务。一个反例则是当前"一床难求"的部分城镇公办养老机构。之所以会出现"一床难求"的局面，是因为其性价比较高，换句话说，是因为其偏离了市场机制。这类机构的不合理之处在于，如果属于保基本的性质，服务水平明显超标；如果根据社会养老服务水平判断，费用明显偏低。如果要引入市场机制，显然除基本保障对象之外，入住这类机构的费用应该大幅提高。

三是大力发展社区服务，实现供给方式便利化。社区服务在整个养老服务体系中居于中心地位，影响着居家养老质量和机构养老需求。中国国情决定了绝大多数老年人要居家养老，要依赖社区养老服务。社区养老服务的发展，可增加养老服务的便利性和可获得性。在社区养老服务发展中，首先，各级政府要做到职责明确、责任到位，各有关职能部门要各司其职、齐抓共管。其次，要积极推进社区养老服务机构和设施的规范化建设。根据中国国情和老年人的现实需要，社区养老服务应该能够涵盖生活照料、医疗康复、中介等方面的服务。应在城乡社区开展标准化的养老服务机构和设施建设，使其涵盖以上三项功能。最后，要在对养老服务业整体支持政策的基础上，进一步加大对社区养老服务业的支持力度，在税费优惠、补贴支持等方面对社区养老服务业发展有更为明确的支持措施。

四是创新养老服务技术，实现供给手段多样化。"完成这些重点任务，本质上是一次重大的创新实践，只有进行顶层设计创新、体制机制创新，不失时机地进行技术创新，才可能有效推动这次重大的结构性改革。"① 也就是说，创新是供给侧结构性改革成功的基本保证。

---

① 龚雯、许志峰、王珂：《七问供给侧结构性改革——权威人士谈当前经济怎么看怎么干》，《人民日报》2016年1月4日第2版。

在养老服务的供给侧结构性改革中，也必须重视创新，把创新作为推动供给侧结构性改革的基本力量。在养老服务供给创新中，要特别重视养老服务技术的创新，要不断推动新技术在养老服务中的应用。近年来，智慧养老已经成为养老服务领域的一项热点内容，指利用先进的信息技术手段，面向居家老人开展物联化、互联化、智能化的养老服务。其核心在于应用先进的管理和信息技术，将老人与政府、社区、医疗机构、医护人员等紧密联系起来[①]。从政策层面，应积极推动智能养老技术的试点和示范，通过试点示范推动相关技术的进步与应用，进而带动服务质量提升和服务成本下降，并推动养老服务供给手段的丰富和升级。

五是调整养老机构功能，实现供给内容专业化。要解决养老服务供给的结构性矛盾，调整养老机构功能势在必行。养老机构功能调整的方向应该是主要提供专业性的护理服务，而非只是提供一般性的养老服务。养老机构功能调整实质上是养老机构供给结构的调整。对现有养老机构，首先，要推进养老机构向医养结合转型。"养"是养老机构发挥功能的基础，"医"是养老机构发挥功能的保障。医养结合是养老机构全面发挥功能的必然要求。但需要指出的是，医养结合的目的是增加养老机构的医疗便利性，提高入住机构的老年人的医疗服务可获得性。医养结合并不一定要在养老机构内兴办医疗机构，也不是要在医疗机构内兴办养老机构，而是要加强两类机构的合作，优化养老机构功能。其次，要推动现有养老机构向护理型机构转型。基于资源有限和传统的居家养老习惯，护理型床位应占养老机构床位的主要部分。特别是公办养老机构，更应将有限的公共资源集中用于对最需要养老服务的人群——失能老人的兜底，护理型的床位比例应该更高。护理型床位应有不同的等级，在功能和层次上有所差异，以满足

---

① 左美云：《智慧养老的内涵、模式与机遇》，《中国公共安全》2014年第10期。

不同护理需求。对未来新建的养老机构，应重点鼓励向专业性方向发展，在养老机构的建设和运营补贴政策上，应以专业性养老机构为主。

六是加强发展规划指导和标准建设，引导养老产业发展有序化。首先，通过制定产业发展规划，明确产业发展目标。养老产业发展的最终目的应该是满足老年人多层次、多样化需求。为此，必须根据社会经济发展状况和老年人需求的变化，制定产业发展的阶段性目标，明确每一个阶段养老服务供给的任务和保障措施。当前，中国正处于社会转型和经济结构升级的关键时期，社会经济形势发展变化较快，与此同时，老年人口规模持续扩大，高龄比例不断升高，老年人的需求也在不断变化之中。充分研究各种变化趋势，制定出科学合理、可行的产业发展目标，并努力保障其实施是推动产业健康、持续发展的关键。可制定专项的养老产业发展规划，确定合理的发展目标和强有力的保障措施，使整个产业处于目标引导、有序发展、保障供给的良性发展之中。其次，颁布产业发展行业标准。行业标准是养老产业走向规范化和标准化的基础。行业标准可对养老产业中一些技术性较强、程序性要求较高的服务项目和服务技术出台统一的规定，在全行业范围内推广施行。这一方面可通过所有相关服务符合行业标准来提高产品和服务质量，另一方面也可以行业标准为参照来加强对产品和服务的监管。养老产业涉及的领域较多，管理也存在政出多门、标准不一的情况，出台行业标准有利于规范整个行业，保障养老服务产业健康有序发展。

# 第十二章

# 以养老产业带为龙头带动养老服务业发展

要走出养老服务业发展的"低水平均衡陷阱",除了要在供需两侧提供政策支持,以降低供给成本和提高养老需求满足能力,还可以充分利用中国幅员辽阔、地区差异大的特征,实现养老服务供需的跨区域匹配。目前,一些老年人选择异地养老和回乡养老等形式实质上就是一个养老服务供需的跨区域匹配过程。这里,笔者提出一个新的思路,即建设大城市周边的养老产业发展带,实现养老服务供需就近的跨区域匹配,实现"离城而距不远、离城而服务随"的局面,推动养老服务业高质量发展,进而带动整个养老产业发展。

## 一 养老服务供需跨区域匹配的基础

中国不同地区之间养老服务供给成本和老年人养老服务需求满足能力之间存在巨大差异,这就为推动养老服务供需跨区域匹配提供了良好的条件。

### (一) 养老服务供给成本的地区差异

由于没有关于各地区养老服务供给成本的详细调查数据,我们以与养老服务供给成本密切相关的职工平均工资、土地和住房平均价格等来近似说明各地区养老服务供给成本存在的差异。

从职工平均工资看,各地区劳动力成本存在较大差异。从省级行政区层面来看,2020年城镇非私营单位平均工资最高的是北京,达到17.8万元,而最低的河南省仅为7.0万元,不足北京的一半,相差超过10万元。其中,与养老服务业关系较为的密切的住宿和餐饮业平均工资最高的是上海,约为5.9万元,最低的山西仅为3.6万元,约为前者的6成;居民服务、修理和其他服务业平均工资最高的上海约为7.6万元,最低的吉林约为3.9万元,约为前者的一半;卫生和社会工作平均工资最高的北京为20.1万元,而最低的山西仅为7.5万元,不足前者的40%。2020年城镇私营单位平均工资最高的北京达到9.0万元,最低的黑龙江仅为3.9万元,约为前者的43%。其中,住宿和餐饮业平均工资最高的上海为5.5万元,高于最低的山西约2.3万元;居民服务、修理和其他服务业、卫生和社会工作两个行业平均工资最高的上海分别是最低的吉林的1.8和2.6倍。由此可见,尽管劳动力流动相对频繁,但各地区之间劳动力成本之间的差异仍然较大,这也意味着养老服务供给中劳动力成本同样存在较大的地区差异。

除劳动力成本外,土地成本和房屋成本同样是养老服务供给中重要的成本项。我们根据统计年鉴中的本年土地购置面积和本年土地成交价款来计算各地区的平均地价,以商品房销售面积和商品房销售额计算平均房价,简要说明各地区土地成本和房屋成本的差异状况。从省级行政区层面来看,2020年各地区的平均地价多在1万元/平方米以下,仅有北京、天津、上海、浙江、福建和广东的平均地价超过1万元/平方米,其中天津、上海、浙江、福建和广东的平均地价在1万—2万元/平方米,北京的平均地价则超过5万元/平方米。在平均地价不足1万元/平方米的地区中,实际上也存在较大的差别,分布从不足2000元/平方米(新疆)到接近1万元/平方米(江苏),高达

16个地区平均地价不足5000元/平方米。平均房价的地区差异同样明显，2020年北京和上海商品房销售均价超过3万元/平方米，天津、江苏、浙江、福建、广东和海南的商品房销售均价为1万—2万元/平方米，其他地区均为0.5万—1万元/平方米，最低的贵州和新疆约为0.58万元/平方米。各地区地价和房价的差异可以从另一个角度反映出养老服务供给成本的差异。

**（二）养老服务需求满足能力的地区差异**

由于缺乏专门针对各地区老年人养老服务需求满足能力的调查数据，我们以人均收入水平和人均消费水平来近似说明各地区在购买力上的差异，以此反映需求实现能力的差异。

收入水平可以反映潜在需求实现能力。这里采用居民人均可支配收入指标来进行分析。从省级行政区层面来看，2020年居民人均可支配收入最高的上海达到7.2万元，而最低的甘肃仅为2.0万元，北京和浙江为5万—7万元，3万—5万元的地区有8个，其他均为2万—3万元。城镇居民人均可支配收入的差距略小，但最高的上海仍然是最低的黑龙江的2.5倍；农村居民人均可支配收入最高的上海是最低的甘肃的3.4倍。收入水平地区差异巨大表明不同地区居民在购买力上差别较大，也可能导致其在养老服务需求上的购买力出现差异。

消费水平可以反映真实需求实现能力。这里采用居民人均消费支出指标来进行分析。分析发现，从省级行政区层面来看，总体上收入水平越高的地区，大体上消费水平也越高，但二者并不完全同步。根据《中国统计年鉴》的相关数据，2020年居民人均消费支出以上海最高，为4.3万元，是全国唯一超过4万元的区域，北京和浙江为3万—4万元，广东、天津等8个地区为2万—3万元，其他地区均为1.3万—2万元，最低的西藏为1.3万元，不到上海的1/3。上海和北京城镇居民人均消费支出均超过4万元，浙江、广东、天津、江苏、福建5个地区为3万—4万元，其他地区均为2万—3万元，最低的山西约为2.0万元，不足上海和北京的一半。在农村居民人均消费支出上，上海、浙江和北京位居前三，均超过2万元，甘肃和西藏则不足1万元，其他地区为1万—2万元。人均消费支出反映了各地区的实际消费水平的差异。

因此，各地区之间在供给侧和需求侧均存在较大的差异，这种全年龄人口计算出来的指标所反映的差异势必也会反映在老年阶段，表现出养老服务供给成本和需求满足能力的差异。这里我们只是在省级行政区层面说明了这种差异的存在，实际上在省级行政区内部，在更小的地理单元上，这种地区差异同样存在。正是这种地区差异的存在，使我们推动养老服务供需跨区域匹配成为可能。

## 二　建设大城市周边养老产业带的意义

由于大城市与周边地区在养老服务供给成本和养老服务需求满足能力上的差异更为明显，从而使得我们可以利用这种差异，建设大城市周边养老产业发展带。实际上，建设大城市周边养老产业发展带的意义并不仅仅限于实现养老供需的跨区域匹配，推动养老服务业发展，而且还有利于缓解"大城市病"、推动区域协同发展和推进共同富裕。

### （一）实现供需跨区域匹配，推动养老服务业高质量发展

尽管各级政府已经出台了一系列促进养老服务业发展的政策和措施，但总体上养老服务业发展仍然严重滞后，处于"低水平均衡陷阱"之中，远远不能满足群众的养老需求。其中最根本的原因是养老服务的供需之间存在深刻的内在矛盾，老年人相对较低的收入无法承担起所需服务相对较高的成本。建设大城市周边养老产业发展带可将

经济承受能力相对较高的大城市老年人从服务成本相对较高（特别是劳动力成本和土地成本）的大城市引导到成本相对较低的周边地区，以促进养老服务供需匹配，提高养老服务市场的均衡水平，从而扩大养老服务市场规模。同时还可通过政策倾斜、先行先试，探索新的养老产业发展模式和养老服务体系建设模式，大力促进养老服务水平的提高和养老服务业发展[①]。

**（二）减轻大城市人口压力，缓解"大城市病"**

当前是中国人口老龄化快速发展、养老服务需求激增的时期，也是人口城镇化继续高速发展、人口继续向城市聚集的时期，城市发展面临人口老龄化和"大城市病"的双重压力。从一般意义上讲，这看似是一对不可调和的矛盾：基于人口老龄化，城市需要吸引大量的外来年轻劳动力，而这将导致人口规模膨胀，进而引发或加剧"大城市病"；而治理"大城市病"，往往又依赖控制城市人口规模，限制外来人口流入，最终将加速人口老龄化。但实质上，如果城市能形成一个"有进有出"的自然更新机制，这一矛盾则并非不可调和。

在大城市周边建立养老产业发展带，可以缓解人口老龄化和人口规模膨胀之间的矛盾，破解城市发展困局，让老年人有安心养老之所的同时，城市中心区人口规模得到适度疏解。当前，北京、上海等大城市人口快速膨胀，"大城市病"愈加严重，其重要原因是城市人口流动不畅，未形成"有进有出"的人口更新机制。当城市发展吸引大量外来人口时，由于公共服务资源配置不均等原因，原有人口又很少离开，所以城市人口只能持续增长，其中老年人口成为增长最快的群体。如果没有引导老年人口合理流动的机制，城市发展的道路将只有两条：一是以城市发展为目标，不断补充年轻人口，最终导致城市人

---

① 林宝：《建设大城市周边养老产业发展带的构想》，《中国国情国力》2017年第8期。

口不断膨胀，成为拥堵之城、污染之城；二是以调控人口为目标，限制外来人口进入，最终导致城市人口结构严重老化，成为老年之城、衰败之城。建设养老发展产业带，通过资源配置有效引导老年人口向大城市周边地区流动，可缓解城市人口压力，使京沪等大城市人口成为一个"有进有出"的活水池，保持生机和活力[①]。

### （三）推动大城市与周边地区协同发展

中国当前大城市周边的"灯下黑"现象还较为明显，一些城市发展受行政区划的制约，辐射能力十分有限，对周边地区发展的带动作用亟须加强。为此，迫切需要推动大城市与周边地区的协同发展，近年来国家大力推动的京津冀协同发展便是其中一例。大城市与周边地区协同发展是资源、经济和人口等诸要素的重新布局，缩小区域内的发展差距是协同发展的重要任务。建设大城市周边养老产业发展带可成为协同发展的有力推手。一方面，建设养老产业发展带可有效改善大城市周边地区的资源配置，推动基本公共服务均等化；另一方面，养老产业发展将为大城市周边地区找到新的经济增长点，有力推动地区经济发展。长期以来，一些大城市周边地区或是处于城市的水源保护区，或是处于生态涵养区，发展产业选择受限，而发展养老产业发展带可为该地区找到一个环境友好型的新兴产业，有利于提升这些地区在协同发展大格局中的地位和作用[②]。

### （四）提高大城市周边地区收入水平，推动共同富裕

实现共同富裕是社会主义的本质特征。建设大城市周边养老产业发展带将有力提升周边地区居民的收入水平，促进共同富裕。首先，

---

① 林宝：《建设大城市周边养老产业发展带的构想》，《中国国情国力》2017年第8期。
② 林宝：《建设大城市周边养老产业发展带的构想》，《中国国情国力》2017年第8期。

建设大城市周边产业发展带，将为周边地区带去税收，增加当地政府的财政收入，提升经济发展和民生保障的能力，有利于增强当地政府推动共同富裕的能力；其次，建设大城市周边产业发展带，将带动周边地区土地、房价升值，提升住房租赁、农产品、社会服务等行业的价格，直接增加相关人员的收入和财富；最后，建设大城市周边产业发展带，将为周边地区创造更多的就业机会，将使更多的当地居民获得劳动收入，实现收入增长。

## 三 建设大城市周边养老产业发展带的基本条件[①]

建设大城市周边养老产业发展带需要具备一定的条件。一方面，从大城市的角度来讲，应该具备一定人口条件，这是产业达到一定规模、具备形成发展带的基础条件。另一方面，从周边地区来讲，则在交通、环境上需要具备一些条件，并符合区域功能定位。

### （一）选择大城市应具备的条件

人口条件是大城市规模划分的主要条件。一是城市应该有一定较大的人口规模，但城市发展面临较大的空间压力，"城市病"较为明显，具有疏解人口的迫切需要。根据《国家新型城镇化发展规划（2014—2020年）》，中国人口城镇化的过程中，要求合理确定城区人口300万—500万的大城市落户条件，严格控制城区人口500万以上的特大城市人口规模。大体可知，以目前的管理机制和水平，在城区人口规模超过300万时会有明显的人口压力。因此，大体上在周边建设养老产业发展带的城市应达到城区人口300万以上。二是城市老年人口应达到一定规模，具备以相对集中的产业带来发展养老产业的基

---

① 林宝：《建设大城市周边养老产业发展带的构想》，《中国国情国力》2017年第8期。

本市场条件。一般而言，300万以上的城区人口，以全国平均水平推断，60岁及以上老年人口达到了50万以上，可成为养老产业发展带的基础。

**（二）选择周边地区应具备的条件**

选择在大城市周边地区建设养老产业带还需要所选择的地区具备考虑多个条件：一是交通便利。随着交通条件的改善，中国大多数大城市与周边地区之间的交通日趋便利，为建设养老产业带提供了良好的条件。但是不同地区之间交通条件仍然会存在一些差异，养老产业带的建设最好选择在与城市中心区有多条较为快捷交通线的区域，以方便老年人从原住地到养老地之间的往返。二是环境适宜。环境是老年人选择养老地的重要影响因素之一，环境好坏直接关系到养老产业发展带建设的成败。应选择大城市周边自然环境较好的地区进行建设，增强对老年人养老的吸引力。三是区域功能契合。不同地区的功能定位不同，养老产业发展应与被选地区的区域功能相互契合，养老产业发展带的建设应有助于该地区发挥自身优势，履行区域功能。

**（三）京津冀地区具备良好条件，可先期开展试点**

结合京津冀地区的社会经济发展实际，可以看出，京津冀地区适合建设养老产业发展带。京津冀养老产业发展带可以在北京北部（包括延庆、怀柔、密云和平谷）和河北北部（包括张家口、承德和秦皇岛）的扇面形区域内建设，建议先行开始试点，为其他地区建设养老产业发展带积累经验。

一是这里依托京津两个特大城市，具备基本的人口条件。根据第七次全国人口普查数据，北京市常住人口为2189万，天津市常住人口为1387万，都面临较为严重的"大城市病"，迫切需要建立城市人口更新机制。同时，北京市60岁及以上老年人口达到430万人，天津市 60 岁及以上老年人口达到 300 万人，规模巨大，市场容量大，养老服务需求强劲。

二是京津两市与周边地区之间在养老服务供给成本和养老需求满足能力方面存在巨大差异。以劳动力成本为例，北京市非私营单位平均工资高达 17.8 万元，天津也有 11.5 万元，而张家口、承德和秦皇岛等地则为 7 万—8 万元，私营单位平均工资北京市超过 9 万元，天津市也接近 6 万元，而张家口、承德和秦皇岛等地则为 4.3 万—4.6 万元。房价和地价周边地区也与京津两市不可同日而语。在居民人均可支配收入方面，北京市接近 7 万元，天津市超过 4.3 万元，而张家口、承德和秦皇岛均在 3 万元以下；在人均消费水平方面，京津也明显高于周边地区。

三是交通便利。近年来，随着交通条件的改善，特别是京张高铁、京沈高铁相继建成，京津冀北部地区与京津等大城市之间的交通日趋便利，为建设京津冀北部养老产业带提供了良好的条件。如果说北部区域是一个扇面，则由京津向北辐射的多条高速公路和铁路则是一柄柄扇骨，将京津和北部地区联系在一起，交通时间大多可控制在 2 小时以内，大大方便了老年人从原住地到养老地之间的往返。

四是环境非常适宜。京津冀北部地区历来是京津的后花园和水源地，环境宜人，不乏山水田园之美，兼具溪涧丛林之幽，更有历史人文之韵，对老年人养老具有很大的吸引力。

五是区域功能非常契合。在区域功能规划上，京津冀北部地区大多属于生态涵养区，必须发展环境友好型产业。养老产业如果规划得当，是一个低排放、低污染的产业，与北部地区的功能定位刚好契合。

六是时机较为成熟。一方面，京津存在大量需要寻找理想养老地的老年人口，且随着人口老龄化呈快速增长趋势。另一方面，当前正处在推进京津冀协同发展，加速公共服务资源重新布局的关键阶段。

刚好可利用这一时机，规划建设北部养老产业发展带，在总结试点经验的基础上，逐步向其他地区推广。

## 四 建设大城市周边养老产业发展带的政策建议[①]

### （一）坚持规划先行，以规划指导建设

养老产业发展带的建设是一个新事物，应该加强规划，增加建设的科学性和统筹性。具体来讲：一是将养老产业发展带纳入大城市发展总体规划和大城市与周边地区协同发展规划之中，明确发展养老产业是所选择地区的主导产业，明确被选地区在大城市与周边地区协同发展中的角色和功能。二是制订养老产业发展带建设专项规划，对建设目标、任务和布局等内容进行明确，坚持统一规划、有序推进的原则，将产业发展纳入规划的指导之下，避免出现一窝蜂、破坏环境和生态的情况。三是要对规划的各项任务进行分解，落实到部门，确保规划的实施。

### （二）公共资源配置向产业发展带倾斜

在大城市与周边地区协同发展的过程中，调整资源配置势在必行。要将医疗资源、养老资源优先向养老产业带倾斜，在现有的中小城市加强公共资源配置，形成对大城市的反磁力中心，确保老年人的养老服务可就近获得。特别是应以市、镇为重要节点，以公路和铁路为重要连线，规划连接大城市和产业带中小城市的多条养老产业发展走廊，重点加强医疗、养老等公共服务资源建设，改善公共服务水平，实现公共服务均等化。

---

[①] 林宝：《建设大城市周边养老产业发展带的构想》，《中国国情国力》2017年第8期。

## （三）实施灵活的土地和住房政策，允许先行先试

要通过多种途径增加养老服务的相关土地供应，降低用地成本。当前可考虑两点：一是增加养老产业带中小市镇的建设用地，尤其是养老建设用地规模，在限定建设内容的前提下加大土地供应，增加养老服务设施的建设容量。二是允许农村集体建设用地和农村宅基地入市，允许大城市老年人购买养老产业带农村集体建设用地和农村宅基地上建设的住房，并进行适老化和舒适化改造。这样将可盘活大量农村闲置住房，实现农民增收和解决老人养老问题的双重目标。需要注意的是，养老产业带土地和住房政策的放松要因地制宜，尽量避免大拆大建、大搞房地产开发。

## （四）加大政策扶持力度，鼓励社会资本投资

养老产业发展带建设需要大量资金投入，必须继续创新体制机制，创造良好的投资环境，这就要求在政策上采取一些扶持措施。一是应加大对养老产业带的税费优惠力度，采用多种方式鼓励社会资本投资，迅速改善区域养老服务水平。二是要加大区域间的转移支付和政策支持，如将大城市对养老服务业发展的支持政策延续至养老产业带，实现政策随人走，打破政策只局限于行政区划内的局面，真正实现区域协同。

## （五）加强公共服务配套

要以提高老年人生活便利性为目标，根据养老产业带的发展不断加强公共服务配套：一是尽快实现医疗保险的异地报销。医疗问题是制约老年人异地养老的主要问题，而医保报销则是问题中的关键。在积极推进医疗资源布局的同时，应同时实现医保异地报销。二是根据老年人口流动状况，适时调整跨区域公共交通计划，逐步形成方便快

捷的公共交通网络,为老年人往返提供舒适便捷的公共交通服务。

总之,建设大城市周边养老产业发展带是一项一举多得的战略举措,能服务于积极应对人口老龄化、缓解"大城市病"、区域协同发展和推进共同富裕等多个大局,应该积极推进。为稳妥起见,可以先在京津冀等地区开展试点,然后逐步向全国其他地区推广。

# 结论及建议总结

建设社会养老服务体系是积极应对人口老龄化的必要举措，是满足老年人美好生活需要的必要基础，是中国社会当前面临的一项重要任务。本书在分析养老模式转变基本趋势的基础上，结合中国养老服务需求增长和社会养老服务体系建设进展，深刻揭示了中国社会养老服务体系建设中存在养老服务需求巨大与供给不足的矛盾现象，创新性地引入"低水平均衡陷阱"解释这一矛盾现象产生的深层原因，系统提出了走出这一陷阱的政策框架。在此基础上，从处理养老中的重大关系、构建合理养老格局、优化养老环境、增强养老需求满足能力、保障基本养老服务、推动养老服务业发展等角度系统提出了一系列政策建议，现将主要结论和建议总结如下。

## 一 主要结论

### （一）养老模式转变

1. 从人类社会的发展历史看，存在着从家庭养老向社会养老过渡的趋势，可以称之为养老模式转变。养老模式转变主要受社会养老能力、家庭养老能力、养老中的人际关系、养老观念等方面的影响。在传统社会以家庭养老为主，在现代社会以社会养老为主，社会转型期则是从以家庭养老为主转向以社会养老为主的契机。综合传统社会、现代社会、社会转型期的特点，可以把养老模式转变的基本趋势描绘成一条近似的逻辑斯蒂（Logistic）曲线。

**2. 养老模式转变实际上是养老社会化的过程**。主要包括养老责任社会化、经济支持社会化、养老服务社会化和社会环境适老化。养老责任社会化并非是要将养老义务完全抛给社会，而是随着社会进步，从社会层面对养老进行更多更完备的制度化安排，使养老保障成为社会保障制度的一项重要内容。家庭将继续成为养老的重要支持力量，但与传统社会相比，家庭在养老中的重要性有所下降。养老经济支持社会化代表着来自社会保障制度的经济收入在养老经济支持中的作用越来越大。养老服务社会化包含两层意思：一是养老服务保障的社会化；二是养老服务供给的社会化。社会环境适老化既包括硬环境适老化又包括软环境适老化。

**3. 中国正处于养老社会化的关键时期，向以社会养老为主转变是必然方向**。中国传统的以家庭养老为主的养老模式正在逐渐失去其存在的根基，当前及今后一段时期是完善社会保障体系，推进社会养老服务体系建设，提高养老的社会化水平，逐步过渡到以社会养老为主的养老模式的关键时期。以社会养老为主的养老模式是社会发展的一个必然结果，也是中国未来的一个必然选择。

### （二）社会养老服务需求增长

**1. 人口老龄化对养老服务需求增长的影响主要表现为规模效应和结构效应**。规模效应是指由于老年人口规模增长带来的养老服务需求增长；结构效应是指由于老年人口结构变化带来的养老服务需求增长。考虑老年人口规模的扩大，10年期间养老服务需求就会提升近50%（按照60岁及以上老年人口规模计算）。与规模效应相比，结构效应相对较小，反映出老年人口结构变化速度慢于老年人口规模增速。

**2. 人口城镇化对养老服务需求的影响主要表现在结构效应和乘数效应两个方面**。从结构效应角度分析，人口城镇化将改变城乡老年人口结构，由于城乡老年人养老服务需求存在差异，从而对养老服务需求产生影响。从乘数效应角度分析，由于人口流动造成大量家庭成员的分离，使得老年人口整体上对社会养老服务的需求增加。

**3. 家庭变迁会给养老服务需求带来明显的乘数效应，将增加家庭对社会养老服务的依赖，导致社会化的养老服务需求明显增加**。中国家庭表现出小型化、多样化、空巢化、流动化和分离化等特征。在向现代社会转型的过程中，家庭变迁对传统家庭养老产生了明显的冲击。首先，家庭小型化对家庭内部养老能力产生了明显的削弱作用；其次，家庭多样化也表明存在一些养老能力相对较弱的家庭类型；再次，家庭空巢化表明越来越多的老年人处于空巢阶段，身边没有子女的照料；最后，家庭流动化和分离化意味着家庭养老支持力量与老年人之间的分离。

**4. 收入水平提高会带来消费需求升级进而带动养老服务需求增长，表现出明显的乘数效应**。改革开放以来，中国居民收入增长表现出全面性和不平衡性两个明显的特点。随着中国城乡居民收入水平的快速提升，居民消费水平也不断提高，消费结构不断升级，从而也会带来养老服务需求的升级。

**5. 中国不能自理老年人口规模将保持持续增长态势，可以从一个侧面反映养老服务需求的增长情况**。中国不能自理老年人口存在性别、年龄、城乡和地区等多种差异。根据预测，不能自理老年人口在2011—2050年将呈以下几个趋势：规模将保持单调增长态势；速度前期增长较快，2030年以后将放缓；占老年人口的比例则在2032年以前保持基本稳定，后期持续攀升；性别比在2025年前保持稳定，此后持续下降；城镇不能自理老年人口将在2034年前后超过农村不能自理老年人口。

### (三)中国社会养老服务体系建设进展

**1. 中国社会养老服务体系发展建设目标可以从系统、发展和矛盾三个视角来理解,表现出明显的阶段性特征**。社会养老服务体系建设目标的形成和发展大体经历了四个阶段。康养结合的引入反映了养老需求新变化,赋予了养老服务体系建设新内涵,提出了养老服务体系建设新要求,标志着进入一个新阶段。新阶段对社会养老服务体系建设具有重要的政策启示意义。

**2. 近年来中国社会养老服务体系建设取得了明显进展**。主要表现在:理顺政府与市场关系,厘清养老服务供给责任;全面开放养老服务市场,增加养老服务供给;大力发展社区服务,弥补服务体系短板;强化创新驱动,支持新型养老模式发展;推动医养结合,破解养老服务发展困局;加大扶持力度,降低服务供给成本;加强市场监管,提升养老服务质量;开展长期护理保险制度试点,探索护理责任分担新模式;优化养老社会环境,消除智能技术利用障碍。

**3. 近年来养老服务政策变化有四大明显特点**。在政策定位上,由单一发展老龄事业转变为老龄事业和产业协同发展;在政策目标上,由保重点人群转变为保基本服务;在政策重点上,由侧重扶持机构转变为促进居家社区机构相协调;在政策内容上,由就养老论养老转变为推动医养康养相结合。

**4. 中国社会养老服务体系建设取得了明显成效,但也存在一些问题**。主要成效包括:一是养老服务体系建设目标逐渐明晰;二是养老服务政策体系逐渐成型;三是养老服务供给能力明显增强。但也存在一些明显的问题,主要包括:一是缺乏家庭支持政策,导致居家养老基础不牢;二是社区养老服务发展严重滞后,依托作用无法稳定发挥;三是养老机构功能紊乱,兜底作用发挥不足;四是居家社区机构之间的关系没有完全理顺,彼此之间协调明显不够;五是医养康养未能实现有机结合，养与医、康之间脱节严重；六是政策重制订轻落实，政策实效有待加强。

**（四）养老服务"低水平均衡陷阱"**

1. **养老服务市场上存在明显的矛盾现象**。在养老服务市场上产生了一个明显的矛盾现象：巨大的需求并没有带来养老服务业的高质量发展。从需求侧来看，老年人真正需要服务时，普遍很难获得满意的养老服务；从供给侧看，围城效应明显，一方面大量资本争先恐后往这个领域里挤，另一方面挤进去的企业普遍叫苦连天，很少能实现健康良性发展。

2. **养老服务市场存在需求错觉和供给错位**。养老服务需求错觉是指在养老服务市场上人们经常错误估计了养老服务的真实需求。真实需求受一些条件的制约：一是受需求产生条件制约，并非所有的老年人都会产生某项特定的养老服务需求；二是受需求实现条件的制约，并非所有的老年人都有能力和有条件实现自己的潜在养老服务需求。养老服务供给错位是指养老服务市场上的供给与需求明显不匹配，出现结构性的短缺或过剩现象。中国养老服务业的供给侧存在几个明显的错位现象：一是对象不准；二是内容不对；三是质量不高。

3. **养老服务发展存在"低水平均衡陷阱"**。养老服务市场上存在一对不可调和的矛盾：养老服务相对高供给成本和老年人相对低支付水平之间的矛盾。正是由于这一矛盾的存在，导致养老服务业发展存在"低水平均衡陷阱"，即养老服务业市场规模也存在难以扩大的现象，养老服务供需双方任何一方扩大养老服务规模的努力最终都会导致养老服务规模的萎缩。

4. **走出"低水平均衡陷阱"需要供需双侧的政策支持**。促进养老服务业发展的支持政策必须以解决"低水平均衡陷阱"为主要取向，重点是要解决养老服务中供给侧的高成本与需求侧的低支付能力之间的矛盾。因此，政策的着力点有两个：一是从需求侧着手，重点是"提低"，即要提高老年人的养老服务支付能力或是分担其支付负担；二是从供给侧着手，重点是"削高"，即要降低养老服务的供给成本。需求侧的支持政策有两个层次：第一层是如何提高老年人的收入水平，第二层是如何分担老年人利用养老服务的负担。养老服务供给侧的支持政策也有两个层次：第一层维护公平的市场环境，确保不额外增加养老服务供给成本；第二层是直接降低养老服务供给的成本。

基于此，可以为建设社会养老服务体系提供重要的政策启示。

## 二　主要建议

### （一）以辩证思维处理好养老"六大关系"

**1. 处理好经济建设和社会建设的关系。** 经济建设和社会建设同属"五位一体"总体布局的重要内容，二者协调发展是"五位一体"总体布局的要求。经济建设与社会建设具有十分紧密的联系。在养老服务体系建设过程中，必须处理好经济建设和社会建设的关系。一方面，社会养老服务体系建设是社会建设与经济建设的结合，社会养老服务体系建设内容既有包含有经济建设也包含有社会建设。另一方面，社会养老服务体系建设整体上需要处理好与经济发展水平之间的关系。经济建设和社会建设之间的关系是贯穿于社会养老服务体系建设过程中的重大关系问题，必须始终放在重要位置。

**2. 处理好政府主导和社会参与的关系。** 处理养老服务体系建设中的政府主导和社会参与的关系，实质上是要处理养老服务体系建设中政府与市场的关系。处理好政府主导和社会参与的关系关键在于把握好二者的"度"，而把握好"度"的前提则是明确政府在养老服务体系建设中的职责，以及社会各方参与养老服务体系建设的行为边界。

社会养老服务体系建设是一项关系重大的社会工程，需要社会各方的积极参与，政府应尽可能动员一切社会力量参与养老服务供给。社会参与的关键是如何设定市场准入条件和市场规范。因此，政府主导和社会参与是建设社会养老服务体系不可或缺的两股力量，可以通过政府合理履行职责，制订合适的市场准入条件和市场规范达到有机统一。

**3. 处理好老龄事业和老龄产业的关系**。处理好老龄事业和老龄产业的关系首先必须厘清事业和产业的区别和联系。区分事业和产业的标准应该从政府的公共服务职能和保障基本需求的角度来理解，属于政府公共服务职能范围内、保障基本需求的属于事业，而其他一般性社会服务则可以理解为产业范畴。老龄事业与老龄产业具有相互依存、相互促进的关系。一方面，老龄事业是老龄产业的重要基础。另一方面，老龄产业是老龄事业的重要依托。养老服务体系建设是老龄事业和老龄产业的结合，必须实现二者协同发展。

**4. 处理好老人自助与社会帮助的关系**。养老服务是老人自助和社会帮助的统一。充分发挥老年人自身养老作用是解决中国养老问题的必然要求，为此必须以增强老年人自我养老能力。有两个层面：在个体层面，必须提高老年人健康水平和自理能力，并为老年人提供良好的养老环境。在群体层面，要鼓励老年人之间的互助养老。社会帮助是在老人需要寻求外界帮助时及时提供社会化的养老服务，对老人而言，社会帮助应该随时待命，一旦需要，及时提供。这就要求建设健全的社会养老服务体系，有较为发达的社会养老服务业，能够为老年人提供多层次的养老服务。老人自助和社会帮助都是社会养老服务体系不可缺少的一环。

**5. 处理好城镇养老服务与农村养老服务的关系**。促进城乡融合发展已经成为新时代城乡关系改革的重要方向。农村养老服务基础差、发展慢有其客观的原因。在养老服务体系建设中，应该重点考虑薄弱的农村,加大对农村养老服务的投入,创新服务模式,要建立以城补乡、以城带乡、促进城乡养老服务融合发展的机制。从长远看,应该建设城乡一体的社会养老服务体系,增加农村老人养老服务的可及性和可获得性,实现城乡基本养老服务均等化和养老服务协同发展。

**6. 处理好服务重点人群与服务一般人群的关系**。养老服务体系服务的目标人群应该逐渐从重点老人扩展到一般老人。养老服务体系建设需要定位在以全体老年人为服务对象,为全体老年人提供丰富、优质的养老服务产品为目标,满足全体老年人的多层次、多样性的服务需求。但是,正是由于老年人养老服务需求的多层次性,必须建立基本养老服务制度,确定优先保障的服务范围。养老服务目标人群从重点人群向一般人群的扩展,并不影响对重点人群的重点保障。基本养老服务制度可以依托长期护理保险制度而建立。

## (二) 以老年人为中心形成合理养老格局

**1. 形成合理养老格局**。社会养老服务体系建设,必须发挥政府的主导作用,调动社会各主体的积极性,共同承担养老责任,逐渐形成以老年人为中心的由家庭、社区、养老机构、其他社会成员和组织等组成的多层次养老服务体系,实现"政府公共服务职能到位、养老服务和产品充足、老年人选择空间充分"的养老服务目标,最终推动形成一个以老年人为中心的合理养老格局。最终让老年人处于一个由多个同心圆组成的体系之中:最中心是老年人,外围第一层是老年人的家庭成员、第二层是社区、第三层是企业、其他社会组织和个人,包括养老机构。老年人可以向任何一层寻求养老服务,但最终向哪一层寻求服务,将取决于老年人的选择。

**2. 构筑养老服务三道防线,画好养老同心圆**。一是鼓励家庭成员承担养老服务责任,构筑养老服务的第一道防线。可通过一定的方式使家庭成员的养老服务成为社会化养老服务的一部分。要更好地发挥家庭的作用，必须加强对家庭的支持；要加强宣传引导，增强家庭成员敬老、养老的自觉性。二是大力发展社区养老服务，形成养老服务的第二道防线。社区服务在整个养老服务体系中居于中心地位，影响着居家养老质量和机构养老需求。要明确政府有关部门在社区养老服务中的具体职责；积极推进社区养老服务机构和设施的规范化建设；加强资产整合，多途径增加社区养老服务资源；政策向社区倾斜，优先鼓励社区养老服务业发展。三是推动养老机构多层次发展，筑牢养老服务最后防线。必须进一步推动专业养老机构的发展，为老年人提供专业化的护理服务。一方面，要调整公益性养老机构功能。另一方面，要鼓励营利性养老机构多层次发展。此外，要加强代际互动，促进养老机构与社区融合。

**3. 大力发展相关产业，确保产品和服务可及性**。形成以老年人为中心的合理养老格局，必须促进老龄用品制造业和养老服务业高质量发展，保障老年人可以获得较为充足的老龄用品和服务供给。一方面多措并举，努力打造老龄用品制造强国。包括：加强技术创新，加强老龄用品的研究开发；要实施积极的产业扶持政策；扩大对外开放和技术引进；建立老龄用品政府采购目录，利用政府采购拉动产业发展；加强老龄用品市场的规范化建设。另一方面促进养老服务业高质量发展。应大力开发老龄金融产品，促进老龄金融服务业发展。包括：加快金融创新，开发更多适合的老龄金融产品和服务；规范金融秩序，大力打击金融违法违规行为。

**4. 以需求管理为基础，提高服务精准度**。应该以需求管理为基础，建设成为一个可以识别不同老年人的需求、提供个性化满足方案的服务体系。为此建议：一是重点建设社区养老服务中心，履行养老服务需求管理职责。应该建设覆盖城乡的社区养老服务中心，承担养老需求管理的职能，具体包括：负责调查和跟踪老年人的健康和需求信息；进行养老需求的识别和评估；建立起老人和其他专业服务机构之间的联系；开展需求跟踪，对服务进行监督；组织和协调志愿者在本社区的养老社会服务。二是调整基层公共服务机构职能，加强康养联动和结合。建议依托社区医疗卫生机构和乡镇卫生院，建立社区或乡镇康养结合机构，在履行基本的公共卫生职能之外，赋予这些机构以健康、养老信息收集和管理职能，负责本社区或乡镇的养老和健康需求监测、管理工作，打造全覆盖的健康、养老信息监测、管理体系。同时，以需求为导向，通过整合养老服务和健康服务资源，优化服务供给机制，实现养老服务体系和健康服务体系的联动与深度融合。

### （三）以社会适老化为导向优化养老环境

**1. 推动社会适老化转型要处理好几个关系**。推动社会适老化转型需要建立起与人口老龄化形势相适应的社会管理、社会保障、社会参与、社会服务等政策体系和运行机制，营造适老化的社会文化和社会环境。其中，应重点处理好几个关系。一是处理好传统和现代之间的关系，营造适老的社会文化。简单分为三个层次：第一个层次是必须反年龄歧视，牢固树立老年人是社会平等一员的观念；第二个层次是正确认识老年人的积极作用，树立积极老龄观；第三个层次是强化社会责任意识，弘扬养老、孝老、敬老文化。二是处理好公平与效率的关系，建立适老的社会发展成果分享机制。三是处理好权利与义务的关系，促进老年人的社会参与。四是处理好全面与重点的关系，以重点工作带动社会适老化转型。首先，物理环境的适老化改造既是当务之急，也是长期需要；其次，失能老人的护理需求是当前的重要刚需，应重点予以满足；最后，老年数字鸿沟是新问题，应予以重点关注。

**2. 建设不分年龄人人共享的智慧老龄社会**。要克服老年人在信息社会面临的矛盾，照顾到老年人在适应数字生活方面的特殊性，必须全社会共同努力，在社会发展目标和社会政策方面系统考虑如何为老年人装上一双"智慧"的翅膀，用技术赋能，使其能够在信息时代自由翱翔。首先，建议将"建设不分年龄人人共享智慧老龄社会"作为中国积极应对人口老龄化的重要目标。其次，实施数字产品普及工程，提高老年数字产品拥有率。再次，实施数字能力提升计划，培养老年人数字应用能力。然后，实施数字应用无障碍工程，提高数字应用适老性。最后，积极推动智慧养老发展，实现养老服务供给智能化。

**（四）以养老金改革为核心增强养老需求满足能力**

**1. 进一步推进制度整合，真正建立多层次养老金体系。**建议进一步改革，在第一支柱下再增加一个与缴费无关的零支柱。改革后的养老金体系有四个层次：一是普惠性、非缴费的第一层次。建议将城乡居民养老保险社会统筹部分改革为公民养老金，扩展至全体老年公民，形成覆盖全民的普惠性和兜底性的第一层次养老金，适当提高标准。二是与缴费相关联的第二层次。可以适当改革缴费和待遇之间的关联方式，使城镇职工的养老金待遇在改革前后基本保持相当水平。这部分的改革可以和退休年龄改革同时推进。三是由单位补充养老保险组成的第三层次。即当前的企业年金和职业年金。四是由个人养老储蓄和保险构成的第四层次。在这个层次可以采取一些鼓励性措施。改革以后，养老金体系的制度框架由"2+1"变成"1×4"（一个制度、四个层次）。

**2. 从收支两侧着力，改善养老金制度可持续性。**在收入侧，要多方拓展收入来源。一是适当提高养老金缴费基数上限；二是进一步规范养老保险缴费行为；三是加大划拨国有资产补充养老保险基金力度；四是可将在反腐败过程中查获的受贿财物、巨额来源不明的财产用于充实养老保险基金。在支出侧，要进一步完善待遇确定和调整机制。一是应确定养老金最高限额；二是在待遇确定和调整机制中纳入人口老龄化因素；三是实现基本养老保险制度个人账户夫妻共享，减少个人账户资金缺口。

**3. 优化基础养老金待遇计算方法，兼顾横向公平与纵向公平**。最关键的一点是必须找到一个合理的基础养老金待遇确定方法，使制度前后易于衔接，民众能够接受。基于各地区缴费率不同，为保障公平，必须将缴费率纳入统筹后的基础养老金待遇计算方法，将养老金待遇与全国平均工资及个人的历史缴费贡献挂钩。建议基础养老金全国统筹后的待遇确定包括两个部分：一是上年全国在岗职工平均工资。即将目前的基础养老金待遇确定公式中上年当地在岗职工平均工资以全国职工平均工资替代。二是个人指数化的平均缴费贡献。即将目前确定公式中的个人指数化平均缴费工资换成个人指数化平均缴费贡献。

**4. 做好弹性设计，尽快启动渐进式延迟退休年龄**。建议用20年左右的时间按照男性每4年延迟1岁、女性每2年延迟1岁将法定退休年龄延迟至65岁。同时，在提高法定退休年龄的同时，将原退休年龄作为最低退休年龄，以法定退休年龄再加5岁作为最高退休年龄，不断扩大弹性退休年龄范围，最终形成男性可在60—70岁、女性可在55—70岁弹性退休。改革后，养老金待遇与退休年龄密切挂钩，根据延迟退休年龄的改革目标，为鼓励劳动者尽量在弹性区间内增加工作年限，可以改革养老缴费年限和基础养老金待遇之间的关系。

## （五）以长期护理保险为基础保障基本养老服务

**1. 长期护理保险制度可以成为基本养老服务制度的依托**。长期护理保险制度面向老年人最基本的护理需求，可通过建立需求评估和服务清单等厘清基本养老服务范围和服务标准；长期护理保险制度以社会共济的方式分担参保人的护理费用，将大大降低服务使用门槛，扩大基本养老服务惠及范围；长期护理保险制度可降低养老服务供需均衡价格，从而大大提高养老服务供需均衡水平，促进养老服务业发展，为基本养老服务供给提供保障。中国开展长期护理保险制度试点已经超过5年，应该及时总结试点经验，建立全国性的制度。

**2. 中国长期护理保险制度应该是一个统一的、福利性、普惠性和强制性社会保障制度，为国民提供标准化的基本护理保障。**中国长期护理保险制度应该是全国统一性的制度，即在全国不分城乡、不分地区采用相同的制度框架；必须具备一定的社会再分配性质，必须有部分资金来源于公共财政，承担长期护理保险中的托底功能；应该成为一项广覆盖的制度；应该是一项要求符合条件的参保人必须参与的制度；应该覆盖最基本的护理服务；必须建立一个标准化的服务提供体系。

**3. 中国长期护理保险制度模式选择。**中国长期护理保险制度应该以各类医保参保人群作为长期护理保险制度的覆盖人群，即根据目前城镇职工医疗保险、城镇居民医疗保险和农村新型合作医疗保险的覆盖范围，将大部分在职人员和全部老年人纳入参保范围。中国长期护理保险制度应该建立政府补贴、保险缴费和使用者负担三源合一的筹资机制。考虑到长期护理保险的社会保险性质，保险缴费应该成为长期护理保险制度的主要资金来源，建议占比60%—70%，使用者个人负担15%—20%，其余部分则由财政补贴负担。建立统一的需求评估制度，实施实物支付、现金支付和混合支付相结合的保险给付。

**4. 实施长期护理保险制度要开展配套制度建设。**一是进行养老护理机构的分级与分类。首先，必须对现有的养老机构功能进行调整，推动大部分养老机构实现医养结合，向护理型的养老机构转变；其次还要建立一批专业性的护理机构，实现养老机构的功能性分类和层次性分级，即不同的养老机构具备提供不同等级护理服务的能力，实现服务的专业化和层次性。二是制定护理服务标准。护理服务标准包括服务提供标准和费用标准两类。三是制定护理产品目录。

**5. 稳步建设长期护理保险制度。**虽然随着人口老龄化，中国如果建立长期护理保险制度，所需的缴费率会一直呈上升趋势，但是如果能在一个较大的费基上建立该制度,合理控制受益人群,实际所需的缴费水平并不高,无论是政府、企业还是个人都是有能力去共同承担这一筹资水平的。根据国际经验,中国当前处于出台长期护理保险制度的合适时机。党的十九届五中全会提出稳步建立长期护理保险制度,为体现稳步特征,可以先从低水平起步,坚持宽费基、严受益的原则,先把制度建立起来,解决最为急需的失能老人的护理保障问题,然后再根据社会经济发展条件和人口状况变化进行调整和完善。

### (六) 以供给侧结构性改革为动力推动养老服务业发展

1. **养老服务供给侧结构性改革的重点任务**。一是促增长。是指养老服务仍然面临总量不足的问题,要采取切实措施促进养老服务供给总量的增长。二是去空置。是指要尽快解决部分养老服务设施利用率不高、部分养老机构床位空置率高的问题。三是降成本。是指要采取一系列政策措施来降低养老服务的供给成本,降低养老服务供求均衡价格,从而提高养老服务供求均衡水平。降成本既要降低交易成本,也要降低直接成本。四是补短板。是指要抓住当前养老服务供给中的薄弱环节,重点着力,改善养老服务的供给结构。养老服务供给侧结构性改革的几大任务也是一个系统设计,需要相互配合、相互协调,优化存量、引导增量,切实提高养老服务供给质量和供给效率,扩大有效供给,更好地满足老年人的养老服务需求。

2. **养老服务供给侧结构性改革的政策思路**。一是充分调动社会各方积极性,实现供给主体多元化;二是充分发挥市场作用,实现供给机制市场化;三是大力发展社区服务,实现供给方式便利化;四是创新养老服务技术,实现供给手段多样化;五是调整养老机构功能,实现供给内容专业化;六是加强发展规划指导和标准建设,引导养老产业发展有序化。

## （七）以养老产业带为龙头带动养老产业发展

**1. 建设大城市周边的养老产业发展带，实现养老服务供需就近的跨区域匹配**。中国不同地区之间养老服务供给成本和老年人养老服务需求满足能力之间存在巨大差异，为推动养老服务供需跨区域匹配提供了良好的条件。建设大城市周边养老产业发展带，可以实现"离城而距不远、离城而服务随"的局面，推动养老服务业高质量发展，进而带动整个养老产业发展，而且还有利于缓解"大城市病"、推动区域协同发展和推进共同富裕。京津冀地区具备良好条件，可先期开展试点。

**2. 建设大城市周边养老产业带的建议**。一是坚持规划先行，以规划指导建设。将养老产业发展带纳入大城市发展总体规划和大城市与周边地区协同发展规划之中；制订养老产业发展带建设专项规划；对规划的各项任务进行分解，落实到部门。二是公共资源配置向产业发展带倾斜。要将医疗资源、养老资源优先向养老产业带倾斜，形成对大城市的反磁力中心；特别是应以市、镇为重要节点，以公路和铁路为重要连线，规划连接大城市和产业带中小城市的多条养老产业发展走廊，实现公共服务均等化。三是实施灵活的土地和住房政策，允许先行先试。增加养老产业带中小市镇的建设用地，尤其是养老建设用地规模，在限定建设内容的前提下加大土地供应，增加养老服务设施的建设容量；允许农村集体建设用地和农村宅基地入市，允许大城市老年人购买养老产业带农村集体建设用地和农村宅基地上建设的住房，并进行适老化和舒适化改造。四是加大政策扶持力度，鼓励社会资本投资。应加大对养老产业带的税费优惠力度；要加大区域间的转移支付和政策支持，实现政策随人走。五是加强公共服务配套。实现养老产业带医疗保险一体化；适时调整跨区域公共交通计划，逐步形成方便快捷的公共交通网络。

# 参考文献

蔡江敏、水克冬:《中国 15 岁及以上居民慢性病患病情况分析》,《医学信息》2019 年第 11 期。

陈岩燕、陈虹霖:《需求与使用的悬殊:对社区居家养老服务递送的反思》,《浙江学刊》2017 年第 2 期。

陈卫、杜夏:《中国高龄老人养老与生活状况的影响因素——对子女数量和性别作用的检验》,《中国人口科学》2002 年第 6 期。

出和晓子:《日本护理保险制度研究——创立背景、改革过程和经验借鉴》,博士学位论文,中国人民大学,2009 年。

初帅:《高等教育发展与人口城镇化——来自中国高校扩招的证据》,《中国人口科学》2016 年第 4 期。

戴卫东:《长期护理保险制度理论与模式构建》,《人民论坛》2011 年第 29 期。

党俊武:《老龄金融是应对人口老龄化的战略制高点》,《老龄政策研究》2013 年第 5 期。

杜鹏、董亭月:《促进健康老龄化:理念变革与政策创新——对世界卫生组织〈关于老龄化与健康的全球报告〉的解读》,《老龄科学研究》2015 年第 3 期。

杜鹏、王永梅:《改革开放 40 年我国老龄化的社会治理——成就、问题与现代化路径》,《北京行政学院学报》2018 年第 6 期。

费孝通：《乡土中国》，生活·读书·新知三联书店1985年版。

龚雯、许志峰、王珂：《七问供给侧结构性改革——权威人士谈当前经济怎么看怎么干》，《人民日报》2016年1月4日第2版。

辜子寅：《我国独生子女及失独家庭规模估计——基于第六次人口普查数据的分析》，《常熟理工学院学报》2016年第1期。

顾卫兵、张东刚：《城乡居民收入与医疗保健支出关系的实证分析》，《消费经济》2008年第1期。

国家卫生和计划生育委员会流动人口司：《中国流动人口发展报告2016》，中国人口出版社2016年版。

何建华：《公平正义：社会主义的核心价值观》，《中央社会主义学院学报》2007年第3期。

胡宏伟、蒋浩琛：《我国基本养老服务的概念阐析与政策意涵》，《社会政策研究》2021年第4期。

胡湛、彭希哲：《中国当代家庭户变动的趋势分析——基于人口普查数据的考察》，《社会学研究》2014年第3期。

黄文静等：《城市空巢老人自尊和生活满意度及其影响因素》，《中国老年学杂志》2021年第6期。

姜向群：《养老转变论：建立以个人为责任主体的政府帮助的社会化养老方式》，《人口研究》2007年第4期。

李纪恒：《实施积极应对人口老龄化国家战略》，《中国民政》2020年第24期。

李建新、李嘉羽：《城市空巢老人生活质量研究》，《人口学刊》2012年第3期。

李建新、冯莹莹、杨鹏：《农村空巢老人生活质量研究》，《老龄科学研究》2014年第5期。

李竞能：《现代西方人口理论》，复旦大学人口出版社2004年版。

李树茁、王欢：《家庭变迁、家庭政策演进与中国家庭政策构建》，

《人口与经济》2016年第6期。

李志宏：《医养结合：问题缘起、实践偏差与破解之路》，《老龄科学研究》2018年第12期。

林宝：《积极应对人口老龄化：内涵、举措及建议》，中国社会科学出版社2021年版，第78—86页。

林宝：《从七普数据看中国人口发展趋势》，《人民论坛》2021年第15期。

林宝：《党的十八大以来我国养老服务政策新进展》，《中共中央党校（国家行政学院）学报》2021年第1期。

林宝：《对中国长期护理保险制度模式的初步思考》，《老龄科学研究》2015年第5期。

林宝：《积极探索适合中国国情的养老模式》，《金融博览》2020年第6期。

林宝：《积极应对人口老龄化：内涵、目标和任务》，《中国人口科学》2021年第3期。

林宝：《基础养老金全国统筹的待遇确定方法研究》，《中国人口科学》2016年第2期。

林宝、王磊、韩启民、夏翠翠：《基于需求侧的老龄产业发展状况、问题及对策研究》，载全国老龄工作委员会办公室编《第四次中国城乡老年人生活状况抽样调查数据开发课题研究报告汇编（下）》，华龄出版社2018年版。

林宝：《加快社区养老服务体系建设》，《中国国情国力》2019年第2期。

林宝：《建设不分年龄人人共享的智慧老龄社会》，《金融博览》2021年第2期。

林宝：《建设以老年人为中心的多层次社会养老服务体系》，《科学中国人》2012年第18期。

林宝:《康养结合:养老服务体系建设新阶段》,《华中科技大学学报》(社会科学版)2021年第5期。

林宝:《人口老龄化对企业职工基本养老保险制度的影响》,《中国人口科学》2010年第1期。

林宝:《推动社会适老化转型的本质和任务》,《国家治理》2021年第39期。

林宝:《推动养老服务体系建设再上新台阶》,《中国社会报》2021年12月2日第4版。

林宝:《养老服务供给侧改革:重点任务与改革思路》,《北京工业大学学报》(社会科学版)2017年第6期。

林宝:《养老服务业"低水平均衡陷阱"与政策支持》,《新疆师范大学学报》(哲学社会科学版)2017年第1期。

林宝:《养老模式转变的基本趋势及我国养老模式的选择》,《广西社会科学》2010年第5期。

林宝:《以需求管理为基础构建居家养老服务体系》,《北京市社会科学界联合会、北京师范大学·2012·学术前沿论丛——科学发展:深化改革与改善民生(上)》,北京市社会科学界联合会,2012年。

林宝:《中国不能自理老年人口的现状及趋势分析》,《人口与经济》2015年第4期。

林宝:《中国家庭变迁与养老社会化》,《人民论坛》2021年第36期。

林宝:《中国老年人口城镇化滞后问题研究——基于国际比较的视角》,《中国人口科学》2018年第3期。

林宝:《中国农村人口老龄化的趋势、影响与应对》,《西部论坛》2015年第2期。

林宝:《中国农民工养老保险:历史路径与前景展望》,《劳动经济研究》2015年第3期。

林宝:《中国长期护理保险筹资水平的初步估计》,《财经问题研究》

2016年第10期。

林宝:《建设大城市周边养老产业发展带的构想》,《中国国情国力》2017年第8期。

林晓珊:《改革开放四十年来的中国家庭变迁:轨迹、逻辑和趋势》,《妇女研究论丛》2018年第5期。

刘金涛、陈树文:《我国老年长期护理保险筹资机制探析》,《大连理工大学学报》(社会科学版)2011年第3期。

罗伯特·霍尔茨曼等:《21世纪的老年收入保障——养老金制度改革国际比较》,郑秉文等译,中国劳动社会保障出版社2006年版。

吕红平、李振纲:《孔子孝道观与家庭养老方式》,《人口研究》2008年第2期。

马建堂:《党领导经济建设的伟大成就和经验启示》,《理论导报》2021年第7期。

穆光宗:《家庭养老制度的传统与变革——基于东亚和东南亚地区的一项比较研究》,华龄出版社2002年版。

乔晓春:《养老产业为何兴旺不起来?》,《社会政策研究》2019年第2期。

青连斌、刘天昊:《夯实居家养老在养老服务体系中的基础地位》,《理论视野》2021年第3期。

石贝贝:《我国城乡老年人口消费的实证研究——兼论"退休—消费之谜"》,《人口研究》2017年第3期。

史毅:《新中国成立以来人口流迁的变化特点》,《人口与健康》2020年第2期。

汪建华:《小型化还是核心化?——新中国70年家庭结构变迁》,《中国社会科学评价》2019年第2期。

王跃生:《中国城乡家庭结构变动分析——基于2010年人口普查数据》,《中国社会科学》2013年第12期。

王振振、胡晗、李敏：《老年消费需求规模预测及影响因素分析》，《数学的实践与认识》2016年第21期。

吴帆：《中国流动人口家庭的迁移序列及其政策涵义》，《南开学报》（哲学社会科学版）2016年第4期。

吴忠民：《经济建设愈益离不开社会建设》，《天津社会科学》2019年第3期。

徐伟、陈慧美：《我国居民收入对医疗消费支出的影响研究》，《中国卫生政策研究》2013年第6期。

杨成钢、石贝贝：《中国老年人口消费的影响因素分析》，《西南民族大学学报》（人文社科版）2017年第7期。

杨菊华、何炤华：《社会转型过程中家庭的变迁与延续》，《人口研究》2014年第2期。

姚远：《中国家庭养老研究》，中国人口出版社2001年版。

姚远：《对中国家庭养老弱化的文化诠释》，《人口研究》1998年第5期。

姚远：《养老：一种特定的传统文化》，《人口研究》1996年第6期。

姚兆余、陈日胜、蒋浩君：《家庭类型、代际关系与农村老年人居家养老服务需求》，《南京大学学报》（哲学·人文科学·社会科学）2018年第6期。

元奭朝、金炳彻：《韩国老人护理保险的批判性检验》，《社会保障研究》2008年第1期。

张车伟、林宝、杨舸：《十三五时期老龄化形势与对策》，社会科学文献出版社2016年版。

张瑞：《中国长期护理保险的模式选择与制度设计》，《中州学刊》2012年第6期。

张若恬、张丹、李树苗：《子女数量、性别和序次对养老资本的影响及城乡差异——基于CLASS 2014数据的分析》，《人口与经济》

2020年第4期。

张翼:《中国家庭的小型化、核心化与老年空巢化》,《中国特色社会主义研究》2012年第6期。

郑秉文:《从"长期照护服务体系"视角分析长期护理保险试点三周年成效》,《中国人力资源社会保障》2019年第9期。

郑也夫:《信任论》,中国广播电视出版社2001年版。

周皓:《中国人口迁移的家庭化趋势及影响因素分析》,《人口研究》2004年第6期。

周延、谭凯:《城乡居民基本养老保险制度改革的收入再分配效应研究——基于老年群体收入差距变动视角》,《人口与发展》2021年第1期。

左美云:《智慧养老的内涵、模式与机遇》,《中国公共安全》2014年第10期。

Richard R. Nelson, 1956, "A Theory of Low-Level Equilibrium Trap in Underdeveloped Economies", *American Economic Review*, Vol. 46, No. 5, pp. 894–908.